बोलै शेख फरीद

(फरीद वाणी)

AF658647

बोलै शेख फरीद

(फरीद वाणी)

ओशो

डायमण्ड पॉकेट बुक्स

संकलन : मा कृष्ण प्रिया
संपादन : मा अमृत साधना
सहयोग : डॉ. गिरिराजशरण अग्रवाल
संयोजन : स्वामी अमानो मनीष

प्रकाशक : डायमंड पॉकेट बुक्स (प्रा.) लि.
X-30, ओखला इंडस्ट्रियल एरिया, फेज-II
नई दिल्ली-110020
फोन : 011-40712200

ई-मेल : sales@dpb.in
वेबसाइट : www.dpb.in
संस्करण : 2024

Bole Sheikh Farid in Hindi
Originally published as 'Kano Suni So Jhooth', Ch 6-10 in Hindi
under the author name 'Bhagwan Shree Rajneesh'.
Copyright©1978 Osho International Foundation
All rights reserved.
Trademarks.osho is registered trademarks of Osho International Foundatins.

इस पुस्तक अथवा इस पुस्तक के किसी अंश को इलेक्ट्रानिक, मेकेनिकल, फोटोकापी, रिकार्डिंग या अन्य सूचना-संग्रह साधनों एवं माध्यमों द्वारा मुद्रित अथवा प्रकाशित करने के पूर्व **ओशो इंटरनेशनल फाउंडेशन, पूना** की लिखित अनुमति अनिवार्य है।

बोलै शेख फरीद

शेख फरीद प्रेम के पथिक हैं। और जैसा गीत फरीद ने गाया है, वैसा किसी ने नहीं गाया। कबीर भी प्रेम की बात करते हैं, लेकिन ध्यान की भी बात करते हैं। दादू भी प्रेम की बात करते हैं, लेकिन ध्यान की बात को बिलकुल भूल नहीं जाते। नानक भी प्रेम की बात करते हैं, लेकिन वह ध्यान से मिश्रित हैं। फरीद ने शुद्ध प्रेम के गीत गाए हैं, ध्यान की बात ही नहीं की है; प्रेम में ही ध्यान जाना है। इसलिए प्रेम की इतनी शुद्ध कहानी कहीं और न मिलेगी। फरीद खालिस प्रेम हैं। प्रेम को समझ लिया तो फरीद को समझ लिया। फरीद को समझ लिया तो प्रेम को समझ लिया।

अनुक्रम

फरीद : खालिस प्रेम

एक

सूत्र

बोले सेखु फरीदु पियारे अलह लगे।
इहु तनु होसी खाक निमाणी गोर घरे।।
आजु मिलावा सेख फरीद टाकिम।
कूंजड़ीआ मनुहु मचिंदड़ीआ।।
जे जाणा मरि जाइए घुमि न आइए।
झूठी दुनिया लगी न आपु व आइए।।
बोलिए सचु धरमु न झूठ बोलिए।
जो गुरु दसै वाट मुरीदा जोलिए।।
छलै लघंदे पार गोरी मनु धीरिआ।।
कंचन वंने पासे कलवति चीरिआ।।
सेख हैयाती जगि न कोई थिरु रहिआ।
जिसस आसणि हम बैठे केते बैसि गइआ।।
कातिक कूंजां चेति डउ सावणि बिजुलीआं।
सीआले सहंदीआं पिर गलि बहाड़ीआं।।
चले चलणहार विचारा लेइ मनो।
गढेंदिआं छिअ माह तुरंदिआ हिकु खिनो।।
जिमी पुछै असमान फरीदा खेवट किनी गए।
जारण गोरा नालि उलामे जीअ सहे।।

प्रेम और ध्यान–दो शब्द जिसने ठीक से समझ लिए, उसे धर्मों के सारे पथ समझ में आ गए। दो ही मार्ग हैं। एक मार्ग है प्रेम का, हृदय का। एक मार्ग है ध्यान का, बुद्धि का। ध्यान के मार्ग पर बुद्धि को शुद्ध करना है–इतना शुद्ध कि बुद्धि शेष ही न रह जाए। प्रेम के मार्ग पर हृदय को शुद्ध करना है–इतना शुद्ध कि हृदय खो जाए। दोनों ही मार्ग से शून्य उपलब्धि करनी है, मिटना है। कोई विचार को काट-काटकर मिटेगा; कोई वासना को काट-काटकर मिटेगा।

प्रेम है वासना से मुक्ति। ध्यान है विचार से मुक्ति। दोनों ही तुम्हें मिटा देंगे; और जहाँ तुम नहीं हो, वहीं परमात्मा है।

ध्यानी ने परमात्मा के लिए अपने शब्द गढ़े हैं–सत्य, मोक्ष निर्वाण; प्रेमी ने अपने शब्द गढ़े हैं। परमात्मा प्रेमी का शब्द है। सत्य ध्यानी का शब्द है। पर भेद शब्दों का है। इशारा एक ही तरफ है। जब तक दो हैं, तब तक संसार है; जैसे ही एक बचा, संसार खो गया।

शेख फरीद प्रेम के पथिक हैं, और जैसा प्रेम का गीत फरीद ने गाया है वैसा किसी ने नहीं गाया। कबीर भी प्रेम की बात करते हैं, लेकिन ध्यान की भी बात करते हैं। दादू भी प्रेम की बात करते हैं, लेकिन ध्यान की बात को बिलकुल भूल नहीं जाते। नानक भी प्रेम की बात करते हैं, लेकिन वह ध्यान से मिश्रित है। फरीद ने शुद्ध प्रेम के गीत गाए है; ध्यान की बात ही नहीं की है; प्रेम में ही ध्यान जाना है। इसलिए प्रेम की इतनी शुद्ध कहानी कहीं और न मिलेगी। फरीद खालिस प्रेम हैं। प्रेम को समझ लिया तो फरीद को समझ लिया। फरीद को समझ लिया तो प्रेम को समझ लिया।

प्रेम के संबंध में कुछ बातें मार्गसूचक होंगी, उन्हें पहले ध्यान में ले लें। पहली बात: जिसे तुम प्रेम कहते हो, फरीद उसे प्रेम नहीं कहते तुम्हारा प्रेम तो प्रेम का धोखा है। वह प्रेम है नहीं, सिर्फ प्रेम की नकल है, नकली

सिक्का है; और इसलिए तो उस प्रेम से सिवाय दु:ख के तुमने कुछ और नहीं जाना है।

कल ही फ्रांस से आई एक संन्यासिनी इसे रात पूछती थी कि प्रेम में बड़ा दु:ख है, आप क्या कहते हैं? जिस प्रेम को तुमने जाना है, उसमें बड़ा दु:ख है, इसमें कोई शक नहीं। लेकिन वह प्रेम के कारण नहीं है, वह तुम्हारे कारण है। तुम ऐसे पात्र हो कि अमृत भी विष हो जाता है। तुम अपात्र हो, इसलिए प्रेम भी विषाक्त हो जाता है। फिर उसे तुम प्रेम कहोगे तो फरीद को समझना बहुत मुश्किल हो जाएगा; क्योंकि फरीद तो प्रेम के आनंद की बातें करेगा; प्रेम का नृत्य और प्रेम की समाधि और प्रेम में ही परमात्मा को पाएगा। और तुमने तो प्रेम में सिर्फ दु:ख ही जाना है; चिंता, कलह, संघर्ष ही जाना है। प्रेम में तो तुमने एक तरह की विकृत रुग्ण दशा ही जानी है। प्रेम को तुमने नर्क की तरह जाना है। तुम्हारे प्रेम की बात ही नहीं हो रही है।

जिस प्रेम की फरीद बात कर रहा है, वह तो तभी पैदा होता है, जब तुम मिट जाते हो। तुम्हारी कब्र पर उगता है फूल, उस प्रेम का। तुम्हारी राख से पैदा होता है, वह प्रेम। तुम्हारा प्रेम तो अहंकार की सजावट है। तुम प्रेम में दूसरे को वस्तु बना डालते हो। तुम्हारे प्रेम की चेष्टा में दूसरे की मालकियत है। तुम चाहते हो, तुम जिसे प्रेम करो, वह तुम्हारी मुट्ठी में बंद हो, तुम मालिक हो जाओ। दूसरा भी यही चाहता है। तुम्हारे प्रेम के नाम पर मालकियत का संघर्ष चलता है।

जिस प्रेम की फरीद बात कर रहा है, वह ऐसा प्रेम है, जहाँ तुम दूसरे को अपनी मालकियत दे देते हो, जहाँ तुम स्वेच्छा से समर्पित हो जाते हो, जहाँ तुम कहते हो: तेरी मर्जी। संघर्ष का तो काई सवाल नहीं है।

निश्चित ही ऐसा प्रेम दो व्यक्तियों के बीच नहीं हो सकता। ऐसा प्रेम दो सम स्थिति में खड़ी हुई चेतनाओं के बीच नहीं हो सकता, ऐसे प्रेम की छोटी-मोटी झलक शायद गुरु के पास मिले; पूरी झलक तो परमात्मा के पास ही मिलेगी। ऐसा प्रेम पति-पत्नी का नहीं हो सकता, मित्र-मित्र का नहीं हो सकता। दूसरा जब तुम्हारे ही जैसा है तो तुम कैसे अपने को समर्पित कर पाओगे? संदेह पकड़ेगा मन को। हजार भय पकड़ेंगे मन को। यह दूसरे पर भरोसा हो नहीं सकता कि सब छोड़ दो, कि कह सको कि तेरी मर्जी मेरी मर्जी है। इसकी मर्जी में बहुत भूल-चूक दिखाई पड़ेगी। यह तो भटकाव हो जाएगा। यह तो अपने हाथ से आँखें फोड़ लेना होगा। ऐसे ही अँधेरा क्या कम

है, आँखें फोड़कर तो और मुश्किल हो जाएगी। यह तो अपने हाथ में जो छोटा-मोटा दीया है बुद्धि का, वह भी बुझा देना हो जाएगा। यह तो निर्बुद्धि में उतरना होगा। यह संभव नहीं है।

मनुष्य और मनुष्य के बीच प्रेम सीमित ही होगा। तुम छोड़ोगे भी तो सशर्त छोड़ोगे। तुम अगर थोड़ी दूसरे को मालकियत भी दोगे तो भी पूरी न दोगे, थोड़ा बचा लोगे-लौटने का उपाय रहे; अगर कल वापस लौटना पड़े, समर्पण को इनकार करना पड़े तो तुम लौट सको; ऐसा न हो कि लौटने की जगह न रह जाए। तुम सीढ़ी को मिटा न दोगे, लगाए रखोगे।

साधारण प्रेम बेशर्त नहीं हो सकता। अनकंडिशनल नहीं हो सकता। और प्रेम जब तक बेशर्त न हो, प्रेम नहीं होता। तुमसे ऊपर कोई, जिसे देखकर तुम्हें आकाश के बादलों का स्मरण आए, जिसकी तरफ तुम्हें आँखें उठानी हों तो जैसे सूरज की तरफ कोई आँख उठाए, जिसके बीच और तुम्हारे बीच एक बड़ा फासला हो, एक अलंघ्य खाई हो, जिससे तुम्हें परमात्मा की थोड़ी-सी प्रतीति मिले-उसको ही हमने गुरु कहा है।

गुरु पूरब की अनूठी खोज है। पश्चिम इस रस से वंचित ही रह गया है; उसे गुरु का कोई पता ही नहीं है। वह आयाम जाना ही नहीं पश्चिम ने। पश्चिम को दो मित्रों का पता है, शिक्षक-विद्यार्थी का पता है, पति-पत्नी का पता है, प्रेमी-प्रेयसी का पता है; लेकिन फरीद जिसकी बात करेगा-गुरु और शिष्य-उसका कोई पता नहीं है।

गुरु और शिष्य का अर्थ है- कोई ऐसा व्यक्ति, जिसके भीतर से तुम्हें परमात्मा की झलक मिली, जिसके भीतर तुमने आकाश देखा, जिसकी खिड़की से तुमने विराट् में झाँका। उसकी खिड़की छोटी ही हो-खिड़की के बड़े होने की कोई जरूरत भी नहीं है, लेकिन खिड़की से जो झाँका, वह आकाश था। तब समर्पण हो सकता है। तब तुम पूरा अपने को छोड़ सकते हो।

धर्म की तलाश मूलत: गुरु की तलाश है, क्योंकि तुम धर्म को और कहाँ देख पाओगे? और तुम जहाँ जाओगे, अपने ही जैसा व्यक्ति पाओगे। तो अगर तुम्हारे जीवन में कभी कोई ऐसा व्यक्ति आ जाए, जिसको देखकर तुम्हें अपने से ऊपर आँखें उठनी पड़ती हों, जिसे देखकर तुममें दूर के सपने, आकांक्षा, अभीप्सा भर जाती हो, जिसे देखकर तुम्हें दूर आकाश का बुलावा मिलता हो, निमंत्रण मिलता हो-और इसकी कोई फिक्र मत करना कि दुनिया

उसके संबंध में क्या कहती है, यह सवाल नहीं है—तुम्हें अगर इस खिड़की से कुछ दर्शन नहीं हुआ हो तो ऐसे व्यक्ति के पास समर्पण की कला सीख लेना। उसके पास तुम्हें पहले पाठ मिलेंगे, प्राथमिक पाठ मिलेंगे—अपने को छोड़ने के। वे ही पाठ परमात्मा के पास काम आएँगे।

गुरु आखिरी नहीं है, गुरु तो मार्ग है। अंततः तो गुरु हट जाएगा, खिड़की भी हट जाएगी—आकाश ही रह जाएगा। जो खिड़की आग्रह करे, हटे न, वह तो आकाश और तुम्हारे बीच बाधा हो जाएगी; वह तो सेतु न होगी, विघ्न हो जाएगा।

जिस प्रेम की फरीद बात कर रहे हैं, उसकी झलक तुम्हें कभी गुरु के पास मिलेगी। तुम मुझसे पूछोगे कि हम कैसे गुरु को पहचानें? मैं तुमसे कहूँगा: जहाँ तुम्हें ऐसी झलक मिल जाए। उसके अतिरिक्त कोई कसौटी नहीं है। गुरु की परिभाषा यह है कि जहाँ तुम्हें विराट् की थोड़ी-सी भी झलक मिल जाए, जिस बूँद में तुम्हें सागर का थोड़ा-सा स्वाद मिल जाए, जिस बीज में तुम्हें संभावनाओं के फूल खिलते हुए दिखाई पड़ें। फिर ध्यान मत देना कि दुनिया क्या कहती है, क्योंकि दुनिया का कोई सवाल नहीं है। जहाँ तुम खड़े हो, वहाँ से हो सकता है, किसी खिड़की से आकाश दिखाई पड़ता हो, जहाँ दूसरे खड़े हों, वहाँ से उस खिड़की के द्वारा आकाश दिखाई न पड़ता हो। यह भी हो सकता है कि तुम्हारे बगल में खड़ा हुआ व्यक्ति खिड़की की तरफ पीठ करके खड़ा हो, और उसे आकाश न दिखाई पड़े। यह भी हो सकता है कि किन्हीं क्षणों में तुम्हें आकाश दिखाई पड़े और किन्हीं क्षणों में तुम्हें भी आकाश दिखाई न पड़े। क्योंकि जब तुम ऊँचाई पर होओगे और तुम्हारी आँखें निर्मल होंगी तो ही आकाश दिखाई पड़ेगा। जब तुम्हारी आँखें धूमिल होंगी, आँसुओं से भारी होंगी, पीड़ा, दुःख से दबी होंगी—तब खिड़की भी क्या करेगी? अगर आँखें ही धूमिल हों तो खिड़की आकाश न दिखा सकेगी: खिड़की खुली रहेगी, तुम्हारे लिए बंद हो जाएगी। तुम्हें भी आकाश तभी दिखाई पड़ेगा, जब आँखें खुली हों और भीतर होश हो। आँख भी खुली हो और भीतर बेहोशी हो तो भी खिड़की व्यर्थ हो जाएगी।

तो ध्यान रखना, जिसको तुमने गुरु जाना है, वह तुम्हें भी चौबीस घंटे गुरु नहीं मालूम होगा। कभी-कभी, किन्हीं ऊँचाइयों के क्षण में, किन्हीं गहराइयों के मौकों पर, कभी तुम्हारी आँख, तुम्हारे बोध की खिड़की का तालमेल हो जाएगा, और आकाश की झलक आएगी। वही झलक रूपांतरकारी

है। तुम उस झलक पर भरोसा रखना। तुम अपनी ऊँचाई पर भरोसा रखना।

अगर ठीक से समझा तो गुरु पर भरोसा अपनी ही जीवन-दशा की ऊँचाई में हुई अनुभूतियों पर भरोसा है। संदेह अपनी ही जीवनदशा की नीचाइयों पर भरोसा है। श्रद्धा अपनी ही प्रतीति की ऊँचाइयों पर भरोसा है और तुम्हारे भीतर दोनों हैं। तुम कभी इतने नीचे हो जाते हो जैसे पत्थर, बिलकुल बंद, कहीं कोई रंध्र नहीं रह जाती कि तुम्हें अपने से पार की कोई झलक मिले। कभी तुम खुल जाते हो, जैसे खिलता हुआ फूल, और तुम्हारी पंखुरियों पर सूरज नाचता है, और तुम्हारे पराग से आकाश का मेल होता है। लेकिन जहाँ तुम्हें झलक मिल जाए, वहाँ से सीख लेना परमात्मा के पाठ, क्योंकि प्रेम की पहली खबर वहीं होगी, वहाँ तुम झुक सकोगे। जहाँ तुम झुक सको, वहीं धर्म की शुरूआत है।

लोग कहते हैं, मंदिर में जाओ और झुको; और मैं तुमसे कहता हूँ, जहाँ तुम्हें झुकना हो जाए, वहीं समझ लेना मंदिर है। जिसके पास झुकना सहजता से हो जाए, जरा भी प्रयास न करना पड़े, झुकना आनंदपूर्ण हो जाए, लड़ना न पड़े भीतर—वहाँ तुम्हें प्रेम की पहली खबर मिलेगी; वहाँ तुम्हें पहली बार पता चलेगा कि प्रेम दान है—वस्तुओं का नहीं, धन का नहीं, अपना स्वयं का।

प्रेम माँग नहीं है। जहाँ माँग है, वहाँ प्रेम धोखा है; फिर वहाँ कलह है। अगर गुरु से भी तुम्हारी कोई माँग है कि समाधि मिले, परमात्मा मिले—अगर कोई ऐसी माँग हो तो तुम वहाँ भी सौदा कर रहे हो, वहाँ भी व्यवसाय जारी है; प्रेम की तुम्हें समझ न आई।

गुरु के पास कोई माँग नहीं है। तुम गुरु को धन्यवाद देते हो कि उसने तुम्हारे समर्पण को स्वीकार कर लिया। फिर समाधि तो छाया की तरह चली जाती है। जहाँ समर्पण है, वहाँ समाधि आ ही जाएगी; उसके विचार की कोई जरूरत नहीं है, विचार किया, रुक जाएगी, असंभव हो जाएगी। क्योंकि विचार से ही खबर मिल जाएगी कि समर्पण नहीं है। और तुम्हारा मन इतना चालाक है, कानूनी है, गणित से भरा है कि तुम्हें पता ही नहीं रहता कि वह किस तरह का धोखा देता है!

वंदना मराठी में एक पत्रिका मेरे लिए निकालती है— योगदीप। सुंदर है। कल मैं उसे देखता था। उसने बड़ी मेहनत वर्षों से की है और पत्रिका को बड़े मापदंड पर उठाया है। लेकिन जबसे उसने निकाली है पत्रिका, तबसे मैं एक छोटा-सा वक्तव्य उसमें हमेशा देखता हूँ। उस पत्रिका में सिर्फ मेरे ही

विचार वह छापती है, लेकिन जहाँ संपादकों के नाम हैं, वहाँ उसने एक पंक्ति लिख रखी है कि इस पत्रिका में प्रकाशित विचारों से संपादक की सहमति अनिवार्य नहीं है।

प्रेम दुस्साहस है। वह ऐसी छलांग है, जिसमें तुम कल का विचार नहीं करते। जब तुम जाते हो तो तुम पूरे ही साथ जाते हो, या नहीं जाते, क्योंकि आधा-आधा क्या जाना! ऐसे तो तुम ही कटोगे और मुश्किल में पड़ोगे। जैसे आधा शरीर तुम्हारा मेरे साथ चला गया और आधा घर रह गया, तो तुम्हीं कष्ट पाओगे। इसमें मेरा कोई हर्ज नहीं है। लेकिन तुम्हीं दुविधा में रहोगे। या तो पूरे घर रह जाओ, या पूरे साथ चल पड़ो। जरा-सी भी माँग हो, खंडित हो गए!

तुमने कभी ख्याल किया?—जहाँ भी माँग आती है, वहीं तुम छोटे हो जाते हो; जहाँ माँग नहीं होती, सिर्फ दान होता है, वहाँ तुम भी विराट् होते हो। जब तुम्हारे मन में कोई माँगने का भाव ही नहीं उठता, तब तुममें और परमात्मा में क्या फासला है? इसलिए तो बुद्धपुरुषों ने निर्वासना को सूत्र माना; कि जब तुम्हारी कोई वासना न होगी, तब परमात्मा तुममें अवतरित हो जाएगा।

परमात्मा तुममें छिपा ही है, केवल वासनाओं के बादल में घिरा है। सूरज मिट नहीं गया है, सिर्फ बादलों में घिरा है। वासना के बादल हट जाएँगे: तुम पाओगे, सूरज सदा से मौजूद था।

गुरु के पास प्रेम का पहला पाठ सीखना; बेशर्त होना सीखना, झुकना और अपने को मिटाना सीखना। माँगना मत। मन बहुत माँग किए चला जाएगा, क्योंकि मन की पुरानी आदत है। मन भिखमंगा है। सम्राट् का मन भी भिखमंगा है; वह भी माँगता है।

आत्मा सम्राट् है, वह माँगती नहीं। जिस दिन तुम प्रेम में इस भाँति अपने को डालते हो कि कोई माँग की रेखा भी नहीं होती, उसी क्षण तुम सम्राट् हो जाते हो। प्रेम तुम्हें सम्राट् बना देता है। प्रेम के बिना तुम भिखारी हो। वही तुम्हारा दु:ख है।

दूसरी बात : जब फरीद प्रेम की बात करता है, तो प्रेम से उसका अर्थ है– प्रेम का विचार नहीं, प्रेम का भाव। और उन दोनों में बड़ा फर्क है। तुम जब प्रेम भी करते हो, तब तुम सोचते हो कि तुम प्रेम करते हो। यह हृदय का सीधा संबंध नहीं होता, उसमें बीच में बुद्धि खड़ी होती है।

मेरे पास लोग आते हैं। वे कहते हैं, हमारा किसी से प्रेम हो गया है। मैं कहता हूँ– ठीक से कहो, सोचकर कहो। वे थोड़ा चिंतित हो जाते हैं। वे

कहते हैं, हम सोचते हैं कि प्रेम हो गया है; पक्का नहीं, हुआ कि नहीं, लेकिन विचार आता है कि प्रेम हो गया है।

प्रेम का कोई विचार आवश्यक है? तुम्हारे पैर में काँटा गड़ता है तो तुम्हारा बोध सीधा होता है कि पैर में पीड़ा हो रही है। ऐसा थोड़े ही तुम कहते हो कि हम सोचते हैं कि शायद पैर में पीड़ा हो रही है। सोच-विचार को छेद देता है काँटा, आर-पार निकल जाता है। जब तुम आनंदित होते हो तो क्या तुम सोचते हो कि तुम आनंदित हो रहे हो, या कि तुम सिर्फ आनंदित होते हो? जब तुम दुःखी होते हो—कोई प्रियजन चल बसा, छोड़ दी देह, मरघट पर विदा कर आए—जब तुम रोते हो तब तुम सोचते हो कि दुःखी हो रहे हो, या कि दुःखी होते हो? दोनों में फर्क है। अगर सोचते हो कि दुःखी हो रहे हो तो दुःखी हो ही नहीं रहे, शायद दिखावा होगा। समाज के लिए आँसू भी गिराने पड़ते हैं। दूसरों को दिखाने के लिए हँसना भी पड़ता है, प्रसन्न भी होना पड़ता है, दुःखी भी होना पड़ता है; लेकिन तुम्हारे भीतर कुछ भी नहीं हो रहा है। लेकिन जब तुम्हारे भीतर दुःख हो रहा है तो विचार बीच में माध्यम नहीं होता। यह सीधा होता है।

फरीद जब प्रेम की बात करें तो याद रखना, यह सोच-विचार वाला प्रेम नहीं है, यह पागल प्रेम है, यह भाव का प्रेम है; और जब भाव से तुम्हें कोई बात पकड़ लेती है तो तम्हें जड़ों से पकड़ लेती है। विचार तो वृक्षों में लगे पत्तों की भाँति है। भाव वृक्षों के नीचे छिपी जड़ों की भाँति है। छोटा-सा बच्चा भी जन्मते ही भाव में समर्थ होता है, विचार में समर्थ नहीं होता। विचार तो बाद का प्रशिक्षण है, सिखाना पड़ता है—स्कूल, कॉलेज, यूनिर्विसटी, संसार, अनुभव—विचार करना सीखता है, लेकिन भाव तो पहले क्षण से ही करता है। अभी-अभी पैदा हुए बच्चे को भी गौर से देखो, तुम पाओगे, भाव से आंदोलित होता है। अगर तुम प्रसन्न हो और आनंद से उसे तुमने छुआ है तो वह भी पुलकित होता है। अगर तुम उपेक्षा से भरे हो और तुम्हारे स्पर्श में प्रेम की ऊष्मा नहीं है, तो वह तुम्हारे हाथ से अलग हट जाना चाहता है, वह तुम्हारे पास नहीं आना चाहता। अभी सोच-विचार कुछ भी नहीं है। अभी मस्तिष्क के तंतु तो निर्मित होंगे, अभी तो ज्ञान, स्मृति बनेंगे। तब वह जानेगा, कौन अपना है, कौन पराया है। अभी वह अपना-पराया नहीं जानता। अभी तो जो भाव के निकट है वह अपना है, जो भाव के निकट नहीं है वह पराया है। फिर तो वह जो अपना है उसके प्रति भाव दिखाएगा। जो अपना नहीं है,

उसके प्रति भाव को काट लेगा। अभी स्थिति बिलकुल उलटी है। इसलिए तो छोटे बच्चे में निदोषता का अनुभव होता है। और जीसस जैसे व्यक्तियों ने कहा है कि जो छोटे बच्चों की भाँति होंगे, वहीं मेरे परमात्मा के राज्य में प्रवेश कर सकेंगे।

फरीद का प्रेम भाव प्रेम है; और भाव तो तुम बिलकुल ही भूल गए हो। तुम जो भी करते हो वह मस्तिष्क से चलता है। हृदय से तुम्हारे संबंध खो गए हैं। तो थोड़ा-सा प्रशिक्षण जरूरी है हृदय का।

यहाँ मेरे पास लोग आते हैं। उनसे मैं कहता हूँ कि थोड़ा तुम हृदय को भी जगाओ, कभी आकाश में घूमते हुए, गुजरते हुए बादलों को देखकर नाचो भी, जैसा मोर नाचता है। बादल घुमड़-घुमड़कर आने लगे, ऐसे क्षण में तुम बैठे क्या कर रहे हो? बादलों ने घूँघर बजा दिए, ढोल पर थाप दे दी, तुम बैठे क्या कर रहे हो? नाचो! पक्षी गीत गाते हैं; सुर में सुर मिलाओ! वृक्ष में फूल खिलते हैं: तुम भी प्रफुल्लित होओ! थोड़ा चारों तरफ जो विराट् फैला है, जिसके हाथ अनेक-अनेक रूपों में तुम्हारे करीब आए हैं—कभी फूल, कभी सूरज की किरण, कभी पानी, कभी लहर—इससे थोड़ा भाव का नाता जोड़ो। बैठे सोचते मत रहो। इंद्रधनुष आकाश में खिले, तो तुम यह मत सोचो कि इंद्रधनुष की फिजिक्स क्या है, कि यह प्रकाश प्रिज्म से गुजरकर सात रंगों में टूट जाता है, ऐसे पानी के कणों से गुजरकर सूरज की किरणें सात रंगों में टूट गई हैं—इस मूढ़ता में मत पड़ो। इस पांडित्य के कारण तुम वंचित रह जाओगे। इंद्रधनुष का सौंदर्य खो जाएगा, हाथ में फिजिक्स की किताब रह जाएगी, जिसमें कोई भी इंद्रधनुष नहीं है। तुम इसके रहस्य को अनुभव करो। तुम किसी सिद्धांत से इसे समझा मत लो अपने को। इंद्रधनुष आकाश में खिला है, तुम्हारे भीतर भी इंद्रधनुष को खिलने दो! तुम भी ऐसे ही रंग-बिरंगे हो जाओ! थोड़ी देर को तुम्हारी बेरंग जिंदगी में रंग उतरने दो।

चारों तरफ से परमात्मा बहुत रूपों में हाथ फैलाता है, लेकिन तुम अपना हाथ फैलाते ही नहीं, नहीं तो मिलन हो जाए। और यही प्रशिक्षण होगा। यहीं से तुम जागोगे और धीरे-धीरे तुम्हें पहली दफे पता चलेगा भेद कि विचार का प्रेम क्या है, भाव का प्रेम क्या है!

विचार का प्रेम सौदा ही बना रहता है, क्योंकि विचार चालाक है। विचार यानी गणित। विचार यानी तर्क। विचार के कारण तुम निर्दोष हो ही नहीं पाते। विचार ही तो व्यभिचार है। भाव निर्दोष होता है। भाव का कोई

व्यभिचार नहीं है। और विचार के कारण तुम अपनी सहजता, सरलता, समर्पण—इनका अनुभव नहीं कर पाते, क्योंकि विचार कहता है : सजग रहो! सावधान, कोई धोखा न दे जाए! चाहे विचार तुम्हें सब धोखों से बचा ले, लेकिन विचार ही अंतत: धोखा दे जाता है। और भाव के कारण शायद तुम्हें खोना पड़े, लेकिन जिसने भाव पा लिया, उसने सब पा लिया।

फरीद जिस प्रेम की बात करेगा, वह भाव है। और तुम्हें उसकी थोड़ी-सी सीख लेनी पड़ेगी। और सीख कठिन नहीं है। किसी विश्वविद्यालय में भर्ती होने की जरूरत नहीं है। अच्छा ही है कि भाव को सिखाने का कोई उपाय नहीं है; नहीं तो संस्थाएँ उसको भी सिखा देतीं और खराब कर देतीं। अगर निर्दोषता को सिखाने के लिए भी कोई व्यायामशालाओं-जैसी जगह होती तो वहाँ निर्दोषता भी सिखा दी जाती, तुम उसमें भी पारंगत हो जाते; और तब तुम उससे भी वंचित हो जाते हो।

भाव को सिखाने का कोई उपाय नहीं है, सिर्फ थोड़ा बुद्धि को शिथिल करने की बात है। भाव सदा से मौजूद है, तुम लेकर आए हो। भाव तुम्हारी आत्मा है।

अब फरीद के इन वचनों को समझने की कोशिश करें।

'बोलै सेखु फरीदु पियारे अलह लगे।'

शेख फरीद कहता है : मेरे प्यारो, अल्लाह से जोड़ लो अपनी प्रीति।

'बोलै सेखु फरीदु पियारे अलह लगे।'

ऐसा ही इसका अनुवाद सदा से किया गया है कि फरीद कहता है : मेरे प्यारो, अल्लाह से जोड़ लो अपनी प्रीति। लेकिन मुझे लगता है, शाब्दिक रूप से तो अर्थ ठीक है, लेकिन फरीद का गहन इशारा चूक गया है। मैं इसके अनुवाद में थोड़ा फर्क करना चाहता हूँ।

'बोलै सेखु फरीदु पियारे अलह लगे।'

शेख फरीद कहता है : प्यारो, अल्लाह से लग जाओ। अल्लाह से लग जाना—उसी को मैं कह रहा था भाव का प्रशिक्षण। अल्लाह से अगर तुमने प्रेम करने की कोशिश की तो तुम वही प्रेम करोगे, जो तुम अब तक करते आ रहे हो। तुम्हारी भी मजबूरी है। तुम नया प्रेम कहाँ से ले आओगे? तुम अल्लाह से भी प्रेम करोगे तो वही प्रेम करोगे, जो अब तक करते रहे हो। अनेक भक्त वही करते हैं। कोई राम की मूर्ति सजाकर बैठा है, तो उसने राम की मूर्ति ऐसे सजा ली है जैसे कि कोई प्रेयसी अपने पति को सजाती है; हीरे-जवाहरात

लगा दिए हैं, सोने-चाँदी का सामान जुटा दिया है। भोग लगा देता है, बिस्तर पर सुला देता है, उठा लेता है; मंदिर के पट बंद हो जाते हैं, खुल जाते हैं।

अगर तुमने परमात्मा को पिता की तरह से देखा तो तुम उसकी सेवा में वैसे ही लग जाओगे, जैसे तुम्हें अपने पिता की सेवा में लगना चाहिए। अगर तुमने परमात्मा को प्रेयसी के रूप में देखा, जैसा सूफियों ने देखा है, तो तुम उसके गीत वैसे ही गाने लगोगे जैसे लैला ने मजनू के गाए। लेकिन इस सबसे तुमने जो प्रेम जाना, उसकी को तुम परमात्मा पर आरोपित कर रहे हो; नए प्रेम का आविर्भाव नहीं हो रहा है।

इसीलिए तो हजारों भक्त हैं, लेकिन कभी कोई एकाध भगवान को उपलब्ध होता है। क्योंकि तुम्हारी भक्ति तुम्हारे ही प्रेम की पुनरुक्ति होती है। अगर तुम्हारे प्रेम से ही परमात्मा मिलता होता तो कभी का मिल गया होता। तुम फिर से परमात्मा से भी वे ही नाते-रिश्ते बना लेते हो, जो तुमने आदमियों से बनाए थे। तुम उससे भी वहीं बातें करने लगते हो, जो तुमने आदमियों से की थीं। तुम किसी के प्रेम में पड़ गए थे, तुमने कहा था : तुझसे सुंदर कोई भी नहीं। अब तुम परमात्मा से यही कहते हो कि तू पतितपावन है, ऐसा है, वैसा है! तुम वहीं बातें कर रहे हो? शब्द बासे हैं, उधार हैं!

इसलिए मैं फरीद के वचन का अर्थ करता हूँ : 'पियारे अलह लगे'-तू अल्लाह से लग जा। अब अल्लाह से लग जाना-इसका अर्थ क्या होगा? वही अर्थ होगा कि चारों तरफ अस्तित्व ने घेरा हुआ है; अल्लाह तुझे घेरे हुए है; तू ही अलग-थलग है; अल्लाह तो लगा हुआ ही है : तू भी लग जा। अल्लाह ने तो तुझे ऐसे ही घेरा है जैसे मछली ने सागर को घेरा हो। अल्लाह तो तुझ से लगा हुआ ही है; क्योंकि अल्लाह न लगा हो तो तू बच ही न सकेगा, एक क्षण न जिएगा, श्वास भी न चलेगी, हृदय भी न धड़केगा। वह तो अल्लाह तुझसे लगा है : इसलिए तू धड़कता है, चलता है, श्वास है, जीवन है। तू गलत भी हो जाए तो भी अल्लाह तुझसे लगा हुआ है। चोर भी हो जाए, हत्यारा भी हो जाए, तो भी अल्लाह लगा हुआ है। क्योंकि अल्लाह के बिना हत्यारा भी श्वास न ले सकेगा, चोर का हृदय भी न धड़केगा। बुरे हो या भले, अल्लाह चिंता नहीं करता; वह लगा ही हुआ है।

असली सवाल अब यह है कि हम भी उससे वैसे लग जाएँ, जैसे वह हमसे लगा है बेशर्त; कहता नहीं कि तुम अच्छे हो तो ही तुम्हारे भीतर श्वास लूँगा; साधु हो तो हृदय धड़केगा; असाधु तो बंद; कानून के खिलाफ गए,

दाएँ चले, बाएँ नहीं चले सड़क पर, अब श्वास न चलेगी। अल्लाह अगर ऐसा कंजूस होता कि सिर्फ साधुओं में धड़कता, असाधुओं में न धड़कता तो संसार बड़ा बेरौनक हो जाता; तो राम ही राम होते, रावण दिखाई न पड़ते। और तुम सोच सकते हो, राम ही राम हों तो कैसी बेरौनक हो जाए दुनिया! अपना-अपना धनुष लिए खड़े हैं; मारने तक को कोई नहीं, जिसको बाण मारें! सीता जी खड़ी हैं, कोई चुराने वाला नहीं है! राम कथा आगे बढ़ती नहीं!

न, परमात्मा राम में भी श्वास ले रहा है, रावण में भी; और जरा भी पक्षपात नहीं है, दोनों में लगा हुआ है। परमात्मा बेशर्त, बिना शुभ-अशुभ का विचार किए, तुम्हारी योग्यता-अयोग्यता का बिना विचार किए, तुम्हारे साथ है। तुम उसके साथ नहीं हो। सागर तो तुम्हारे साथ है; तुम उससे लड़ रहे हो!

'बोलै सखु फरीदु पियारे अलह लगे'

फरीद कहता है : प्यारो, अल्लाह से लग जाओ, वैसे ही जैसा अल्लाह तुमसे लगा है।

हिंदू के अल्लाह से मत लगना, मुसलमान के अल्लाह से मत लगना, नहीं तो शर्त हो जाएगी। मंदिर के अल्लाह से मत लगना, मस्जिद के अल्लाह से मत लगना, नहीं तो शर्त हो जाएगी। जैसे वह बेशर्त लगा है-न पूछता है कि तुम हिंदू हो, न पूछता है कि तुम मुसलमान हो, न पूछता है कि तुम जैन हो, कि बोद्ध हो, कि ईसाई, पूछता ही नहीं, न पूछता कि तुम स्त्री कि पुरुष, न पूछता कि काले कि गोरे-कुछ पूछता नहीं; बस तुमसे लगा है: ऐसे ही तुम भी मत पूछो कि तू मस्जिद का कि मंदिर का, कि तू कुरान का कि पुराण का, कि तू गोरे का कि काले का, तुम भी लग जाओ।

मंदिर और मस्जिद के अल्लाह ने मुसीबत खड़ी की है। तुम उस अल्लाह को खोजो, जो सब में व्याप्त है, सब तरफ मौजूद है, जिसने सब तरफ अपना मंदिर बनाया है : कहीं वृक्ष की हरियाली में, कही झरने के नाद में, कहीं पर्वत के एकांत में, कहीं बाजार के शोरगुल में-जिसने बहुत तरह से अपना मंदिर बनाया है। सारा जगत उसके ही मंदिर के स्तंभ हैं। सारा आकाश उसके ही मंदिर का चंदोवा है! सारा विस्तार उसकी ही भूमि है! तुम इस अल्लाह को पहचानना शुरू करो, इससे लगो।

बोलै सेखु परीदु पियारे अलह लगो।

इहु तन होसी खाक निमाणी गोर घरे।

और इस शरीर से बहुत मत लगे रहो, क्योंकि जल्दी ही कब्र में सड़ेगा।

यह शरीर तो खाक हो जाएगा और इसका घर निगोड़ी कब्र में जा बनेगा। इससे तुम जरूरत से ज्यादा लग गये हो। जिससे लगना चाहिए, उसे भूल गए। जिससे नहीं लगना था, उससे चिपट गए। जो तुम्हारे जीवन का जीवन है, उससे तुमने हाथ दूर कर लिए और क्षणभर के लिए तुम्हारा विश्राम-स्थल है—राह पर सराय में रुक गए हो रातभर—सराय को तो पकड़ लिया, अपने को छोड़ दिया है।

यह शरीर—'इहु तन होसी खाक'—यह शरीर तो जल्दी ही राख हो जाएगा। 'निमाणी गोर घरे'—और किसी निगोड़ी कब्र में इसका घर बन जाएगा। तुम इससे मत जकड़ो। अगर पकड़ना ही है तो जीवन के सूत्र को पकड़ लो। लहरों को क्या पकड़ते हो, पकड़ना ही है तो सागर को पकड़ लो। क्योंकि लहरें तो तुम पकड़ भी न पाओगे और मिट जाएँगी, तुम मुट्ठी बाँध भी न पाओगे और विसर्जित हो जाएँगी।

लहरों को पकड़ना, शरीर को पकड़ना है। शरीर तरंग है, पाँच तत्त्वों के इस विराट् सागर में उठी एक बड़ी लहर है—सत्तर साल तक बनी रहती है, अस्सी साल तक बनी रहती है। पर विराट् को देखकर सत्तर-अस्सी साल क्या हैं, क्षण-भर भी नहीं है। जो समय तुमसे पहले हुआ और जो समय तुम्हारे बाद होगा, उसे हिसाब में लो तो तुम जितने समय रहे, वह न के बराबर है। यह लहर है। इसको तो तुमने जोर से पकड़ लिया है और जिसमें यह लहर उठी है, उसको तुम भूल ही गए हो। जो आधार है, वह भूल गया है; पत्तों पर भटक रहे हो।

'इहु तन होसी खाक निमाणी गोर घरे।'

'आजु मिलावा सेखु'—यह वचन मुझे बहुत प्यारा रहा है। यह बड़ा अनूठा है! इसे बहुत गौर से जानकर समझने की कोशिश करना।

'आज उस प्रीतम से मिलन हो सकता है, शेख, यदि तू उन भावनाओं को काबू कर ले, जो तेरे मन को बेचैन कर रही हैं।'

'आजु मिलावा सेखु' आज मिलना हो सकता है तेरा। यह बड़ा क्रांतिकारी वचन है। क्योंकि साधारणत: तुम्हारे पंडित-पुरोहित कहते हैं कि जन्मों-जन्मों का पाप है, उसको काटना पड़ेगा, तब मिलन हो सकेगा। और शेख कहता है : 'आजु मिलावा सेखु'—यह आज हो सकती है बात; इसी क्षण हो सकती है। इसको एक क्षण भी टलने की जरूरत नहीं है। क्योंकि परमात्मा आज इतना ही उपलब्ध है, जितना कभी था, और इतना ही सदा उपलब्ध रहेगा। उसकी

उपलब्धि में रत्तीभर फर्क नहीं पड़ता। तुमने पाप किए कि पुण्य किए–इससे कोई फर्क नहीं पड़ता। तुम जिस दिन भी उसके साथ लगने को राजी हो, उसका आलिंगन सदा ही उन्मुक्त था, आमंत्रण सदा ही था। तुम्हारे पाप बाधा न बन सकेंगे। तुम्हारे पाप...तुम ही क्या हो, तुम्हारे पापों का कितना मूल्य हो सकता है? लहर ही मिट जाती है, तो लहर का इठलाना कितना टिक सकता है?

इसे थोड़ा हम समझें। यह भी मनुष्य का अहंकार है कि मैंने बहुत पाप किए हैं। यह तुम्हें अड़चन लगेगी समझने में। तुम कहोगे– यह कैसा अहंकार है? लेकिन इससे भी ऐसा लगता है कि मैं कुछ हूँ। और इससे ऐसा भी लगता है कि जब तक मैं इन सब पापों को न काट दूँगा, तब तक परमात्मा न मिलेगा। जैसे परमात्मा का मिलना मेरे किसी कृत्य पर निर्भर है! इसलिए कर्म का सिद्धांत अहंकारियों को खूब जमा, खूब जँचा। अहंकारियों के अहंकार को पुष्टि मिली कि हमने ही कर्म किए थे, इसलिए हम भटक रहे हैं; हम हो कर्म जब ठीक करेंगे तो पहुँच जाएँगे। लेकिन हममें 'मैं' छिपा है भीतर।

यह फर्क है भक्तों का। भक्त कहते हैं, पहुँचेंगे उसके प्रसाद से। तुम्हारे प्रयास से नहीं पहुँचेंगे। तुम्हारा प्रयास ही तो अटका रहा है। यह खयाल कि मेरे करने से कुछ होगा, यही तो तुम्हें भटका रहा है। कर्म नहीं भटका रहे हैं, कर्त्ता का भाव भटका रहा है। असली पाप कर्मों में नहीं है, कर्त्ता के भाव में है। इसलिए कृष्ण ने अर्जुन से गीता में कहा : तू कर्त्ता का भाव छोड़ दे। तू निमित्रमात्र हो जा। फिर तुझे कुछ भी कर्म न छुएगा। कर्म तू कर, पर ऐसे कर जैसे वही तुझसे करा रहा है, तू बीच में नहीं है। तू बाँस की पाँगरी हो जा, उसको ही गाने दे गीत। यह गाए तो ठीक, न गाए तो ठीक। तू बीच में चेष्टा मत कर। तू अपने को बीच में मत ला, अपने को बीच में मत खड़ा कर!

शेख फरीद कहते हैं : आज जो हो सकता है मिलन। यह बड़े हिम्मत के फकीरों ने ऐसी बात कहीं है। तुम्हारा मन तो खुद भी डरेगा कि यह कैसे हो सकता है आज। वस्तुत: सच्चाई यह है कि तुम आज चाहते भी नहीं। तुम चाहते हो कि कोई समझाए कि कल हो सकता है, आज नहीं; क्योंकि आज और दूसरे काम करने हैं, हजार व्यवसाय पूरे करने हैं। आज ही हो सकता है, मिलन! यह जरा जल्दी हो जाएगी। इसमें तो पोस्टपोन करने का, स्थगित करने का उपाय न रहेगा।

तो, मैं तुमसे कहता हूँ, कर्म का सिद्धांत अहंकारियों को खूब जँचा; और अहंकारियों को यह भी बात जँची कि जब तक हम कर्मों को बदल न देंगे, बुरे

को शुभ से मिटा न देंगे, काले को सफेद से पोत न देंगे, अशुभ को शुभ में ढाँक न देंगे, जब तक तराजू बराबर संतुलन में न आ जाएगा, शुभ और अशुभ बराबर न हो जाएँगे—तब तक छुटकारा नहीं हो सकता। इसका अर्थ हुआ कि मैंने ही पाप किए, मुझे ही पुण्य करने होंगे; मेरे ही कारण घटना घटेगी, परमात्मा के प्रसाद से नहीं, उसके अनुग्रह से नहीं। और इसमें बड़ी सुविधा है कि जन्मों-जन्मों के कर्म हैं, वे आज तो कट नहीं जाएँगे, जन्म-जन्म लगेंगे। स्वभावत: जितने दिन मिटाया है, उतने दिन बनाना पड़ेगा; जितने दिन बिगाड़ा है, उतने दिन सुधारना पड़ेगा। कितनी ही जल्दी करो तो भी जन्मों-जन्म लग जाएँगे। इससे बड़ी सुविधा है। इससे आज कोई झंझट नहीं है। आज दूकान करो, आज चोरी करो; धर्म कल! आज तुम जैसे चलते हो चलते रहो, कोई उपाय ही नहीं है; कल परिर्वतन होगा, कल होगा रूपांतरण!

कल के खयाल ने मनुष्य को अधार्मिक बनाया है। कल बड़ी सुविधा है। उसकी आड़ में हम अपने को छिपा लेते हैं। कल होगा, आज तो कुछ होना नहीं है—तो आज तो हम जो हैं, वहीं रहेंगे! एकदम से तो कोई क्रांति हो न जाएगी! सिलसिला होगा। क्रमिक विकास होगा। विकास होते-होते समय आएगा, तब कहीं घटना घटेगी! इस जन्म में तो होने वाला नहीं है! तो इस जन्म में जो कर रहे हो, करते रहो; और थोड़ी कुशलता से कर लो! समय जितनी देर मिला है, और भोग लो; कहीं अगले जन्म में मुक्ति हो ही न जाए।

ऐसे पूरब में, जहाँ कि पुनर्जन्म के सिद्धांत को, कर्म के सिद्धांत को बड़ी स्वीकृति मिली, अधर्म का बड़ा गहरा विस्तार हुआ। होना नहीं चाहिए था। अगर वस्तुत: लोगों ने इसलिए स्वीकार किया था पुनर्जन्म का सिद्धांत कि वे धार्मिक थे, तो पूरब में क्रांति हो जानी चाहिए थी, पूरब में सूर्योदय हो जाता। नहीं हुआ।

पूरब जितना बेईमान है, पश्चिम में उतने बेईमान आदमी नहीं पाए जाते। और पूरब जितना अनैतिक है और जितना भ्रष्ट है, वैसा भ्रष्टाचार और वैसी अनैतिकता भी कहीं नहीं पाई जाती। नास्तिक-से-नास्तिक और भौतिकवादी-से-भौतिकवादी मुल्कों में भी ऐसी अनीति नहीं है। कारण क्या होगा? पूरब के पास सुविधा है। हम टाल सकते हैं। उनके पास सुविधा नहीं है, उनका यही जीवन सब कुछ है। अच्छे होना है तो यही जीवन है, बुरे होना है तो यही जीवन है। हमारे पास बहुत जीवन हैं। हमें कोई जल्दी नहीं है।

पूरब के मन में जल्दी नहीं है; इसलिए जो चल रहा है चलने दो, जो

हो रहा है होने दो। हम किसी त्वरा में नहीं हैं कि क्रांति अभी हो जाए। समय हमारे पास जरूरत से ज्यादा है : आज नहीं होगा, कल होगा, कल नहीं होगा परसों होगा। हमें बड़ा धीरज है। धीरज आड़ बन गई है। जहाँ-जहाँ धीरज ज्यादा हो जाता है, वहाँ क्रांति असंभव हो जाती है। अगर तुम्हें आज पता चल जाए कि आज ही हो सकती है यह बात, तो फिर तुम्हें दोष अपने को ही देना पड़ेगा; फिर तुम्हें साफ कर लेना होगा कि अगर टालना है तो तुम टालते हो, स्थगित करना है तो तुम स्थगित करते हो; परमात्मा आज राजी था। तब तुम्हें बड़ी बेचैनी होगी। तब तुम्हें कोई भी सांत्वना का उपाय न रह जाएगा।

इसलिए फरीद का वचन मैं कहता हूँ क्रांतिकारी है : 'आजु मिलावा सेखु,' आज हो सकता है मिलना, शेख! देर उसकी तरफ से नहीं है।

हमारे मुल्क में कहावत है : देर है, अंधेर नहीं। मैं तुमसे कहता हूँ : न देर है, न अंधेर है। उसकी तरफ से कुछ नहीं; तुम्हारी तरफ से दोनों हैं। उसकी तरफ से न तो देर है और न अंधेर है; तुम्हारी तरफ से देर भी है और इसलिए अंधेर है। देर के आधार से ही अंधेर है। टालने की सुविधा है—तो आज जैसी भी स्थिति है, ठीक है; कल सब ठीक हो जाएगा। कल के स्वप्न के आधार पर तुम आज के गंदे यथार्थ को टालते चले जाते हो; कल की आशा में आज की बीमारी झेल लेते हो। आज का नर्क भोग लेते हो; कल स्वर्ग मिलेगा!

'आजु मिलावा सेखु'—आज उस प्रीतम से मिलन हो सकता है। करना क्या है? बस एक छोटी-सी बात करनी है : 'कूंजड़ीआ मनहु मचिंदड़ीआ'—यह तो मन में विचारों और भावों का शोरगुल मचा है, यह भर बंद हो जाए। कर्मों को नहीं बदलना है; सिर्फ विचारों को शांत करना है। कर्मों को बदलना तो असंभव है। कितने जन्म तुम्हारे हुए, कोई हिसाब है? उसमें क्या-क्या तुमने नहीं किया, कोई हिसाब है? उस सबको बदलने बैठोगे तो यह कथा तो अंतहीन हो जाएगी। यह तो फिर कभी हो ही न पाएगा। लेकिन बुद्ध हुए, महावीर हुए, फरीद हुए, नानक हुए, दादू हूए, कबीर हुए—इनके जीवन में क्रांति घटित होते हमने देखी। यह घटना घटी है, तो इसके घटने का एक ही कारण हो सकता है, जो हमने समझा है कि कर्म बदलने होंगे, यह भ्रांति है; सिर्फ विचार गिरा देने काफी हैं।

ऐसा समझो कि एक आदमी रात सपना देखता रहा है कि उसने बड़ी हत्याएँ की हैं, बड़ी चोरियाँ की हैं, बड़े व्यभिचार किए हैं, और वह बड़ा परेशान है अपने सपने में कि अब कैसे छुटकारा होगा; इतना उपद्रव कर लिया

है, अब इस सबके विपरीत कैसे शुभ कर्म करूँगा?—और तब तुम जाते हो, उसे हिलाकर जगा देते हो, आँख खुलती है : सपने खो गए! कर्म नहीं बदलने पड़ते; सपना टूट जाए, बस : फिर वह खुद ही हँसने लगता है कि यह भी मैं क्या-क्या सोच रहा था! यह क्या-क्या हो रहा था! और मैं सोच रहा था कि इससे छुटकारा कैसे होगा लेकिन सपना टूटते ही छुटकारा हो गया!

विचार तुम्हारे स्वप्न हैं। कर्म ने नहीं बाँधा है; बाँधा है विचार ने। कर्म तो विचारों के भीतर घट रहे हैं। अगर विचार टूट जाए, स्पप्न टूट जाए : तुम जाग गए। सारे जन्म तुम्हारे जो हुए, वह एक गहरा स्वप्न था, एक दुःस्वप्न था। उसको बदलने का कोई सवाल नहीं है। उसको मिटाने का भी कोई सवाल नहीं है। जागते ही वह नहीं पाया जाता है।

शेख, यदि तू उन भावनाओं को काबू कर ले, जो तेरे मन को बेचैन कर रही हैं....! वे जो तेरे भाव, तेरे विचार, और उनकी जो तरंगें, झंझावात और ऊहापोह तेरे भीतर मचा है—बस उसको तू शांत कर ले।

उसको शांत करने के दो ढंग हैं।

एक ढंग ध्यान है।

ध्यान शुद्ध विज्ञान है कि तुम वैज्ञानिक आधार पर मन की तरंगों को एक के बाद एक शांत करते चले जाते हो। लेकिन ध्यान का रास्ता मरुस्थल का रास्ता है। वहाँ छायादार वृक्ष नहीं हैं, मरूद्यान नहीं हैं। वहाँ चारों तरफ फूल नहीं खिलते और हरियाली नहीं है; पक्षियों के गीत नहीं गूँजते। अंतहीन रेत का विस्तार है—तप्त-उत्तप्त! ध्यान का मार्ग सूखा है, गणित का है।

दूसरा मार्ग है प्रेम का कि तुम इतने प्रेम से भर जाओ कि तुम्हारे जीवन की सारी ऊर्जा प्रेम बन जाए; तो जो ऊर्जा भावना बन रही थी, विचार बन रही थी, तरंगें बन रही थीं, वह खिंच आए और सब प्रेम में नियोजित हो जाए। इसलिए तो बड़े वृक्ष के नीचे अगर तुम छोटा वृक्ष लगाओ तो पनपता नहीं है; क्योंकि बड़ा वृक्ष सारे रस को खींच लेता है भूमि से, छोटे वृक्ष को रस नहीं मिलता। जो बहुत बड़े वृक्ष हैं, वे अपने बीजों को दूर भेजने की कोशिश करते हैं; क्योंकि अगर बीज नीचे गिर जाएँ तो वे भी कभी वृक्ष न बन पाएँगे।

सैमर का बड़ा वृक्ष अपने बीजों को रुई में लपेटकर दूर भेजता है ताकि हवा में रुई उड़ जाए। वैज्ञानिक कहते हैं कि वह बहुत कुशल और होशियार वृक्ष है, बड़ा चालबाज है! वह तरकीब समझ गया है कि अगर बीज नीचे ही गिर गया तो कभी पनपेगा ही नहीं; उसकी संतति नष्ट हो जाएगी। तो वह

उसको रुई में लपेट लेता है। वह रुई तुम्हारे तकियों के लिए नहीं बनाता। तुम्हारे तकियों से सैमर को क्या लेना-देना? वह अपने बीजों को पंख लगाता है, रुई में लपेट देता है, रुई हवा में उड़ जाती हैं और जब तक ठीक भूमि न मिल जाए, तब तक वह उड़ती चली जाती है। जब ऐसी भूमि मिल जाती है, जहाँ कोई वृक्ष बड़ा नहीं है आसपास, तब वह जमीन को पकड़ लेता है।

बड़े वृक्ष के नीचे छोटा वृक्ष नहीं पनपता। ठीक जब तुम्हारे भीतर प्रेम का बड़ा वृक्ष पैदा होता है तो सब छोटी-मोटी तरंगें खो जाती हैं; सब भूमि से रस एक ही प्रेम में चला आता है; प्रेम अकेली अभीप्सा बन जाता है, बस लपटों को अपने में समा लेता है।

तो, एक तो ध्यान है कि तुम एक-एक तरंग और एक-एक विचार को क्रमश: शांत करते जाओ। फिर एक प्रेम है कि शांत किसी को मत करो, सबको लपेट लो एक अभीप्सा में, एक प्रेम की प्रगाढ़ अभीप्सा में : तुम एक महा लपट बन जाओ, सब लपटें उसमें समा जाएँ। ये दो उपाय हैं।

प्रेम का रास्ता हरा-भरा है। उस पर पक्षी भी गीत गाते हैं, मोर भी नाचते हैं। उस पर नृत्य भी है। उस पर तुम्हें कृष्ण भी मिलेंगे—बाँसुरी बजाते। उस पर तुम्हें चैतन्य भी मिलेंगे—गीत गाते। उस पर तुम्हें मीरा भी नाचती मिलेगी।

ध्यान का रास्ता बड़ा सूखा है। उस पर तुम्हें महावीर मिलेंगे, लेकिन मरुस्थल जैसा है रास्ता। उस पर तुम्हें बुद्ध बैठे मिलेंगे, लेकिन कोई पक्षी की गूँज तुम्हें सुनाई न पड़ेगी। तुम्हारी मर्जी। जिसको मरुस्थल से लगाव हो...। ऐसे भी लोग हैं, जिनको मरुस्थल में सौंदर्य मिलता है। व्यक्ति-व्यक्ति की बात है।

एक युवक ने मुझे आकर कहा कि जैसा सौंदर्य उसने मरुस्थल में जाना, वैसा उसने कहीं नहीं जाना। यह संभव है, क्योंकि मरुस्थल में जो विस्तार है, वह कहीं भी नहीं है। सहारा के मरुस्थल में खड़े होकर ओर-छोर नहीं दिखाई पड़ता; रेत-ही-रेत का सागर है अंतहीन; कहीं कोई अंत नहीं मालूम होता। इस अनंत में किसी को सौंदर्य मिल सकता है, कोई आश्चर्य नहीं है। और जैसी रात मरुस्थल की होती है, वैसी तो कहीं भी नहीं होती। जैसे मरुस्थल की रात में तारे साफ दिखाई पड़ते हैं वैसे कहीं नहीं दिखाई पड़ते; क्योंकि मरुस्थल की हवाओं में कोई भाप नहीं होती; हवा बिलकुल शुद्ध होती है, पारदर्शी होती है; तारे इतने साफ दिखाई पड़ते हैं कि हाथ बढ़ाओ और छू लो।

तो ध्यान का अपना मजा है। ध्यान जिसको ठीक लग जाए, वह उस तरफ चल पड़े। प्रेम का अपना मजा है। ध्यान का पूरा मजा तो जब मंजिल मिलेगी, तब आएगा। ध्यान का पूरा मजा तो पूरा अंत में आएगा; प्रेम का मजा कदम-कदम पर है। प्रेम की मंजिल पूरे रास्ते पर फैली है। ध्यान की मंजिल अंत में है और रास्ता बहुत रूखा-सूखा है। प्रेम की मंजिल अंत में नहीं है, कदम-कदम पर फैली है, पूरे रास्ते पर फैली है मंजिल। तुम जहाँ रहोगे, वहीं आनंदित रहोगे। तुम्हारी मर्जी! व्यक्ति-व्यक्ति को अपना चुनाव कर लेना चाहिए।

आज उस प्रीतम से मिलन हो सकता है, शेख, यदि तू उन विचारों को काबू में कर ले, उन तरंगों का रोक ले, जो तुझे बेचैन कर रही हैं।

'कूंजड़ीआ मनहु मचिंदड़ीआ'-जिन्होंने तेरे मन में बड़ा उपद्रव मचा रखा हो, झंझावात, तूफान-उनको तू सम्हाल ले।

और ध्यान रखना, प्रेम का रास्ता सुगम है; क्योंकि तुम सारे उपद्रव को परमात्मा के चरणों में समा देते हो। तुम कहते हो : तू ही सम्हाल! हम तेरे साथ लग लेते हैं, तू फिक्र कर!

तुम एक बड़ी नाव में सवार हो जाते हो।

ध्यान का रास्ता छोटी नाव का है।

बुद्ध के जमीन से विदा हो जाने के बाद दो संप्रदाय हो गए उनके अनुयायियों के। एक का नाम है : हीनयान। हीनयान का अर्थ होता है : छोटी नाव; छोटी नाव वाले लोग। हीनयान ध्यान का रास्ता है। अपनी-अपनी डोंगी, दो भी नहीं बैठ सकते; दो भी बैठ जाएँ तो उलट जाए; एक ही बैठ सके, और वह भी पूरा सम्हलकर ही चले। और अपने ही हाथ से खेना है, और कोई सहारा नहीं है, और बड़ा तूफान है।

और दूसरे पंथ का नाम है : महायान। महायान प्रेम का मार्ग है। महायान का अर्थ है : बड़ी नाव, जिस पर हजारों लोग एक साथ सवार हो जाएँ। हीनयान कहता है : बुद्ध से इशारा ले लो, लेकिन बुद्ध का सहारा मत लो : इशारा ले लो, सहारा मत लो, क्योंकि चलना तुम्हें है। महायान कहता है : इशारा क्या लेना? सहारा ही ले लेते हैं; बुद्ध के कंधे पर ही सवार हो जाते हैं। जब बुद्ध जा ही रहे हैं, हम उनके साथ लग लेते हैं।

महायान फैला बहुत; हीनयान सिकुड़ गया। क्योंकि हीनयान थोड़े-से लोगों का रस हो सकता है। वह मार्ग ही संकीर्ण है। महायान विराट् हुआ। जो

भी बुद्ध धर्म का विकास हुआ बाद में, वह महायान के कारण हुआ। क्योंकि भक्ति और प्रेम हृदय को छूते हैं, जगाते हैं। क्या जरूरत है रोते हुए जाने की, जब हँसते हुए जाया जा सकता हो? और क्या जरूरत है अकारण कष्ट पाने की, जब प्रेम की भीनी-भीनी बहार में यात्रा हो सकती हो?

आज उस प्रीतम से मिलन हो सकता है, शेख; बस तू मन की सारी तरंगों को समर्पित कर दे।

'जे जाणा मरि जाइए'–शेख कहता है : अगर पता होता कि मरना ही होगा तो जिंदगी में जिसको भी पता हो जाता है कि मृत्यु है, वही बदल जाता है; और जिसको पता नहीं होता कि मृत्यु है, वही बर्बाद हो जाता है। धर्म तुम्हारे जीवन में उसी दिन उतरता है, जिस दिन तुम्हारे जीवन में मृत्यु का बोध आता है, जिस दिन तुम्हें लगता है कि मौत आती है। मौत का आना, मौत के आने का खयाल, मौत के पैरों की पगध्वनि, जिसे सुनाई पड़ गई, वह आदमी तत्क्षण रूपांतरित हो जाता है। मौत जब आती हो तो चाँदी के ठीकरों में क्या अर्थ रह जाता है? मौत जब आ रही हो तो बड़े महल बना लेने से क्या होगा? मौत जब आ रही है, चल ही पड़ी है, रास्ते पर ही है, किसी भी क्षण मिलन हो जाएगा, तो दुश्मनी, वैमनस्य, ईर्ष्या, इनका क्या मूल्य है?

तुम इस तरह जीते हो जैसे कभी मरना ही नहीं, इसलिए तुम गलत जीते हो। अगर तुम इस तरह जीने लगो कि आज ही मरना हो सकता है। तुम्हारी जिंदगी से गलती विदा हो जाएगी। गलती के लिए सुविधा चाहिए।

थोड़ा सोचो, आज अचानक तुम्हें खबर आ जाए कि बस आज साँझ विदा हो जाओगे, तो आज तुमने सोचा था कि किसी की हत्या कर देने की, क्या करोगे? बजाय हत्या करने के तुम जाकर उसको गले लगा लोगे; कहोगे कि भाई अब जा रहे हैं, अब कोई सवाल ही न रहा। अब झगड़ा ही क्या! विदा होने का वक्त आ गया! तुम खुश रहो, आबाद रहो; हम तो जाते हैं। किसी की चोरी करने की तैयारी पर ही थे, कि जेब काटने को ही थे–अब जेब काटनी है! अब तो उलटा मन होगा कि अपनी जेब भी उसी को दे दो, क्योंकि अब जाने का वक्त आ गया। इंच-इंच जमीन के लिए लड़ रहे थे–अब कोई अड़चन न रही; क्योंकि जमीन मरे हुए सम्राट् को भी उतनी ही मिलती है, भिखारी को भी उतनी ही मिलती है। छह फीट जमीन काफी हो जाती है।

फरीद कहता है : यदि मुझे पता ही होता फरीद कि मरना होगा और फिर लौटना नहीं है, तो इस झूठी दुनिया से प्रीति जोड़कर मैं अपने को बर्बाद

न कर बैठता। तब फिर मैंने प्रेम तुझसे ही लगाया होता।

हम व्यर्थ की चीजों से प्रेम लगाते रहे। खुद विदा होना था जहाँ से, वहाँ हमने प्रेम के बीज बोए। जहाँ से हमको ही चले जाना था, वहाँ अपना हमने हृदय जोड़ा तो स्वभावत: हम टूटेंगे, हृदय टूटेगा, दु:ख और पीड़ा होगी। 'जे जाणा मरि जाइए'—तब तो क्रांति घट जाती।

पशुओं में कोई धर्म पैदा नहीं हुआ। और जिस मनुष्य के जीवन में धर्म की किरण न उतरे, वह पशु जैसा है। एक बात में समानता है उसकी और पशु की। पशुओं में धर्म क्यों पैदा न हुआ? क्योंकि पशुओं को मृत्यु का बोध नहीं है। मरते जरूर है; लेकिन जब एक कुत्ता दूसरे कुत्ते को मरते देखता है तो वह समझता है : अच्छा तो तुम मर गए! मगर उसे कभी यह खयाल नहीं आता कि मैं मरूँगा। यह आ भी कैसे सकता है? क्योंकि कुत्ता सदा दूसरे को मरते देखता है, अपने को तो कभी मरते देखता नहीं। इसलिए तर्कयुक्त है कि दूसरे मरते हैं, मैं नहीं मरता। हरेक मरते कुत्ते को देखकर उसकी अकड़ और बढ़ती जाती है कि मैं तो मरनेवाला नहीं, हरेक मर रहा है, सब मर रहे हैं, मैं अमर हूँ।

ऐसी नासमझी मनुष्य के भीतर भी है। तुम दूसरे को मरते देखकर दया करते हो, सहानुभूति करते हो, दो आँसू बहाते हो, कहते हो : बहुत बुरा हुआ। लेकिन तुम्हें याद आता है कि उसकी मौत में तुम्हारी मौत ने भी तुम्हें संदेश दिया, कि उसकी मौत तुम्हारी भी मौत है?

एक अँग्रेज कवि ने लिखा है—उसके गाँव का नियम है, जब कोई मर जाता है तो चर्च की घंटियाँ बजती हैं; तो उसने लिखा है कि पहले मैं भेजता था लोगों को पता लगाने कि देखो, कौन मर गया; अब मैं नहीं भेजता, क्योंकि जब भी चर्च की घंटी बजती हैं तो मैं ही मरता हूँ।

हर मनुष्य की मौत मनुष्यता की मौत है। हर मनुष्य की मौत में तुम्हारी मौत घटती है। अगर यह दिखाई पड़ने लगे तो तुम क्या ऐसे ही रहोगे जैसे अब तक रहे हो? इन्हीं खेल-खिलौनों से खेलते रहोगे? इन्हीं व्यर्थ की चीजों को इकट्ठा करते रहोगे या बदलोगे? मौत बदल देगी, झकझोर देगी, सपना तोड़ देगी।

'जे जाणा मरि जाइए'—पता होता कि मर जाना है, तो कभी के बदल गए होते। फरीद तुमसे कह रहा है, उसे तो पता ही है। वह तुमसे कह रहा है कि जागो। जिसे तुमने जीवन समझा है, वह जीवन नहीं है; वह मरने की

लंबी प्रक्रिया है। जीवन कहीं और है, जहाँ तुमने खोजा ही नहीं। जीवन तो परमात्मा के साथ है।

'बोलै सेखु फरीदु पियारे अलह लगे।'

उसके साथ मरना कभी नहीं आता। संसार के साथ जो जुड़ता है, वह बार-बारण मरता है, क्योंकि यह टूटेगा ही संबंध। यह नदी-नाव संयोग है। यह कोई थिर रहने वाली बात नहीं है। नदी बहती जा रही है, प्रतिक्षण भागी जा रही है; उसी नदी से नाव का संयोग कैसे रहेगा?

हैराक्लतु ने कहा है : एक ही नदी में दुबारा उतरना असंभव है। क्योंकि जब तुम दुबारा उतरने आओगे, वह नदी तो जा चुकी होगी। एक ही आदमी से दुबारा मिलना असंभव है; क्योंकि जब तुम दुबारा मिलने जाओगे, वह आदमी अब कहाँ रहा! सब बदल चुका! गंगा में कितना पानी बह गया! पहली दफा मिले थे तो बड़ा प्रेमपूर्ण था; अब मिले तो बड़ा उदास था। वह आदमी वही नहीं है। पहली दफा मिले थे तो बड़ा क्रुद्ध था, अब मिले तो बड़ा दयावान था। वह आदमी वही नहीं है।

बुद्ध पर एक आदमी थूक गया और दूसरे दिन क्षमा माँगने आया। बुद्ध ने कहा : नासमझी मत मर। तू कर तो कर, मुझसे तो मत करवा। जिस पर थूक गया था, वह आदमी अब कहाँ! और जो थूक गया था, वह आदमी अब कहाँ! वह बात गई-गुजरी हो गई। भूल! जाग! मैं वही नहीं हूँ। चौबीस घंटे में गंगा का कितना पानी बह गया! तू वहीं नहीं है। मेरी तो फिक्र छोड़; लेकिन तेरी तो बात साफ है : कल तू थूक गया था; आज तू क्षमा माँगने आया है! तू वही कैसे हो सकता है? थूकने वाला और क्षमा माँगने वाला दो अलग दुनिया हैं। जाग!

'जे जाणा मरि जाइए'-जिसने जाना कि मौत होगी, उसने असली जीवन की खोज शुरू कर दी। समय खोने जैसा नहीं है। इससे पहले कि समय हाथ से निकल जाए, अवसर खो जाए, जीवन पर जड़ें पहुँच जानी चाहिए।

'बोलिए सचु धरम न झूठ बोलिए।
जो गुरु दसै बाट मुरीदा जोलिए।'

इसका अनुवाद सदा से किया जा रहा है कि तू धरम से सच बोल, झूठ न बोल। जो रास्ता गुरु दिखा दे, उसी पर चल। इसमें थोड़ा फर्क करता हूँ।

'बोलिए सचु धरमु...'। फरीद का सब्द है : 'बोलिए सचु धरमु'-सत्य धर्म से बोल, सत्य से बोल। सचु धरमु का अर्थ होता है : स्वभाव से बोल।

जो तेरा वास्तविक स्वभाव है, वही धर्म है। अपनी प्रामाणिकता से बोल। अपने अस्तित्व से बोल। धर्म से सच बोल में बात चली जाती है। धर्म से सच बोल–जैसे कि हम किसी की कसम दिलवा रहे हों कि खा धर्म की कसम और सच बोल; खा ईमान की कसम और सच बोल। नहीं, धर्म से सच बोल–ऐसा नहीं; सत्य धर्म से बोल; वह तेरा जो स्वभाव है, वह तेरा जो सच्चा धर्म है–जिसको कृष्ण ने स्वधर्म कहा है : स्वधर्म निधनं श्रेय:। तू वहाँ से बोल जो तू है; तू अपनी वास्तविकता से बोल।

ये दोनों अलग बातें हैं। धर्म से सच बोलने का मतलब यह है कि झूठ मत बोल; जैसा तूने जाना हो, वैसा बोल; तथ्य बोल। और जो अनुवाद मैं कर रहा हूँ वह है : तू अपनी वास्तविकता से बोल; तथ्य की फिक्र मत कर, सत्य बोल। क्योंकि बहुत बार सत्य तथ्य के विपरीत होता है। बहुत बार तथ्य बोलने से सत्य नहीं बोला जाता है। बहुत बार तुम बोलते हो, बिलकुल फैक्चुअल होता है, तथ्यगत होता है; लेकिन सत्य नहीं होता, क्योंकि तुम्हारी वास्तविकता से नहीं बोला गया होता।

ऐसा समझो, हिंदुओं और मुसलमानों का दंगा हो रहा हैं। एक हिंदू ने दंगा देखा है, एक मुसलमान ने भी दंगा देखा है। दोनों अदालत के सामने वक्तव्य देते हैं। हिंदू कुछ और देखेगा जो मुसलमान ने देखा ही नहीं। मुसलमान कुछ और देखेगा जो हिंदू ने देखा ही नहीं। दोनों तथ्य बोल रहे हैं। न तो हिंदू झूठ बोल रहा है, न मुसलमान झूठ बोल रहा है। हिंदू भी वही बोल रहा है, जो उसने देखा। लेकिन सवाल तो यह है कि देखने में ही व्याख्या हो जाती है। अगर हिंदू देख रहा है तो व्याख्या तो वही हो गई। कुछ चीजें हिंदू नहीं देख सकता; वे हिंदू होने के कारण असंभव हैं। और कुछ चीजें मुसलमान नहीं देख सकता; वे मुसलमान होने के कारण असंभव हैं।

जैसे समझो कि किसी ने कुरान जला दी, तो मुसलमान के तो प्राण जला दिए; हिंदू के लिए किताब, जो रद्दीबाजार में एक रुपए में बिक सकती थी, वह जला दी–इसमें झगड़ा-झाँसा क्या है? इसमें क्या बिगड़ रहा है? दूसरी खरीद लो बाजार से! एक रुपए की रद्दी जलाई है!–और मुसलमान की आत्मा जला दी!

जब किसी हिंदू की मूर्ति तोड़ी जाती है, तो मुसलमान के लिए पत्थर है, हिंदू के लिए परमात्मा है। तथ्य काफी नहीं है। मुसलमान कहेगा : एक पत्थर को लोगों ने तोड़ा! उसके लिए इतना उपद्रव मचाने की कोई जरूरत न थी। लोगों ने व्यर्थ शोरगुल मचाया, हत्या की। यह सब अकारण है। एक

पत्थर तोड़ा था! हिंदू कहेगा : हमारे परमात्मा पर हमला हो गया, हम पर हमला हो गया। हमारे प्राणों को गहरी चोट पहुँचाई गई है। फिर जो भी हुआ, वह कुछ भी नहीं है, उसके मुकाबले।

तथ्य जो तुम्हारी आँख से तथ्य बनता है; तुम्हारा दृष्टिकोण उसमें सम्मिलित हो गया। मैं किसको कहूँगा सच? मैं दोनों को सच कहूँगा। क्योंकि जब तक तुम हिंदू हो तुम सच नहीं हो सकते; जब तक तुम मुसलमान हो सच नहीं हो सकते। क्योंकि तुमने कुछ धारणाएँ पहले से ही मान लीं, जो तुम्हें सच न होने देंगी। तुम जब न हिंदू की तरह बोलोगे, न मुसलमान की तरह बोलोगे; जब तुम एक शुद्ध चैतन्य की तरह बोलोगे, तब तुम धर्म से बोलोगे। तब तुम अपनी वास्तविकता लोगे। तब तुमने न तो हिंदू के ढंग से कहा, न मुसलमान के ढंग से कहा। तब तुमने शुद्ध चैतन्य के ढंग से कहा। और यही बड़ी अलग बात है। यही बड़ी भिन्न बात है।

तथ्यों की बहुत फिक्र मत करना, सत्यों की फिक्र करना; क्योंकि तथ्य तो आदमी का मन ही निर्मित करता है। असली सवाल उस सत्य की खोज का है, जो आदमी का बनाया हुआ नहीं, जो परमात्मा का बनाया हुआ है। सत्य वह है, जो परमात्मा के द्वारा है; तथ्य वह है, जो हमारी व्याख्या है। तो व्याख्याएँ तो बड़ी अलग-अलग होती हैं।

मुल्ला नसरुद्दीन का एक मित्र है—मित्र भी है और शत्रु भी है, क्योंकि दोनों कवि हैं। और बड़ा वैमनस्य है और बड़ी ईर्ष्या है। वर्षों बाद मित्र से मिलना हुआ, या शत्रु से। स्वभावत: जैसा कवियों की आदत होती है, एक-दूसरे ने डींग मारनी शुरू कर दी। मित्र ने कहा कि वर्षों बाद मिले, नसरुद्दीन, तुम्हें पता भी न होगा, मेरी कविताओं को पढ़ने वालों की संख्या दुगुनी हो गई है और नसरुद्दीन ने कहा : हद हो गई, मुझे पता ही न चला कि तुम्हारा विवाह हो गया! वह कह रहा है कि मेरे पढ़ने वालों कि संख्या दुगुनी हो गई है और नसरुद्दीन कह रहा है कि मुझे पता ही नहीं चला कि कब तुम्हारा विवाह हो गया? क्योंकि और तो कोई उपाय नहीं कि तुम्हारे पढ़ने वाले दुगने हो जाएँ। पहले अकेले पढ़ने वाले थे; अब औरत और पढ़ती होगी! तुम्हारी कविता कोई और पढ़ेगा?

आँकड़े जितना झूठ बोलते हैं, उतना दुनिया में कोई चीज नहीं बोलती। सरकारें जानती हैं, अच्छी तरह, इसलिए वे आँकड़ों में बात करती हैं। वे झूठ बोलने के ढंग हैं।

उन्नीस सौ सत्रह में रूस में क्रांति हुई। सालभर बाद, एक छोटे गाँव के संबंध में अखबार में खबर छपी थी कि वहाँ शिक्षा दुगुनी हो गई है। अब यह आँकडा बड़ा हैं लेकिन हुआ कुल इतना था कि उस स्कूल में एक मास्टर था और एक ही विद्यार्थी था, अब दो विद्यार्थी हो गए थे। शिक्षा दोगुनी हो गई! सौ प्रतिशत बढ़ गई!

आँकड़े बड़े झूठ बोलते हैं। राजनीतिज्ञ भली-भाँति जानते है, कैसे आँकड़ों का उपयोग करना। तुम्हें समझ में ही न आएगा। उनके आँकड़े तुम देखो तो मुल्क अमीर होता जाता है, तुम गरीब होते जाते हो। तुम भूखे मरते हो, मुल्क की संपत्ति बढ़ती चली जाती है। उनके आँकड़े अगर तुम देखो तो कुछ और ही दुनिया है उनके आँकड़ों की। और उनके आँकड़ों में घिरे वे बैठे रहते हैं। और हिसाब लगाते रहते हैं। नीचे असलियत बड़ी और है। आँकड़े असलियत को छुपाते हैं, उघाड़ते नहीं।

तथ्य तो तुम्हारी व्याख्या है; तुम्हारी धारणा उसमें समाविष्ट हो गई है। सत्य निर्धारण होकर देखी गई बात है।

फरीद के वचन का मैं अर्थ करता हूँ : 'बोलिए सचु धरमु'–तुम्हारी सचाई से, तुम्हारे अस्तित्व से, तुम्हारे स्वभाव से, तुम्हारे धर्म से बोलो; अपनी प्रामाणिकता से बोलो, अप्रामाणिकता से नहीं। और तभी यह संभव होगा : 'जो गुरु दसै वाट, मुरीदा जोलिए।'–तभी यह संभव होगा कि गुरु तो राह दिखाएगा, तुम उस पर चल सकोगे, उसके पहले नहीं। क्योंकि उसके पहले तो गुरु जो रास्ता बताएगा, उसमें भी तुम अपनी धारणा से हिसाब लगाओगे।

यह मेरा रोज का अनुभव है : मैं कुछ कहता हूँ, लोग करते कुछ हैं। और उनसे मैं पूछता हूँ तो वे कहते हैं कि आपने ही तो कहा था! तब मैं गौर करता हूँ तो पाता हूँ कि उन्होंने कहाँ होशियारी की! जो मैं कहता हूँ उसमें से कुछ चुन लेते हैं वे। कभी-कभी ऐसा भी हो सकता है कि वह कुछ पूरे के विपरीत हो।

कुरान में एक वचन है। वचन यह है कि तू शराब पी, नरक़ में सड़ाया जाएगा। एक मुसलमान शराब पीता था। मौलवी ने उसे कहा : पागल, तू सदा मस्जिद आता है। सदा मेरी बात सुनता है। हजार बार तूने सुना होगा यह वचन कि तू शराब पी और नरक में सड़ाया जाएगा। फिर भी तू पिए चला जा रहा है? तुझे होश नहीं आया?

उसने कहा : अभी में आधे वचन को ही पूरा करने में समर्थ हूँ–तू

शराब पी; अभी बाकी वचन की सामर्थ्य नहीं; धीरे-धीरे...।

कभी-कभी अंश पूरे के विपरीत हो सकता है। कभी-कभी खंड समग्र, के विपरीत हो सकता है; क्योंकि समग्र बड़ी और बात है। तो मैं देखता हूँ कि कहूँ कुछ, परिणाम कुछ हो जाता है। वह चुनने वाला वहाँ बैठा है। जब तक तुम अपनी प्रामाणिकता से ही बदलने को नहीं राजी हो, तब तक कोई तुम्हें बदल न सकेगा। क्योंकि तुम्हें कोई कैसे बदलेगा, जब तुम ही बदलना न चाहते हो? अगर तुम ही अपने साथ खेल खेल रहे हो, अपने को ही धोखा देने में लगे हो, तो तुम्हें कोई भी नहीं जगा सकता। सोए को कोई जगा दे; और जागा हुआ कोई आँख बंद किए पड़ा है, उसको तुम कैसे जगाओगे? वह जागना ही नहीं चाहता।

बोलिए सचु धरमु, न झूठ बोलिए। जो दसै वाट मुरीदा जोलिए।

और फिर जो गुरु बता दे, उसे सुनना अपनी वास्तविकता में। उसे सुनना अपनी धारणाओं को हटाकर। उसके इशारे को पहचानने की कोशिश करना उसकी तरफ से, अपनी तरफ से नही; क्योंकि तुम तो कुछ गलत ही समझोगे। तुम गलत हो : तुम जो व्याख्या करोगे, वह गलत होगी; तुम जो मतलब निकालोगे, वह तुम्हारा अपना होगा। वह जो कहता है, उसे ठीक से सुना लेना—अपने मन को अलग हटाकर, किनारे रखकर।

प्रेमी के रास्ता पार कर लेने पर प्रियतमा को हिम्मत बँध जाती है।

और जैसे-जैसे तुम गुरु की बात मानकर चलोगे, गुरु की आँखों में तुम्हें दिखाई पड़ने लगेगा कि तुम्हारे संबंध में आस्था और आश्वासन आने लगा। तुम अपनी फिक्र मत करना; तुम गुरु की आँख में देखना। तुम यह मत सोचना अपनी तरफ से कि मैं खूब बढ़ रहा हूँ, खूब कर रहा हूँ और ठीक विकास हो रहा है। यह सवाल नहीं है। तुम इस बात को देखना कि गुरु तुम्हारे प्रति आश्वस्त हो रहा है या नहीं!

अभी कल रात मैं एक जर्मन विचारक 'हैरीगेल' की किताब पढ़ रहा था। उसने छह वर्ष तक जापान में एक गुरु के पास धनुर्विद्या सीखी। धनुर्विद्या के माध्यम से जापान में ध्यान सिखाया जाता है। वह झेन फकीरों का एक रास्ता है। और धनुर्विद्या में ध्यान बड़ी सुविधा से फलित होता है; मगर बड़ा कठिन भी है। छह साल! और हैरीगेल पहले से ही धनुर्विद्या में कुशल व्यक्ति था। तो उसने सोचा था कि छह महीने में सब सीखकर लौट आऊँगा। तीन साल बीत गए, कुछ भी हल नहीं होता, और गुरु कुछ असंभव मालूम होता

है; क्योंकि वह बातें ऐसी कहता है कि लक्ष्य-भेद हमारा लक्ष्य नहीं है। तीर तुम्हारा ठीक जगह लग गया, इससे हमें कुछ लेना-देना नहीं है—लग गया, ठीक; नहीं लगा, ठीक। असली सवाल तुम्हारे हृदय से, तुम्हारे भीतर से जब तीर छूटा तब ठीक छूटा कि नहीं, वह सवाल है। ठीक से कभी-कभी ऐसे भी लग जाता है, अँधेरे में भी लग जाता है। ठीक तो तकनीकी ढंग से भी लग जाता है। अगर किसी आदमी से तकनीक सीख ली तो तीर लग जाता है। यह सवाल नहीं है। ध्यान कहाँ घटित होगा? तुम्हारे भीतर जब तीर छूटता है, उस क्षण का सवाल है। उस क्षण ध्यान में छूटता है तो लगा। लगे या न लगे, अगर ध्यान में न छूटा; विचारणा में छूटा तो लग भी जाए तो बेकार।

तीन साल बाद हैरीगल को लगा कि मैं सिर पचा रहा हूँ इस आदमी के साथ; क्योंकि तीर का मतलब होता है कि लगना चाहिए। पश्चिम का सोचने का ढंग यही है कि जब तुम तीर सीख रहे हो तो उसका कुल अर्थ इतना है कितनी बार निशाने पर लगता है; अगर सौ प्रतिशत लगने लगा तो तुम पूरे कलाकार हो गए। और यह आदमी पागल है : सौ प्रतिशत तीर लगे तो भी वह सिर हिलाए जाता है; वह कहता है कि नहीं।

और दूसरी बात गुरु ने कही कि जब तुम तीर चलाओ तो तुम्हें नहीं चलाना चाहिए; वह चलाए—परमात्मा! तुम सिर्फ तीर लेकर खड़े रहो।

उसने कहा : यह बिलकुल पागलपन हो गया। वह कौन है? वह कहाँ से चलाएगा? मैं नहीं चलाऊँगा तो तीर कैसे चलेगा?

और गुरु कहता है : चलेगा। और गुरु जब चलाता है तो हैरीगेल भी देखता है कि बात तो ठीक कहता है। जब वह तीर खींचता है तो हैरीगेल ने जाकर उसकी मसल टटोलकर देखी, उसकी मसल पर जोर नहीं है, जोकि होना चाहिए। इतनी बड़ी प्रत्यंचा को वह खींच रहा है, मसल ऐसे हैं जैसे छोटे बच्चे की हों! उसमें मसल है ही नहीं। कहीं कोई तीर खींचने का तनाव नहीं है। चेहरे पर कोई तनाव नहीं है। और वह खड़ा रहता है तीर खींचकर, और जब तीर छूटता है तो ऐसे ही छूटता है जैसे वह गुरु उसको जिस ढंग से समझाता है। वह प्रतीक उसको भी ठीक लगता है।

जापान में बाँसों का बड़ा प्रेम है। और गुरु कहता है : जैसे बाँस की शाखा पर बर्फ पड़ जाती है तो बाँस उसे झकझोरता थोड़े ही है; बाँस वजन में झुक जाता है; एक घड़ी आती है, बर्फ खुद ही सरक जाती है, फिर बाँस अपनी जगह उठकर खड़ा हो जाता है। ऐसा ही तीर तुम खींचकर खड़े

रहो—एक घड़ी आती है, तीर अपने से छूट जाता है, जैसे बर्फ सरक जाती है।

वह उसकी समझ में नहीं आता। उसने बड़े उपाय किए। वह एक महीने की छुट्टी लेकर दूसरे तट पर चला गया। वह आदमी कुशल है, होशियार है। उसने सोचा, कोई तरकीब होगी इसमें, क्योंकि गुरु का हाथ बिलकुल छूट जाता है। तो उसने तरकीब साध ली। एक महीना उसने कई तरह के उपाय किए। उसने एक तरकीब खोज ली। वह तरकीब उसने यह खोज ली कि तीर को खींचकर वह खड़ा हो जाए और हाथ को इतने धीमे से छोड़े, इतने आहिस्ता छोड़े कि छोड़ने का पता न चले; धीमे से छोड़ दे और तीर छूट जाए। वह महीने-भर में निष्णात हो गया। उसने कहा कि अरे, इतनी-सी बात थी और मैं नाहक परेशान हो गया था!

वह आया। उसने तीर चलाकर गुरु को दिखाया। गुरु एकदम चौंका, इतना कभी नहीं चौंका था। वह पास आया और उसने कहा : वंस अगेन प्लीज (एक बार फिर)। हैरीगेल भी डरा कि शायद उसमें कुछ गड़बड़ हो गई है या क्या? तीर बिलकुल छूटा तो सही है। गुरु को भरोसा न आया कि यह छूट नहीं सकता; क्योंकि यह तो छूट ही तब सकता है, जब ध्यानस्थ चित्त हो, यह तो ध्यानस्थ चित्त है नहीं अभी! यह तीर छूटा कैसे? इसने कोई तरकीब सीख ली।

दुबारा उसने तीर छोड़कर बताया। गुरु ने उसके हाथ से प्रत्यंचा ले ली और उसकी तरफ पीठ करके बैठ गया—जो जापान में बड़े-से-बड़ा अपमान है, जो गुरु शिष्य का कर सकता है पीठ करके बैठ जाना। उसने कहा कि बात खत्म हो गई। पंद्रह दिन तक बड़ी मिन्नते कीं गुरु की, आदमियों से खबरें पहुँचाईं; उसने कहा, नहीं। जब शिष्य गुरु को धोखा दे तो फिर कोई उपाय नहीं।

हैरीगेल ने लिखा है : मैंने धोखा दिया नहीं था। यह पश्चिमी और पूर्वीय बुद्धि का भेद है। मैंने तो कोई धोखा दिया नहीं था। मैंने तो सोचा था कि मैंने कोई तरकीब खोज ली है। मगर गुरु ने उसको ऐसा लिया कि धोखा दिया गया है। बामुश्किल गुरु राजी हुआ और उसने कहा : दुबारा ऐसी भूल न हो, अन्यथा मैं तुम्हारी शक्ल न देखूँगा।

वह जो पीठ फेरकर बैठ जाना है...'छैल लघंदे पार, गोरी मनु धीरिआ'—जैसे कि प्रेमी नदी पार करके आ रहा है और प्रेयसी इस किनारे खड़ी है ओर प्रेमी उस पार से आ रहा है, नदी तेज है, भयंकर उसका प्रवाह है, या वर्षा की बाढ़ है, उत्तुंग तरंगें है और गोरी का डर, और गोरी का मन कँप रहा है कि पता नहीं प्रेमी पार कर पाएगा, नहीं कर पाएगा, नदी बहा तो

न ले जाएगी। वह शंकित है। वह आश्वस्त नहीं है। पर जैसे-जैसे प्रेमी पास आने लगता है, इस किनारे के, गोरी आश्वस्त होती जाती है, प्रेयसी को धीरज बँधता जाता है : अब डर नहीं है!

गुरु किनारे खड़े शिष्य को ऐसे ही देखता है। तुम गुरु की नजरों पर नजर रखना। जब तुम उसमें पाओ कि आश्वासन आ गया, जब तुम पाओ कि गुरु प्रसन्न है, जब तुम पाओ कि वह मुस्करा रहा है, जब तुम पाओ कि आशीष बरसते हैं उससे, जब तुम पाओ कि अब वह आश्वस्त है–तभी तुम आश्वस्त होना। अपनी तरफ से आश्वस्त मत हो जाना, नहीं तो तुम खुद धोखा दे लोगे अपने को। तुम्हारी धोखा देने की इतनी संभावना है कि जिसका कोई हिसाब नहीं। तुम अपने पर भरोसा मत कर लेना।

'छैल लघंदे पार, गोरी मनु धीरिआ'–कि प्रेमी पास आ गया, अब ज्यादा दूरी न रही, हाथ-दो-हाथ मारने की बात है, किनारा लग जाएगा। गोरी के मन धीरज आ गया।

प्रेमी के नदी पार कर लेने पर जैसे प्रियतमा को हिम्मत बँध जाती है, ऐसे ही जिस दिन तुम गुरु की आँख में हिम्मत बँधी देखो तुम्हारे बाबत, आश्वस्त देखो गुरु को, उसी दिन आश्वस्त होना, उसके पूर्व नहीं।

'तू करौत से चीर दिया जाएगा तू कंचन की तरफ लुभाएगा।'

'कंचन वंने पासे कलवति चीरिआ'।

और प्रेम के जगत् में एकमात्र ही भटकाव है, वह धन है। यह बड़ी मनौवैज्ञानिक और बड़ी गहरी बात है। फरीद कह रहा है कि प्रेम से चूकने का एक ही उपाय है कि कंचन में उत्सुक हो जाए, तू धन में उत्सुक हो जाए। अब यह नाजुक है। यह खयाल बड़ा गहरा है। और मनोविज्ञान अब इसकी खोज कर रहा है धीरे-धीरे। और मनोविज्ञान कहता है कि जो आदमी धन में उत्सुक है, वह आदमी प्रेम में उत्सुक नहीं होता। ये दोनों बातें एक साथ होती ही नहीं–ऐसे ही जैसे जो आदमी पूरब चल रहा है, वह पश्चिम की तरफ नहीं चल रहा है।

क्यों धन और प्रेम में इतना विरोध है?

प्रेम बड़े-से-बड़ा धन है। जिसने प्रेम को पा लिया, उसे धन मिल गया। वह अपनी गरीबी में भी हीरे-जवाहरातों का मालिक है। लेकिन जिसने प्रेम नहीं पाया, उसके लिए फिर एक ही रास्ता है कि वह धन इकट्ठा करे, ताकि थोड़ा-सा आश्वासन तो मिले कि मेरे पास भी कुछ है। धन प्रेम का सब्स्टीट्यूट है, परिपूरक है। इसलिए कृपण आदमी प्रेमी नहीं होता। कंजूस प्रेमी नहीं

होता—हो नहीं सकता, नहीं तो वह कंजूस नही हो सकता। ये दोनों बातें एक साथ नहीं घट सकतीं, ये विपरीत हैं। जितना तुम धन को इकट्‌ठा करते हो, उतना ही तुम्हारा प्रेम पर भरोसा कम है। तुम कहते हो : कल क्या होगा? बुढ़ापे में क्या होगा? आर्थिक हालत बिगड़ जाएगी तो परिस्थिति कैसे सम्हालूँगा?

प्रेमी कहता है : क्या करेंगे; जो प्रेम आज करता है, वह कल भी करेगा। जिसने आज प्रेम किया और भरपूर किया है, वह कल भी फिक्र लेगा।

अगर तुम किसी को पाते हो, जो तुम्हें प्रेम कर रहा है तो बुढ़ापे की चिंता न होगी। लेकिन अगर तुम्हारा कोई नहीं प्रेमी, तुमने किसी को इतना प्रेम नहीं दिया; न कभी किसी से इतना प्रेम लिया, तो तिजोड़ी ही सहारा है बुढ़ापे में और फिर तुम्हें डर है, प्रेमी तो धोखा दे जाए; तिजोड़ी कभी धोखा नहीं देती। प्रेमी का क्या भरोसा, आज साथ है, कल अलग हो जाए! धन ज्यादा सुरक्षित मालूम पड़ता है। प्रेमी माने-न-माने, धन तो सदा तुम्हारी मानकर चलेगा। धन तो कोई अड़चन खड़ी नहीं करता, मालकियत पूरी स्वीकार करता है। फिर धन का तुम जैसा उपयोग करना चाहो, वैसा कर सकते हो। प्रेमी का तुम उपयोग नहीं कर सकते। प्रेमी प्रेम में कुछ करे, ठीक; प्रेमी के साथ जबरदस्ती नहीं की जा सकती।

मनोवैज्ञानिक कहते हैं, छोटा बच्चा जब पैदा होता है तो अगर माँ उसको प्रेम करती हो, वह ज्यादा दूध नहीं पीता। आपको अनुभव होगा, अगर माँ बच्चे को ठीक प्रेम करती है तो माँ सदा परेशान रहती है कि उसको जितना दूध पीना चाहिए, वह नहीं पी रहा है। वह नहीं खा रहा है। वह उसके पीछे लगी है चौबीस घंटे कि और खा। क्यों? क्योंकि बच्चा जानता है, जिस स्तन से दूध अभी बहा प्रेम से भरा हुआ, जब भूख लगेगी फिर बहेगा। भरोसा है। लेकिन अगर माँ बच्चे को प्रेम न करती हो, नर्स हो, माँ न हो तो बच्चा छोड़ता ही नहीं स्तन। क्योंकि बच्चे को डर है : तीन घंटे बाद भूख लगेगी, नर्स उपलब्ध नहीं रहेगी, इसका कुछ पक्का नहीं है। भविष्य अंधकारपूर्ण है। इसलिए तुम देखोगे, जिन बच्चों को प्रेम नहीं मिला, उनके पेट बड़े पाओगे। जिन बच्चों को प्रेम मिला, उनके पेट बड़े नही पाओगे। पेट बड़ा, माँ की तरफ से प्रेम नहीं मिला, इसका सबूत है। बड़ा पेट यह कह रहा है कि थोड़ा भोजन हम इकट्‌ठा कर लें वक्त-बेवक्त के लिए, क्योंकि कुछ भरोसा तो है नहीं। नर्स का क्या भरोसा? माँ का, अगर वह सिर्फ शरीर की ही माँ हो और हृदय से प्रेम न बहता हो, और भरोसा न हो तो बच्चा बेचारा अपनी सुरक्षा कर रहा

है। वह यह कह रहा है, थोड़ा अतिरिक्त हमेशा रखना चाहिए : कभी रात भूख लगेगी, कोई उठाने वाला न होगा, तो पेट भरा होना चाहिए।

तुम ध्यान रखना, गरीब लोग ज्यादा खाते हैं, क्योंकि कल का भरोसा नहीं। अमीर की भूख ही मिट जाती है, क्योंकि जब चाहिए तब मिल जाएगा। अमीरों के पेट बड़े होने चाहिए वस्तुतः। लेकिन तुम पाओगे, अकालग्रस्त क्षेत्रों में लोगों के पेट बहुत बड़े हो जाते हैं, सारा शरीर सूख जाता है, पेट बड़ा हो जाता है। क्योंकि जब मिल जाता है, तब वे पूरा खा लेते हैं; जरूरत से ज्यादा खा लेते हैं, क्योंकि दो-चार-पाँच दिन चलना पड़ेगा, क्या पता बिना खाने के चलना पड़ेगा!

माँ के स्तन पर बेटे को दो रास्ते खुलते हैं : एक प्रेम का रास्ता है, एक पेट का रास्ता है। पेट यानी धन, पेट यानी तिजोड़ी। एक प्रेम का रास्ता है। प्रेम यानी प्राण, प्रेम यानी आत्मा। तिजोड़ी यानी शरीर; प्रेम यानी परमात्मा। तो जिनके जीवन में प्रेम की कमी है, वे धन पर भरोसा रखेंगे।

इसलिए फरीद कहता है : 'कंचन बंने पासे कलवति चीरिआ'—और ध्यान रखना, प्रेम के रास्ते में धन के अतिरिक्त और कोई बाधा नहीं है; अगर धन की तरफ झुका, लुभाया तो, आरे से चीर दिया जाएगा। इसका कुछ मतलब ऐसा नहीं है कि कोई आरे से किसी को चीर देगा। लेकिन जब प्रेम कट जाता है तो प्राण ही कट जाते हैं जैसे आरे से चीर दिए गए हों।

'सेख हैयाती जगि न कोई थिरु रहिया।'

शेख, इस दुनिया में कोई हमेशा रहने वाला नहीं है। जिस पीढ़े पर हम बैठे हैं, उस पर कितने ही बैठ चुके हैं।

वैज्ञानिक कहते हैं कि जिस जगह तुम बैठे हो, वहाँ कम-से-कम दस आदमियों की लाशें दफनाई जा चुकी हैं। इंच-इंच-जमीन पर करोड़ों लोग दफनाए जा चुके हैं। तुम भी थोड़े दिन बाद जमीन के भीतर होओगे, कोई और तुम्हारे ऊपर बैठा होगा। पर्त-दर-पर्त मुर्दे दबते जाते हैं।

शेख, इस दुनिया में कोई हमेशा रहने वाला नहीं है।

बुद्ध का बड़ा प्रसिद्ध वचन है : सब्बे संघार अनिच्चा—इस संसार में सभी कुछ बहावमान है, बहता जा रहा है, परिवर्तनशील है। इसमें कहीं भी कोई किनारा नहीं है। लहरों को किनारे मत समझ लेना और उनको पकड़कर मत रुक जाना। और जिस जगह तुम बैठे हो, वहाँ बैठे-बैठे अकड़ मत जाना, उसकों सिंहासन मत समझ लेना। सब सिंहासनों के नीचे कब्रें दबी हैं।

'जैसे कुलंग पक्षी कार्तिक में आते हैं, चैत में दावानल और सावन में बिजलियाँ आती हैं, और जाड़े में जैसे कामिनी अपने प्रीतम के गले में बाँहें डाल देती हैं—ऐसे ही सब क्षण-भर को आता है और चला जाता है। इस सत्य पर तू अपने मन में विचार कर कि यहाँ सब क्षण-भंगुर है।' शाश्वत के सपने मत सजा। शाश्वत के सपने सजाएगा तो भटकेगा। क्षणभंगुर के सत्य को देख। इस पर तू अपने मन में विचार कर।

'मनुष्य के गढ़े जाने में महीनों लगते हैं, टूट जाने में क्षण भी नहीं लगता।

फरीद कहते हैं : जमीन से आसमान ने पूछा, कितने खेने वाले चले गए। श्मशान और कब्रों में उनकी रूहें झिड़कियाँ झेल रही हैं!

'चले चलणहार विचारा लेइ मनो।'

चलती हुई हालत है, चल ही रहे हैं मौत की तरफ। चले चलणहार—चल ही पड़े हैं। जन्म के साथ आदमी मरने की तरफ चल पड़ा है।

'चले चलणहार विचारा लेइ मनो।'

ठीक से सोच ले। यहाँ घर बनाने की कोई जगह नहीं है। यहाँ रात रुक जा, ठीक। मंजिल यहाँ नहीं है। पड़ाव हो, बस। सुबह उठे और डेरा उठा लेना है।

'चले चलणहार विचारा लेइ मनो।
गंढेदिआं छिअ माह तुरंदिआ हिकु खिनो।।'

छह महीने लग जाते हैं बच्चे के गढ़ने में, क्षण-भर में मिट जाता है। मरने में क्षण-भर नहीं लगता।

'जिमी पुछै असमान, फरीदा खेवट किनी गए।'

जमीन आसमान से पूछती है, फरीद कितने खेने वाले, नावें चलाने वाले माझी आए और चले गए।

'जारण गोरा नालि उलामे जीअ सहे।'

'और सब वे कहाँ हैं, जो बड़ा मस्तक उठाकर माझी बने थे : जो नाव पर अकड़कर बैठे थे, जिन्होंने सिंहासनों को शोभायमान किया था—वे अब सब कहाँ है? वे सब बड़े खेने वाले लोग कहाँ खो गए?

श्मशान और कब्रों में उनकी रूहें झिड़कियाँ झेल रही हैं।

अब वे अपने लिए ही पछता रहे हैं कि उन्होंने जीवन व्यर्थ खोया। अब वे रो रहे है कि उन्होंने कुछ न किया, जो करने योग्य था! और वह सब

कमाया, जो मिट्टी था! हीरे गँवाए, कंकड़ लिए! कूड़ा-कर्कट सम्हाला, संपदा खोई। अब वे झिड़कियाँ झेल रहे हैं, खुद पछता रहे हैं।

जीवन, जिसे तुम जीवन कहते हो, जीवन नहीं है। यह तो केवल मरने की प्रतीक्षा है, मृत्यु के द्वार पर लगा क्यू है : अब मरे, तब मरे! एक और जीवन है, एक महाजीवन है। धर्म उसका द्वार है। लेकिन जो इस जीवन को मृत्यु जान लेगा, वही उस महाजीवन की खोज में निकलता है। इस पर ठीक से सोचना।

फरीद ठीक कहता है : खूब मन ठीक से विचार कर ले। यही जीवन हो सकता है, यह क्षणभंगुर, जो अभी है और अभी गया; हवा के झोंके में कँपते हुए पत्ते की भाँति, जो प्रतिपल मरने के लिए कँप रहा है? सुबह के उगते हुए सूरज में जैसे ओस समा जाती है, विलीन हो जाती है, खो जाती है, ऐसी मौत किसी भी दिन तुझे तिरोहित कर देगी। यह तेरा होना कोई होना है? इस पर ठीक से विचार कर ले। जिन्होंने भी ठीक से विचार किया, वे ही नए अस्तित्व की खोज में लग गए।

बुद्ध ने देखा मरे हुए आदमी को, पूछा अपने सारथी को : क्या हो गया इसे?

सारथी ने कहा : सभी को हो जाता है—अंत में सभी मर जाते हैं।

बुद्ध ने कहा : रथ वापस लौटा ले।

सारथी ने कहा : लेकिन हम युवक-महोत्सव में भाग लेने जा रहे थे। वे आपकी प्रतीक्षा करते होंगे, क्योंकि राजकुमार गौतम ही युवक-महोत्सव का उद्घाटन करने को था।

गौतम ने कहा : अब मैं युवक न रहा। जब मौत आती है, और मौत आ ही रही है—कैसा यौवन? कैसा उत्सव? वापस लौटा ले। मैं मर गया। इस आदमी को मरा हुआ देखकर मैं जिसे अब तक जीवन समझता था, वह मिट गया। अब मुझे किसी और जीवन की तलाश में जाना है।

उस जीवन की खोज ही धर्म है।

आज इतना ही।

मैं तुमसे बोल रहा हूँ

दो

प्रश्न-सार

तड़पते-तड़पते मेरा सीना छलनी हो जाए, व्यक्ति एक घाव हो जाए और फिर भी होश न आए—तब क्या?

लगातार बारह वर्षों तक सत्य-भाषण से क्या मुक्ति उपलब्ध होती है?

मेरा तथा अन्य का दु:ख भगवानश्री कैसे जान लेते हैं, और प्रवचन से ही सभी संदेहों और प्रश्नों का समाधन कैसे मिल जाता है?

***पहला प्रश्न** : तड़पते-तड़पते मेरा सीना छलनी हो गया है और मैं एक घाव हो गई हूँ, मगर जागने और होश में आने की मेरी फिर भी कोई इच्छा नहीं है। क्या कारण है? और गहरा डोज दे ही डालिए।*

अतिशयोक्ति से बचना जरूरी है। अतिशयोक्ति असत्य का ही एक रूप है—छिपा हुआ, दिखाई नहीं पड़ता। और अतिशयोक्ति को जिसने भी जीवन में पकड़ लिया, उसकी कोई भी समस्या हल होनी असंभव हो जाएगी, क्योंकि समस्या इतनी बड़ी होती ही नहीं, जितनी बड़ी अतिशयोक्ति के कारण दिखाई पड़ती है। जहाँ सुई से काम हो जाए, वहाँ तलवार की तो कोई जरूरत होती नहीं। लेकिन अगर अतिशयोक्ति के कारण तुम्हें ऐसा दिखाई पड़े कि तलवार की जरूरत है, तो जो काम सुई से हो सकता था, वह तो तलवार से न होगा। सुई तो जोड़ती है, तलवार और तोड़ देगी; सुई से तो सीना हो जाता है, तलवार से तो और कपड़े फट जाएँगे।

धर्म के मार्ग पर भी अतिशयोक्ति एक बहुत बड़ा उपद्रव है, और मन का आग्रह है अतिशयोक्ति का। मन सभी चीजों को बड़ा करके देखता है। न तो तुम्हारा दुःख इतना बड़ा है, जितना बड़ा करके तुम देखते हो, न तुम्हारी समस्याएँ इतनी बड़ी हैं, जितनी बड़ी करके तुम देखते हो।

मन सभी चीजों को मैगनीफाई करता है, क्योंकि अहंकार बड़ी चीजों में रस लेता है। दुःख की बात होगी तो तुम दुःख के हिमालय की चर्चा करोगे। जरा-सी अशांति हो जाएगी, आँधी और तूफानों को ले आओगे। इस बचकानी आदत से बचो। क्योंकि जब प्रारंभ से ही यात्रा गलत हो गई, समाधान का उपाय न होगा।

मैं एक घर में मेहमान था। मेजवान का छोटा-सा बच्चा भागा हुआ बाहर से भीतर आया, और उसने आकर कहा कि मेरे पीछे सैकड़ों शेर लग गए—बबर शेर! बाप ने कहा : ठीक से बता। शेर यहाँ सड़क पर कहाँ मिल

जाएँगे? बबर शेर तुझे कहाँ मिल गए?

लड़का थोड़ा चौंका। उसने कहा : शेर तो नहीं थे, कुत्ते ही थे।

बाप ने कहा : और जरा ठीक से बता। सैकड़ों कुत्ते अचानक कहाँ से आ जाएँगे?

उसने कहा : सैकड़ों तो नहीं थे, एक ही था।

बाप ने पूछा : वह तेरे पीछे लगा था? तुम पर हमला किया था?

उसने कहा : वह हमला क्या करेगा? पड़ोसी का लँगड़ा कुत्ता! मगर वह पीछे-पीछे आ रहा था।

बाप का नाराज होना स्वाभाविक था। उसने कहा : दस करोड़ दफे तुझसे कह चुका हूँ अतिशयोक्ति मत किया कर।

लड़का तो चला गया। मैंने बाप से पूछा : इस लड़के की उम्र कितनी है? उसने कहा, होगी कोई तीन साल की।

तो मैंने कहा : अगर इसके जन्म से लेकर तुम रोज एक लाख बार कह रहे हो तब कहीं तीस साल में दस करोड़...। अतिशयोक्ति तुम इसकी रुकवाना चाहते हो, अतिशयोक्ति तुम भी कर रहे हो, और इससे ज्यादा कर रहे हो। शायद इसकी अतिशयोक्ति में थोड़ा सच है—थोड़ा सच है कि डर गया है, कुत्ता ही सही, लेकिन इसको डर शेर का लग गया होगा। यह घबड़ा गया है; घबराहट में हजारों-सैकड़ों कर डाले इसने, कुत्ते का शेर हो गया। लेकिन इसकी अतिशयोक्ति में भी थोड़ा सच है; तुम्हारे दस करोड़ में तो इतना सच भी नहीं है। पर अपनी अतिशयोक्ति दिखाई नहीं पड़ती। दूसरे की अतिशयोक्ति सरलता से दिखाई पड़ जाती है।

पूछा है, तड़पते-तड़पते मेरा सीना छलनी हो गया है!

अगर सच में ही इतना तड़पा हो कि सीना छलनी हो जाए तो परमात्मा से मिलना हो ही जाता है, क्योंकि तड़प ही तो उसकी प्रार्थना है और तड़प ही तो उसकी पूजा है। और जो इतना तड़पा हो कि सीना छलनी हो जाए।

थोड़ा सोचना कि छलनी का मतलब क्या होता है। छेद-ही-छेद हो गए हों जहाँ, कुछ भी पकड़ने की सुविधा न रह गई हो। छलनी कुछ भी सम्हाल नहीं सकती, भरो पानी, सब बह जाता है। सीना छलनी हो जाने का मतलब यह होता है कि अब कुछ भी पकड़ने की सामर्थ्य न रही, कोई आसक्ति न रही, किसी भी चीज का परिग्रह करने का उपाय न रहा। अहंकार भी नहीं भर सकता, सीना छलनी हो जाए तो, क्योंकि वह भी बह जाएगा; वासना नहीं भर

सकती, महत्त्वाकांक्षा नहीं भर सकती; ईर्ष्या, घृणा नहीं भर सकती; मोह आसक्ति, माया-मत्सर, कुछ भी नहीं भर सकता।

सीना छलनी हो गया, तो तुम शून्य हो जाओगे। सीना छलनी हो जाए, तुम शून्य हो जाओ, तो पूर्ण से मिलने में बाधा और क्या है?

नहीं लेकिन कविता करना एक बात है, जीवन के सत्यों को समझना बिलकुल दूसरी बात है। लँगड़े कुत्ते को देखकर शेर बबर याद आ गया है।

तड़पते-तड़पते मेरा सीना छलनी हो गया है।

और ध्यान रखना, अच्छे शब्दों में खतरा है, सुंदर शब्दों में खतरा है; क्योंकि एक शब्द के पीछे दूसरा शब्द बँधा चला आता है। तुमने कविता शुरू की; शुरू भला तुमने की हो, अंत तुमसे नहीं होता। तुमने एक पंक्ति कविता की बना ली, दूसरी पंक्ति पहली पंक्ति से अपने-आप पैदा हो जाती है। इसे थोड़ा मन में सोचना और समझना और विश्लेषण करना।

जहाँ तुम कल्पना में उतरना शुरू हुए कि अनंत कल्पनाओं के द्वार खुल जाते हैं। फिर सब तरफ से कल्पनाएँ बहना शुरू हो जाती हैं। मनुष्य का मन तो सपने देखने में बड़ा कुशल है। झूठ तो उसकी एकमात्र कला है। और तो मन कुछ जानता ही नहीं। सत्य से तो उसका कोई संबंध नहीं है।

और मैं एक घाव हो गई हूँ!

अगर तुम घाव ही हो जाओ, अगर तुम्हारे प्राण सिर्फ पीड़ा-ही-पीड़ा से भर जाएँ, तो फिर और करने को बचा क्या? फिर और तुम करोगे भी क्या? फिर भी अगर परमात्मा न मिले तो उसका एक ही अर्थ होता है कि परमात्मा होगा ही नहीं। तो ऐसी चित्त-दशा के दो ही अर्थ हो सकते हैं। या तो परमात्मा है ही नहीं, क्योंकि अब और क्या किया जा सकता है? जो करना था, वह सब किया जा चुका : तुम घाव हो गए, सीना छलनी हो गया! और या फिर परमात्मा है, यह घटना तुम्हें नहीं घटी है। इसकी तुमने कल्पना कर ली है। हालांकि तुम्हारा मन भी यही होगा कि जहाँ तक तो परमात्मा ही न होगा, क्योंकि अपने पर शक नहीं आता, परमात्मा तक पर शक लाना आसान है। मेरा सीना तो छलनी हो ही गया है, मैं तो घाव हो ही गया हूँ—मन यही कहेगा, इससे साफ है कि परमात्मा नहीं है। इसलिए तो नास्तिकता पैदा होती है।

नास्तिकता अपने पर भरोसा है—जरूरत से ज्यादा, अतिशयोक्तिपूर्ण। नास्तिकता यह कहती है, मैं तो हूँ, परमात्मा नहीं है। आस्तिक कहता है, मैं नहीं हूँ, परमात्मा है। बस तीर को ज़रा-सा बदल लेना है। नहीं का तीर अपने

पर लगा लेना है। वही तीर परमात्मा पर लग जाए—तीर वही है : मैं—हूँ, परमात्मा नहीं है, अपने होने को तुम बड़ा करके देख लो और परमात्मा के सारे होने को पी जाओ, उसको भी अपने अहंकार में जोड़ लो—तो नास्तिक। और तुम परमात्मा को इतना होना दे दो कि अपना होना भी उसी में सम्मिलित हो जाए, उसके अतिरिक्त अपना होना न हो—तो आस्तिक।

और दो ही तो विकल्प हैं : या तो अहंकार का भरोसा है...।

यह सब भाषा अहंकार की है। तुम यह तो मान ही नहीं सकते कि तुम्हारी तरफ से कोई कमी रह गई है। परमात्मा अगर नहीं मिल रहा है तो परमात्मा की तरफ से ही कमी होगी, अगर नहीं मिल रहा है तो कठोर होगा; अगर नहीं सुन रहा है तो बहरा होगा; अगर नहीं दौड़ा चला आता है, तुम्हारे घाव को देखकर तो उसके पास कोई हृदय नहीं है। अगर इसी से तुम चलते रहे—इसी तर्क पर, तो एक दिन तुम कहोगे कि मैं जार-जार, छलनी-छलनी हो गया, परमात्मा कहीं है नहीं। तुम्हारे भीतर नास्तिक चल रहा है; नास्तिक पैदा होने की तैयारी कर रहा है। नास्तिक तुम्हारे गर्भ में छिपा है। अतिशयोक्ति में असत्य छिपा है, असत्य में नास्तिक छिपा है। इससे जागो।

तो, पहली बात यह है कि हजार छेद न हुए हों तो हजार छेदों की बात मत करो। अगर तुम आस्तिक से पूछो, ठीक आस्तिक से, तो वह यही कहेगा, मैंने तुझे पाने के लिए कुछ भी तो नहीं किया। अगर दो फूल चढ़ा दिए तो उसमें भी मेरा क्या है, तेरे ही फूल थे, तुझ पर चढ़े ही थे, उनको तोड़ लाया। कुछ बड़ा उपक्रम नहीं हो गया है। अगर तेरे सामने बैठकर दो आँसू गिरा दिए, तो तेरी ही आँखें थीं, तेरे ही आँसू थे, तेरी ही चीज थी गोविंद, तुझी को समर्पित कर दीं। मेरा इसमें क्या है?

आस्तिक तो अपने हृदय को भी उतारकर रख देगा परमात्मा के सामने! गर्दन भी उतारकर देगा, तो भी यह कहेगा कि मैं कौन हूँ! तेने ही जन्म दिया था, तूने ही वापस ले लिया।

आस्तिक अपने में कर्त्तव्य नहीं देखेगा; देखेगा परमात्मा को ही। और ऐसी घड़ी में कोई द्वार बंद कैसे रह सकता है? कभी नहीं रहा है। कोई तुम्हारे लिए कोई विशेष नियम थोड़े ही लागू करना होगा? एक भी छेद हो जाए हृदय में तो तुम खाली हो जाओगे। हजार छेदों की जरूरत थोड़े ही है। नाव एक छेद से डूब जाती है; कोई छलनी थोड़े ही होना पड़ता है।

मैं तुमसे कहता हूँ, अभी एक भी छेद नहीं हुआ। यह छेद की बातचीत

तुम्हारी कल्पना होगी। यह भी तुम्हारे मन का मजा है। और तरह के मजे देख लिए हैं : मेरे पास बहुत धन है : मेरे पास बड़ा कमान है, बड़ा पद है, अब उससे तुम ऊब गए हो। अब तुम एक नई महत्त्वाकांक्षा में लगे हो, मगर खेल वही है कि मेरे हृदय में हजार-हजार छेद हैं; किसी के हृदय में इतने छेद परमात्मा की पीड़ा से नहीं हुए; मैं छलनी हो गया! अगर कोई दूसरा दावा करेगा कि मेरे छेद तो गिनो, तुमसे ज्यादा हैं, तो बड़ी पीड़ा होगी, दुःख लगेगा। वही महत्त्वाकांक्षा, वही अहंकार नए रूपों में पकड़ रहा है। तो ऐसे यह मूढ़ता कभी भी न टूटेगी।

तो पहली बार तो गौर से देखो, फिर सोचना—तड़पते-तड़पते मेरा सीना छलनी हो गया है!

क्या तड़पे हो? धन के लिए भी जितने तड़पे हो, उतने परमात्मा के लिए नहीं तड़पे। कामवासना के लिए जितने तड़पे हो, उतने राम के लिए नहीं तड़पे। अगर अभी जेब कट जाए तो जितने रोओगे उतने भी परमात्मा के खोने से नहीं रोए हो, कि अभी मकान गिर जाए तो जैसा छाती पर दुःख का पहाड़ गिरेगा, ऐसा मंदिर के गिर जाने पर कब पीड़ा हुई है? अभी छोटा-सा बच्चा तुम्हारा, या पत्नी चल बसे, या पति चल बसे, तो जैसी दहाड़ मारकर तुम रोओगे, ऐसे तुम परमात्मा के खो जाने से रोए हो?

तड़पते-तड़पते मेरा सीना छलनी हो गया है!...फिर से सोचना। कविता करनी हो तो कोई हर्जा नहीं है।

यूनान में एक बहुत बड़ा विचारक हुआ—प्लेटो। उसने एक ऐसे समाज की कल्पना की है—भविष्य के एक यूटोपिया की, जहाँ सब सुंदर होगा; मगर एक उसने अजीब बात अपने उस युटोपिया, रिपब्लिक में लिखी है कि उस दुनिया में कवि बिलकुल नहीं होंगे। प्लेटो के कल्पना के लोक में, रामराज्य में, कवियों की कोई जगह नहीं है। शिष्यों ने पूछा कि आप यह क्या कह रहे हैं; यह तो हम सोच ही नहीं सकते—और सब होगा, सब सुंदर, और सुंदर के पुजारी न होंगे?

प्लेटो ने कहा : काव्य एक झूठ है; और कवियों से ज्यादा झूठे लोग पाना मुश्किल है।

इसमें सचाई है। सौ कवियों में निन्यानवे झूठे होते हैं, और एक जो झूठा नहीं होता, उसको हमने ऋषि कहा है, कवि नहीं कहा है। हमने फर्क किया है इस मुल्क में। उपनिषद् के कवियों को हमने ऋषि कहा है, क्योंकि वे वही कह रहे हैं, जो उन्होंने जाना है। और तुम्हारे कविसम्मेलनों में जो कवि इकट्ठे हो रहे हैं, उनका जानने से कोई लेना-देना नहीं है। वे कल्पना करने में कुशल हैं, सपने

संजोने में कुशल हैं। उनकी कविताएँ सिवाए झूठ के ओर कुछ भी नहीं हैं। तुम्हें भी प्रीतिकर लगती हैं उनकी कविताएँ, क्योंकि झूठ से झूठ का तालमेल हो जाता है। तुम भी प्रफुल्लित होते हो, क्योंकि ऐसा लगता है, जो तुम कहना चाहते थे, वह उन्होंने कह दिया। तुम इतनी सुघड़ता से न कह पाते शायद, उन्होंने ज्यादा सुडौल शब्द चुने, ज्यादा लयबद्ध, ज्यादा संगीतपूर्ण! वे ज्यादा कुशल हैं। मात्रा, व्याकरण, काव्यशास्त्र, छंद में तुम जो कहना चाहते थे, वह उन्होंने कह दिया। लेकिन झूठ तुम्हारे भीतर भी घनीभूत है।

प्लेटो ठीक कहता है। मैं भी जानता हूँ कि कवि नहीं हो सकते सुंदर लोक में, ऋषि होंगे। वे उतने की ही बात करेंगे, जितना है। तुम इंच-भर सत्य से हटे कि तुम बहुत दूर हट गए, जमीन-आसमान का फासला हो गया। इंच-भर का फासला, जमीन-आसमान का फासला है।

तड़पते-तड़पते मेरा सीना छलनी हो गया है!—फिर से सोचना। अगर ऐसा हो ही गया होता तो कहनेवाला भी न बचता।

और मैं एक घाव हो गई हूँ!—अगर ऐसा हो ही गया होता तो प्रश्न न उठते; तुम्हारी पीड़ा अहर्निश हो उठती।

मगर जागने और होश में आने की कोई इच्छा नहीं है! इससे सब बात साफ है। क्योंकि जब इतनी पीड़ा हो तो कोई सोया रह सकता है?

कभी तुमने खयाल किया, सुंदर सपना चलता हो तो नींद नहीं टूटती; लेकिन नाइटमेयर, दुःख स्वप्न चलता हो तो नींद टूट जाती है? एक सीमा है दुःख झेलने की। तुम देख रहे हो कि तुम्हारी छाती पर भयंकर यमदूत बैठे हूए हैं—रात सपने में—हाथ में कृपाण उठा ली है, गर्दन पर गिरने ही वाली है; बस तुम पाओगे कि जब वह गर्दन पर छूने के ही करीब थी धार उसकी, तभी नींद खुल गई।

एक सीमा है—पीड़ा को झेलने की और सोने की। जब तक तुम पीड़ा को झेलते हो और सोते हो, तब तक समझना कि पीड़ा में भी एक मिठास होगी। पीड़ा भी मीठी होती है। तुम पीड़ित भला सोचते हो कि हो रहे हो, लेकिन पीड़ा नींद तोड़नेवाली नहीं है तो पीड़ा नहीं है।

जब वस्तुतः कोई दुःखी होता है तो सपना कैसे टिक सकता है? सपना टूट जाता है। दुःख तो दूर की बात है, जरा-सा अलार्म बजता है घड़ी का और सपना टूट जाता है। अलार्म इतना व्याघात उत्पन्न कर देता है। और तुम्हारा जीवन घाव हो गया है, अभी भी अलार्म नहीं बजता? तुम्हारा सीना छलनी हो गया और अभी तक नींद से जगने की आकांक्षा पैदा नहीं होती? आकांक्षा का सवाल कहाँ

है? इतनी पीड़ा में तो नींद टूट ही जाएगी। नींद के लिए सुविधा चाहिए।

तुमने खयाल किया होगा, जरा-सा कंकड़ पड़ा हो बिस्तर पर तो नींद नहीं आती। छोड़ो कंकड़, तकिया रोज की आदत के अनुकूल ऊँचा-नीचा न हो तो नींद नहीं आती। जरा-सी तकलीफ हो तो नींद नहीं आती, और सीना छलनी हो जाए, हृदय घाव बन जाए और नींद से उठने की इच्छा न हो—यह असंभव है।

नहीं, कहीं तुम्हारे स्वयं को देखने में भूल हो गई। देखने की तुमने फिक्र ही न की। तुमने तो कविता बनाने की कोशिश की। प्रश्न नहीं लिखा, एक कविता लिख दी है, झूठ लिख दिया है। तुमने अच्छा प्रश्न बनाने की कोशिश की, सच्चा प्रश्न नहीं। तुमने मुझे प्रभावित करना चाहा, अपने को रूपांतरित नहीं। लेकिन तुम्हारी कविताओं से मैं प्रभावित होने वाला नहीं हूँ। तुम्हारी कविताएँ कूड़ा-कर्कट हैं, उनको कचरे-घर में फेंक दो। तुमसे सत्यकाव्य का जन्म नहीं हो सकता, यह मैं जानता हूँ, क्योंकि तुम सत्य नहीं हो। तुम्हारी कविता तुम्हारे अँधेरे जगत् का ही हिस्सा होगी।

मगर जगने और होश में आने की फिर भी कोई इच्छा नहीं है! यह सबूत है कि दुःख हुआ नहीं। हाँ, यह तो हो सकता है कि मेरी बात सुन-सुनकर तुम्हें परमात्मा को पाने की लालसा जगी हो; लेकिन संसार से जागने की बात पैदा नहीं हुई है। यह हो सकता है। मुझे सुनो, मैं रोज परमात्मा को पाने का आनंद तुमसे कहे जाऊँ। कबीर को सुनो, नानक को, दादू को, फरीद को, बुद्ध को सुनो, मीरा का नाच देखो, चैतन्य के गीत सुनो—तो तुम्हारे मन में एक लोभ उठेगा परमात्मा को पाने का। लेकिन इन लोगों ने लोभ के कारण परमात्मा को नहीं पाया है। इन्होंने तो—जीवन की पीड़ा, जीवन का दुःख, जीवन का संताप, इतना गहन हो गया है कि इनका हृदय टूट गया, ये जाग गए, नींद उखड़ गई—इन्होंने जागकर पाया है। जब ये अपने जागकर पाने की तुमसे बात करते हैं तो तुम्हारे भीतर लोभ का कीड़ा सरकता है। वह कहता है, ऐसा सुख हमें भी चाहिए, ऐसा आनंद हमें भी चाहिए, सच्चिदानंद मैं भी घर में बाँध कर लाऊँगा! तब तुम्हारी अड़चन शुरू होती है। तुम इनसे पूछते हो : कैसे मिलेगा यह सच्चिदानंद? वे कहते हैं : जाओगे, जीवन का दुःख पहचानोगे, जीवन के चुभते काँटे को समझोगे...! तुम कहते हो : जागने की तो इच्छा नहीं होती।

वस्तुतः तुम जिसे ईश्वर कहते हो, वह तुम्हारा और एक गहरा स्वप्न है। तुम ईश्वर के नाम से भी सो जाना चाहते हो। संसार की नींद पूरी नींद नहीं है, इसमें बड़ी तकलीफें हैं; तुम परमात्मा की नींद चाहते हो, तकलीफ

बिलकुल ही न हो। तुम्हारा मोक्ष तुम्हारे संसार का ही परिष्कृत रूप है, आखिरी शुद्धतम रूप है। महावीर के मोक्ष का स्वर्ग नहीं है। स्वर्ग का मतलब है, जिन सुखों को तुम यहाँ पृथ्वी पर पाना चाहते हो और नहीं पा पाते, उन सबकी तुमने आकांक्षा स्वर्ग में कर ली।

सोचो : जिन्होंने स्वर्ग में कल्पवृक्षों का विचार किया है, वे संसारी लोग होंगे।

कल्पवृक्ष का मतलब क्या होता है?

कल्पवृक्ष के नीचे तुम बैठना चाहते हो। संसार में भी तुम्हारी चेष्टा यही है कि कल्पवृक्ष मिल जाए। नहीं मिलता; यह संसार की कृपा है कि नहीं मिलता। मिल जाएगा तो तुम वहीं ढेर हो जाओ सदा के लिए, फिर तुम वहाँ से हिलो न। तुम्हारी भी आकांक्षा तो यही है कि श्रम न करना पड़े और फल मिल जाए। कल्पवृक्ष का मतलब इतना है कि वहाँ तुम बैठ जाओ, आकांक्षा करो, पूरी हो जाती है; आकांक्षा और पूर्ति में जरा भी फासला नहीं होता। कृत्य कुछ भी नहीं करना पड़ता, बस कामना की और फल मिला।

तो स्वर्ग में तुमने कल्पवृक्ष बनाया है। वह तुम्हारी वासनाओं का वृक्ष है।

मुसलमान मानते हैं कि स्वर्ग में शराब के चश्मे बह रहे हैं। हिंदुओं का कल्पवृक्ष है। मुसलमानों के चश्मे हैं। यहाँ शराब वर्जित है। और वहाँ शराब के झरने बह रहे हैं। वहाँ कोई बनानी भी नहीं पड़ती। वहाँ पानी पीने को है ही नहीं, शराब ही है। उसी में नहाओ, उसी में धोओ, उसी में डूबो, तैरो, और कोई पाबंदी नहीं है।

आदमी की वासना उसके स्वर्ग को बनाती है। वहाँ सुंदर स्त्रियाँ हैं, जिनके शरीर से पसीना नहीं बहता और जो कभी बूढ़ी नहीं होतीं। उनकी उम्र सोलह साल पर ही टँगी रह जाती है, उससे आगे नहीं चलती; सोलह पर घड़ी बंद हो जाती है। उर्वशी की उम्र मालूम है, कितनी है? अप्सराएँ बस सोलह पर रुक गई हैं, उसके आगे नहीं जातीं।

यह किन कामनाग्रस्त लोगों की कल्पना होगी, थोड़ा सोचो। यह किन ऋषियों का अनुभव है? यह किन वृद्धों की प्रतीति है? यह तुम्हारी वासना है।

और यहाँ तक सीमा पहुँच जाती है कि ऐसे लोग भी हैं जमीन पर, जिन्होंने स्वर्ग में न केवल सुंदर स्त्रियों की कल्पना की है, सुंदर छोकरों की भी कल्पना की है, होमोसेक्सुअलिटी का इंतजाम किया हुआ है। अब पर्वर्सन और विकृति और क्या हो सकती है!

तुम्हारा स्वर्ग तुम्हारी ही छाया है। महावीर का मोक्ष महावीर के मिट जाने से अनुभव में आता है। तुम्हारा स्वर्ग तुम्हारा विस्तार है। यहाँ तुम्हें जो नहीं मिला, वह तुम स्वर्ग में पाना चाहते हो। संसार में जो तुमने नहीं पाया...चाहते थे दिल्ली पहुँच जाएँ, नहीं पहुँच पाए; चाहते थे राष्ट्रपति हो जाएँ, नहीं हो पाए। आसान नहीं है। पा लो तो मिलता कुछ नहीं है। लेकिन पाना बहुत मुश्किल है; क्योंकि कोई तुम अकेले थोड़े ही पागल हो, इस मुल्क में पचास करोड़ पागल हैं–वे सभी राष्ट्रपति होना चाहते हैं। तो ये पचास करोड़ सिंहासन पर हो नहीं सकते, एक ही हो पाएगा। और जो एक किसी तरह पहुँच जाएगा, वह इन पचास करोड़ से लड़कर पहुँचेगा; लड़ने में ही पागल हो जाएगा, इतना भयंकर उपद्रव है! और पहुँचकर भी यह निश्चिंत तो बैठ नहीं सकता सिंहासन पर, क्योंकि ये पचास करोड़ पागल धक्का दे रहे हैं सिंहासन को, ये कह रहे हैं : अब छोड़ो सिंहासन, जनता आती है। वे चैन से थोड़े बैठने देंगे; कोई टाँग खींच रहा है, कोई हाथ खींच रहा है। धक्के देने की तैयारी चल रही है। यह कोई स्थिति थोड़े हो सकती है सुख की।

जिनको मिल जाता है वे दुःख में हैं; जो नहीं मिल पाते, जो नहीं पहुँच पाते, वे दुःख में हैं। फिर तुम्हारी कल्पना कहती है, इस संसार में कुछ सार नहीं। इसलिए नहीं कि तुम्हें दिखाई पड़ गया कि संसार में कोई सार नहीं; सार तो तुम्हें संसार में ही है; तुम्हारी असफलता के कारण तुम अपने को समझा रहे हो : अँगूर खट्टे हैं! अब तुम मोक्ष, परमात्मा, प्रार्थना-पूजा की आकांक्षा से भरते हो। वे तुम्हारी जीवन की समझ से पैदा नहीं हो रही हैं, जीवन के राग से ही पैदा हो रही हैं। फिर परमात्मा नहीं मिलता। होश में आने की इच्छा भी नहीं होती। ध्यान करने का मन भी नहीं होता। तुम परमात्मा को मुफ्त पाना चाहते हो।

मगर जगने और होश में आने पर फिर भी कोई इच्छा नहीं है! स्वभावत: बात साफ है कि अभी नींद में रस है, इसलिए तुम जगना नहीं चाहते। और इसलिए आखिरी बात तुमने पूछी है : क्या कारण है? कारण बिलकुल साफ है। मुझसे क्या पूछना है? अपने भीतर ही देखो, कारण साफ है। तुम जागना नहीं चाहते। अभी जागने योग्य समझ ही नहीं है। समझ में जागरण आता है। समझ है, इस बात की समझ कि संसार में सिवाय दुःख के और कुछ भी नहीं है। जीवन एक अंतहीन श्रृंखला है पीड़ा की। मौत ही मौत है यहाँ प्रत्येक कदम पर; काँटे ही काँटे बिछे हैं। फूल दिखते हैं–वह तुम्हारा प्रक्षेपण है। फूल तुम्हारी आकांक्षा है, लेकिन मिलते काँटे हैं। चाहते फूल हो,

मिलता काँटा है। खेलना फूल से चाहते थे, उलझ काँटे से जाते हो।

तुम्हारी वही दशा है, जो किसी मछली की होती है। मछलीमार आटे को लटका देता है बंसी में बाँधकर। मछली आटा पकड़ने आती है, आटे में काँटा छिपा होता है। मछली कोई काँटा थोड़े ही पकड़ने आती है? कौन काँटा पकड़ने आता है? सभी आटा पकड़ने जाते हैं, पकड़ती है आटा, फँस जाती है काँटे से। वह जो बंसी लटकाए बैठा हुआ मछलीमार है, वह कोई मछलियों पर करुणा करके यहाँ आटा बाँटने नहीं आया है। आटा तो प्रलोभन है। वह तो सेल्समैनशिप है। वह तो विज्ञापन है। भीतर तो काँटा छिपा है। नजर तो इस पर है कि पकड़ ले मछली तो बस काँटे से उलझ जाए, फँसे।

संसार में जहाँ-जहाँ तुम्हें आटा दिखता है, वहीं-वहीं काँटे तुम पाओगे। तुमने सदा पाए भी हैं, लेकिन फिर भी तुम्हारी मूर्च्छा नहीं टूटती। मन कहता है : अब तक जिन आटों को पकड़ा, काँटे पाए; लेकिन भविष्य में भी क्या सदा ऐसा ही होगा? फिर जब नया आटा लटकता है—नए रंग में नई सुगंध के साथ, फिर तुम अपने को नहीं सम्हाल पाते। तुम सोचते हो : कौन जाने, इस बार आटा ही हो! काँटा तो दिखाई नहीं पड़ता, जब तक चुभे न।

जिसको तुम संसार में सुख कहते हो, वह सभी दु:ख का आवरण है। दु:ख सुख के वस्त्र ओढ़े हुए है।

एक बहुत पुरानी अरबी कथा है कि परमात्मा ने पृथ्वी बनाई; और सौंदर्य और कुरूपता की देवियाँ बनाईं और उनको पृथ्वी पर भेजा। स्वर्ग से पृथ्वी तक आते-आते धूल-ध्वांस से भर गईं; एक झील के किनारे उन्होंने वस्त्र उतारे और दोनों नग्न होकर स्नान करने चली गईं। सौंदर्य की देवी तो तैरती हुई चली गई, कुरूपता की देवी किनारे के पास ही रही। जैसे ही सौंदर्य की देवी जरा दूर गई, वह निकली, उसने सौंदर्य की देवी के वस्त्र पहले और चलती बनी। जब सौंदर्य की देवी वापस किनारे पर आई तो सुबह हो गई थी, गाँव के लोग आने थे, आवागमन शुरू हो गया था; वह नग्न खड़ी थी, और वस्त्र नदारद थे। मजबूरी में उसे कुरूपता के वस्त्र पहन लेने पड़े, और कोई उपाय न था। वे ही वस्त्र उपलब्ध थे। और कहते हैं, तबसे सौंदर्य की देवी कोशिश कर रही है खोजने की कि कुरूपता की देवी मिल जाए तो उससे अपने वस्त्र ले ले, लेकिन वह मिलती नहीं। और तबसे सौंदर्य की देवी कुरूपता के वस्त्र पहने घूम रही है और कुरूपता सौंदर्य के वस्त्र पहने घूम रही है। तबसे सब चीजें उलटी हो गई हैं।

कहानी बड़ी महत्त्वपूर्ण है।

इस जगत में तुम सौंदर्य के भीतर छिपी हुई कुरूपता को पाओगे। इस जगत् में सुख के भीतर छिपा हुआ दु:ख पाओगे। द्वार पर तख्ती लगी होगी स्वर्ग की; भीतर पहुँचोगे, नर्क पाओगे लेकिन जिस दिन तुम्हें यह अनुभव प्रगाढ़ हो जाएगा—मेरे कहने से नहीं या बुद्ध के कहने से नहीं—जिस दिन तुम्हें यह दिख जाएगा कि जहाँ-जहाँ आटा है, वहाँ-वहाँ काँटा है, उस दिन हृदय को छलनी बनाने की जरूरत न रहेगी, एक छेद काफी हो जाएगा। एक छेद पर्याप्त है डुबोने को। एक छेद पर्याप्त है उबारने को भी। कोई डूबने के लिए पूरी नाव को छलनी बनाना पड़ता है! बस एक छेद तुम्हारे जीवन में हो जाए—इस बोध का कि इस जगत् में सुख असंभव है, यह तुम्हारी गहन प्रतीति हो जाए—तो परमात्मा की तरफ जो प्रार्थना उठेगी, वह पहली बार वास्तविक होगी। वह सांसारिक नहीं होगी प्रार्थना। वह तुम्हारी नींद का हिस्सा नहीं होगी। अन्यथा तुम्हारी नींद में ही तुमने मंदिर भी बनाए हैं और मूर्तियाँ भी सजाई हैं और पूजा भी की है और दीये भी जलाए हैं—पर तुम्हारी नींद में ही।

इसीलिए तो दुनिया में इतने मंदिर हैं और आदमी जागा हुआ दिखाई नहीं पड़ता। इतनी मस्जिदें, इतने गुरुद्वारे और आदमी बेहोश! यह कैसे हो सकता है? जरूर यह सब नींद में ही चल रहा है। तुम मंदिर भी चले जाते हो, पूजा भी कर लेते हो : न तुम्हें पता है, तुम क्यों कर रहे हो, न तुम्हें पता है यह मंदिर क्या है? और तुम इतने डरे हुए हो कि कहीं पता न चल जाए। इसलिए तुम चुपचाप करके निकल आते हो। अगर कोई पकड़े और झकझोरे तो तुम नाराज होते हो। इसलिए तुम बुद्धों को माफ नहीं कर पाते। जीसस को सूली देनी पड़ती है। सुकरात को जहर पिलाना पड़ता है। ये वे लोग हैं, जो तुम्हें रास्ते में पकड़ लेते हैं और तुमसे कहते हैं : कहाँ जा रहे हो? यह मंदिर झूठा है। तुम खुद अभी सोए हो। सोए हुए आदमी का मंदिर सच्चा कैसे हो सकता है?

शराब पीये कोई पूजा कर रहा है, क्या उसकी पूजा सच हो सकती है? शराब पिये आदमी की न तो गाली का कोई भरोसा होता है, न पूजा का कोई भरोसा होता है। जब होश में आ जाए तब समझना। होश में आने पर शायद खुद ही हँसे कि यह मैं क्या कर रहा था; शायद छिपाए कि किसी को पता तो नहीं चल गया कि मैं पूजा करता दुख लिया गया हूँ। लोग हँसेंगे, कहेंगे: इतना समझदार होकर अभी तक अंधविश्वासी है।

शराब पीये हुए आदमी पूजा करे तो व्यर्थ, झगड़ा करे तो व्यर्थ; उससे सार्थक तो हो ही नहीं सकता।

कारण पूछते हो क्या कारण है? कारण साफ है : संसार अभी दुःख नहीं हुआ और उसके पहले ही तुमने परमात्मा की माँग शुरू कर दी। नहीं, यह नहीं हो सकता। पके बिना कोई उपाय नहीं है। पकना ही होगा। दुःख इतना पक जाए, जैसे वृक्ष पर फल पक जाते हैं, तो पका हुआ फल गिर जाता है—ऐसे ही पका हुआ संसार गिर जाता है, पका हुआ दुःख गिर जाता है। और तब तुम उठते हो तुम्हारे निर्दोषता में। तब तुम्हारे भीतर से एक गूँज उठती है ओंकार की। तब तुम्हारे भीतर से अनाहत का नाद उठता है। तब तुम यह मुझसे पूछोगे नहीं कि इतने छेद हो गए हैं हृदय में, अब तक देर क्यों हो रही है! देर कभी हुई ही नहीं है : छेद ही नहीं हुए हैं, इसलिए देर हो रही है।

और तुमने यह भी मुझसे पूछा है : और गहरा डोज दे ही डालिए! जैसे मेरा कोई कसूर है! जैसे जिम्मेवारी मेरी है! जागो तुम नहीं, तो तुम कहते हो : तुमने ठीक से न जगाया होगा। जागो तुम नहीं तो तुम कहते हो : तुमने जोर से क्यों न हिलाया?

इमेनुएल कांट जर्मनी का एक बड़ा विचारक हुआ। वह सुबह तीन बजे उठता था। जीवन-भर तीन बजे ही उठा। लेकिन तीन बजे उठने की उसकी इच्छा नहीं थी। पूरी जिंदगी उठकर भी तीन बजे उठना उसे कष्टपूर्ण रहा। वह उसके शरीर को जमता न था, उसने एक नौकर रख छोड़ा था, जो इतना ही काम करता था कि उसे जबरदस्ती उठा दे। कभी-कभी मारपीट भी हो जाती थी, क्योंकि नौकर उठा रहा है, वह नहीं उठना चाह रहा है। झगड़ा हो जाए: नौकर खींच रहा है और वह अपने बिस्तर में, पल्ली में छिप रहा है। वह नौकर को मारे भी; सुबह क्षमा भी माँगे। पहली-पहली दफा जब नौकर रखा तो उसने कहा : तीन बजे उठा देना। नौकर ने जाकर उठा दिया। वह करवट लेकर सो गया। नौकर हट गया। उसने कहा, बात खतम हो गई। सुबह बहुत नाराज हुआ कि उठाने का मतलब उठाना; चाहे कुछ भी हो जाए—मैं अगर तुझे मारूँ भी तो तू फिक्र मत करना : तू भी मरना; उस वक्त न कोई नौकर है, न कोई मालिक है—मगर तीन बजे उठाना है! और वह नहीं समझता था कि यह मामला क्या है! अगर उठना ही है तो उठ जाओ। मगर नहीं उठता है तो मार-पीट की नौबत क्या लानी! लेकिन यह जिंदगी-भर चला, ऐसे ही चला।

यह भी उठना कोई उठना हुआ? और ऐसे उठकर क्या ब्रह्ममुहूर्त का आनंद यिा जा सकता है? उठ आता होगा; आँख में नींद घिरी रहेगी। उठ आता होगा, लेकिन मन में तो अभी चलते रहेंगे। उठ आता होगा—किसी तरह;

खीचता होगा देह को अपनी। लेकिन जिंदगी भर लड़-लड़कर, मारपीट करके उठना पड़ता हो, इस उठने में मजा न रहा।

नहीं, मैं तुम्हें मारपीट करके नहीं उठाना चाहता। यह बात ही बेमजे की हो गई। तुम इशारे से उठ जाओ तो ठीक है; न उठो तो जाहिर है कि तुम अभी सोना चाहते हो। मैं तुम्हारी नींद क्यों खराब करूँ? इससे मेरा कोई कसूर नहीं है।

मेरे डोज के कम-ज्यादा देने से कुछ भी न होगा; क्योंकि यह सवाल तुम्हारी गहन आकांक्षा का है। इसकी कोई दवा नहीं हो सकती।

चिकित्सक कहते हैं कि अगर मरीज बीमार हो तो ठीक किया जा सकता है, दवा दी जा सकती है; लेकिन अगर मरीज ने जीने कि आशा छोड़ दी हो तो कोई उपाय नहीं। अगर कोई मरीज मरना ही चाहता है तो बीमारी भी ठीक हो जाए तो भी मर जाएगा, क्योंकि जीने की आकांक्षा ही छोड़ दी हो तो फिर कोई उपाय नहीं है।

ठीक ऐसी ही दशा है। अगर तुमने जागने की आकांक्षा ही न जगाई हो तो मैं लाख उपाय करूँ, तुम जागोगे न; सिर्फ मुझसे नाराज हो जाओगे; सिर्फ मुझे गालियाँ दोगे; सिर्फ क्रोध जाहिर करोगे। लेकिन अगर तुमने जागना चाहा है तो जरा-सा इशारा काफी है।

बुद्ध ने कहा है : कुछ तो घोड़े ऐसे होते हैं कि अगर उनको मारो न तो अटक-अटककर खड़े हो जाते हैं। वे मारपीट से ही चलते हैं; कुछ घोड़े ऐसे होते हैं कि मारने की जरूरत नहीं होती, सिर्फ कोड़ा फटकारमा पड़ता है; चोट की जरूरत नहीं होती, कोड़े की आवाज, और घोड़ा सतेज होकर चलने लगता है।

और बुद्ध ने कहा : कुछ घोड़े ऐसे भी हैं कि कोड़ा फटकारना भी नहीं पड़ता, क्योंकि वह भी अपमानजनक है। सिर्फ कोड़ा है—इतना काफी है; कोड़े की छाया चला देती है। फटकार नहीं, कोड़े की छाया!

बुद्ध ने अपने शिष्यों से कहा : तुम तीसरे तरह के घोड़े बनना। मार-मारकर तुम्हें चला भी लिया तो कुछ हल न होगा। क्योंकि मार-मारकर, तुम अगर घिसट-घिसटकर पहुँच भी गए, तो कोई घिसट-घिसटकर कभी परमात्मा के मंदिर तक पहुँचा है? वह मंजिल नाचकर ही पहुँची जाती है। वह मंजिल ऐसी है कि तुम उत्सव से ही चले तो ही पहुँच सकोगे; तुम गीत गाते, मोज से ही चले, तो ही पहुँच सकोगे। जबरदस्ती तुम्हें धकाने का उस तरफ कोई उपाय नहीं है। यह तो सीधी समझ में आ सकने वाली बात है।

मोक्ष जबरदस्ती नहीं मिल सकता, क्योंकि मोक्ष का मतलब ही परम स्वतंत्रता है। अगर परम स्वतंत्रता भी जबरदस्ती मिलती हो तो क्या खाक स्वतंत्रता रह गई; वह तो एक तरह की गुलामी हो गई। उसे तुम्हें कोई भी नहीं दे सकता। तुम जिस दिन चाहोगे, उस दिन सारा संसार तुम्हारे लिए सहयोगी हो जाएगा। तुम जब तक नहीं चाहते हो, परमात्मा भी कुछ नहीं कर सकता।

यह बड़े मजे की बात है। धर्मशास्त्रियों ने सदा से इस पर विचार किया है कि परमात्मा अगर है तो आदमी दुःख में क्यों है? वह खींच क्यों नहीं लेता? यह बात विचारने-जैसी है। परमात्मा महा करुणावान होगा। उसके हृदय में तो प्रेम-ही-प्रेम होगा। तुम नरक में सड़ रहे हो, वह खींच क्यों नहीं लेता तुम्हें, उठा क्यों नहीं लेता? इससे जाहिर होता है कि नहीं है। अगर करुणावान होता तो तुम्हें खींच लेता। या तो इससे जाहिर होता है कि है ही नहीं और या इससे जाहिर होता है कि वह शैतान है, भगवान नहीं है। वह रस ले रहा है। तुम्हें सता रहा है। सेडिस्ट है। मजा ले रहा है। तुम सताए जा रहे हो नर्क में, दुःख में, पीड़ा में; उबाले जा रहे हो उबलते तेल में, और वह बैठा मजा ले रहा है। वह उस सम्राट् नीरो की भाँति है, जिसने पूरे रोम में आग लगवा दी थी और बैठ गया था पास की पहाड़ी पर, बाँसुरी बजा रहा था, और यहाँ लोग जल रहे थे। और उसने पूरे रोम के चारों तरफ सिपाही खड़े कर दिए थे कि कोई भागकर बाहर न जा सके। वे मशालें लिए खड़े थे : जो भी बाहर भागता उसको मशालों से धक्का देकर भीतर कर देते। आग ही आग थी, और नीरो बाँसुरी बजा रहा था।

तो या तो परमात्मा नीरो-जैसा है कि तुम जल रहे हो; भागने भी नहीं देता। आत्महत्या भी करो तो सरकारें रोकती हैं; सिपाही लगा रखे हैं। कहीं जा भी नहीं सकते भागकर। आत्महत्या करते पकड़े गए तो फाँसी की सजा लगेगी। बड़े मजे की बात है, वह हम खुद ही करने जा रहे थे, वह सरकार कर देगी। कोई भाग नहीं सकता। और परमात्मा बैठा ऊपर जरूर बाँसुरी बजा रहा होगा—और क्या करेगा?

हिंदुओं ने सोचा कि कृष्ण बाँसुरी बजा रहा है। वह परमात्मा बाँसुरी बजा रहा है! तुम सड़ रहे हो! या तो शैतान है, भगवान नहीं। और अगर भगवान है तो बड़ा बेबूझ है! उठा क्यों नहीं लेता? साधारण महात्मागण तुम्हें दुःख से उठाने की कोशिश करते हैं, और परमात्मा कोशिश नहीं करता।

धर्मशास्त्री बड़ी चिंता में रहे हैं कि क्या करें! बात तो तर्कयुक्त लगती है कि या तो वह दुःखवादी है, और लोग दुःखी हों इसमें रस आता है उसे;

तुम्हारे घाव में उँगलियाँ डालता है। उसको खुद ही मनोचिकित्सा की जरूरत है; और या फिर है ही नहीं।

और ध्यान रखना जो कहते हैं नहीं है, वही ज्यादा ठीक कह रहे हैं, बजाय उनके, जो कहे कि वह दुःखवादी है। शैतान होने से बेहतर है कि न हो। इसलिए तो महावीर और बुद्ध ने कह दिया, कोई परमात्मा नहीं है। क्योंकि उनके सामने दो ही विकल्प थे : या तो वे मानें कि वह दुःखवादी है...दोनों तर्कयुक्त व्यक्ति थे; दोनों राजघरानों से आए थे, ठीक से संस्कृत हुए थे; ठीक तर्कशास्त्र का अध्ययन किया था; विचार में पारंगत थे—उनको बात साफ दिखाई पड़ गई कि यह विकल्प तो सीधा है! अगर परमात्मा है तो शैतान है—ऐसे परमात्मा का इनकार जरूरी है और या फिर परमात्मा नहीं है; क्योंकि हम यह कैसे मानें कि परमात्मा है और लोग सदियों से, अनंतकाल से दुःख में सड़ रहे हैं, और वह मजा कर रहा है, लीला कर रहा है, और उठाता नहीं किसी को?

मेरा क्या उत्तर है? मैं कहता हूँ : परमात्मा है और शैतान नहीं है। मेरा उत्तर यह है कि परमात्मा है और तुम दुःख में उसके कारण नहीं हो, तुम्हारी स्वतंत्रता के कारण हो। परमात्मा है और जगत्.स्वतंत्र है। परमात्मा की महिमा यही है कि उसने तुम्हें स्वतंत्र बनाया है, उसने परिपूर्ण स्वतंत्रता दी है। वह कोई तानाशाह नहीं है, और न ही उसने कोई इमरजेंसी की अवस्था घोषित कर रखी है। परमात्मा ने मनुष्य को गरिमा दी है, परिपूर्ण स्वतंत्र होने की।

निश्चित ही स्वतंत्रता में खतरा है। स्वतंत्र होने का अर्थ यह है कि दुःख भोगने की भी स्वतंत्रता है, सुख भोगने की भी। स्वतंत्रता का अर्थ ही यह है कि अपने कष्ट को नष्ट कर लेने की भी स्वतंत्रता है, अपने को सृजन करने की भी। स्वतंत्रता का सीधा अर्थ है कि तुम जो भी होना चाहो—अगर तुम दुःख ही भोगना चाहो तो भी बाधा न दी जाएगी। तुम्हारे ऊपर ही सब छोड़ दिया है। यही मनुष्य के लिए जोखिम है, यही उसका गौरव भी है कि वह स्वतंत्र है। वह अगर गिरना चाहे सीढ़ी से तो आखिरी खड्ढे तक गिर सकता है, कोई रोकने न आएगा। वह चढ़ना चाहे तो कोई रोकने न आएगा; वह आखिरी ऊँचाई तक चढ़ सकता है।

नर्क भी तुम हो, स्वर्ग भी तुम हो। तुम्हारा निर्णय ही आत्यंतिक है। तुम जिम्मेवारी किसी और पर मत छोड़ना। ऐसे ही तो तुमने सदा जिम्मेवारी किसी और पर छोड़ी है। और तब तुम निश्चिंत हो जाते हो, तुम सोच लेते हो कि मैं तुम्हें ठीक से डोज नहीं दे रहा हूँ जागने का, नहीं तो तुम कभी के जाग

गए होते। तुम्हारे ह्रदय में तो छलनी हो गई है और तुम्हारा प्राण तो घाव हो गया है! अब तुम्हारी तरफ से तुमने कोई कमी नहीं छोड़ी! अगर कमी होगी तो मेरी तरफ से होगी!

इस तरह की गलतियों में मत पड़ो, क्योंकि इस तरह तो फिर तुम कभी भी न जाग सकोगे।

ध्यान करो : दु:खी हो तो तुम्हीं कारण हो; सुखी हो तो तुम्ही कारण हो। मैं तुम्हें जगा नहीं सकता; मैं तुम्हें जगाने के उपाय बता सकता हूँ।

बुद्ध ने कहा हैं : मै राह बता सकता हूँ, चलना तुम्हीं को पड़ेगा। मैं तुम्हें चला नहीं सकता। और जो गुरु तुम्हें चलाने की कोशिश करे, जानना वह तुम्हारा दुश्मन है। क्योंकि अगर वह तुम्हें घसीटे, अपने कंधे पर रखकर चले, तुम्हारी बैसाखी बन जाए, तो फिर तुम्हारे पैर कभी भी चलने में समर्थ न होंगे। जिस दिन वह गुरु विदा होगा, उस दिन तुम वहीं पहुँच जाओगे।

नहीं सदगुरु मार्ग दिखाते हैं, चलना प्रत्येक को स्वयं पड़ता है।

जैसे एक छोटा बच्चा चलना शुरू करता है, कोई उसके लिए चल थोड़े ही सकता है। कई बार गिरेगा। बाप को कितनी इच्छा न होती होगी कि मैं इसके पैर बन जाऊँ! माँ की कितनी आकांक्षा न होती होगी कि इसके घुटनों में चोट लगती है, मैं इसकी सुरक्षा बन जाऊँ; मै इसके लिए चलूँ, इसे कंधे पर रखे रहूँ। लेकिन अगर कोई माँ ऐसा करे तो वह दुश्मन है, क्योंकि यह बच्चा फिर सदा के लिए पंगु हो जाएगा; यह कभी चल ही न सकेगा। नहीं, माँ प्रेम से देखेगी; इशारा भी देगी चलो; दूर बैठे बच्चे को बुलाएगी कि आ जाओ; दोनों हाथ फैलाकर कहेगी : घबड़ाओ मत, मैं मौजूद हूँ; गिरोगे तो सँभाल लूँगी। हालाँकि बच्चा फिर भी गिरेगा, क्योंकि बिना गिरे कोई चलना सीखा है? अगर कोई बच्चा गिरे ही न, बार-बार सम्हाल लिया जाए, तो लँगड़ा हो जाए। गिरने भी देना होगा। घुटने पर चोट भी लगेगी, तो ही मजबूती आएगी शरीर की, व्यक्तित्व की, अपने पैरों पर खड़ा होना आएगा।

मैं तुम्हारी गुलामी नहीं बनना चाहता हूँ; न तुम मुझ पर निर्भर होने की कोशिश करना। मैं चाहूँगा कि तुम परिपूर्ण स्वतंत्र हो जाओ, अपने पैर से चल सको; क्योंकि तुम्हारा मंदिर तुम्हारे चलने से ही तुम्हारे करीब आएगा। तुम्हारा परमात्मा तुम्हें लँगड़ों की तरह आया हुआ देखकर प्रसन्न न होगा। तुम्हें दौड़ते और नाचते हुए आते देखकर ही तुम्हारा स्वागत हो सकता है।

दूसरा प्रश्न : एक पुरानी धारणा है कि कोई व्यक्ति लगातार बारह वर्षों तक सत्य-भाषण का व्रत पूरा करे तो वह मुक्ति को उलब्ध हो सकता है। कृपया बताएँ कि इस धारणा में कितना बल है?

बारह वर्ष तक अगर कोई व्यक्ति सत्य-भाषण कर व्रत पूरा करे तो मुक्त हो जाता है—यह धारणा कोई गणित की धारणा नहीं है। कोई ऐसा नहीं है कि बारह ही वर्ष में ऐसा होगा, कि ग्यारह में नहीं हो सकता और तेरह में नहीं हो सकता। यह तो प्रतीक धारणा है, इशारा है, एक इंगित है। इंगित कीमती है।

सच्चाई यह कि बारह वर्ष तो दूर, बारह दिन भी बिना स्वभाव को उपलब्ध हुए तुम सत्य भाषण का व्रत पूरा नहीं कर सकते। बारह वर्ष तो चुके होंगे। शायद तुम्हें पता भी न चले कि तुमने कब झूठ बोला, क्योंकि कई झूठ तो ऐसे हैं, जिनको तुम सच मानते हो। और तुमने कभी यह खयाल ही नहीं किया कि यह झूठ है और तुम इसे सच मानते हो। कई झूठ तो ऐसे हैं कि तुम्हारे रंग-रेशे में, खून में समाए हुए हैं—माँ के दूध के साथ तुम्हें मिले हैं।

अगर कोई तुमसे रास्ते पर पूछे कि तुम कौन हो : अगर तुमने कहा, मैं हिंदू हूँ तो तुमने झूठ बोला; तुमने कहा, मैं मुसलमान हूँ, तुमने झूठ बोला। भीतर खोजो : तुम मुसलमान हो, हिंदू हो? मगर यह तुम्हें खयाल ही नहीं आएगा; यह तो खून में मिल गया। तुम पैदा तो हुए थे, तब तुम न हिंदू थे, न मुसलमान थे; अब अचानक तुम हिंदू-मुसलमान कैसे हो गए? यह सिखावन है किसी की, एक सामाजिक झूठ है, प्रचारित झूठ है। तुम्हारे चारों तरफ जो लोग थे, वे इस झूठ में भरोसा करते थे कि हिंदू हैं, या मुसलमान हैं, या जैन हैं। उन्होंने भरोसा तुम्हें भी दिला दिया। यह एक कंडीशनिंग है। उन्होंने संस्कारित कर दिया मन को, ठोक दिया बार-बार कि तुम हिंदू हो, तुम हिंदू हो! अब तुम्हें पता ही नहीं। अब तुमसे कोई पूछेगा नींद में भी तुम कौन हो, तुम कहोगे हिंदू।

तुमसे अगर पूछेगा कि तुम्हारा नाम क्या, क्या तुम कहोगे कि मैं अनाम हूँ? क्योंकि पैदा तो तुम बिना नाम के हुए थे। तुम्हारा नाम राम हो कि अब्दुल्ला हो, इससे क्या फर्क पड़ता है? नाम तो झूठ हैं। ऊपर से चिपकाए गए हैं। नाम लेकर तुम आए नहीं, दूसरों ने दिया है। लेकिन इतना गहरा हो जाता है तादात्म्य—अगर तुम यहाँ सब सो जाओ रात और मैं आऊँ और पुकारूँ— राम; तो किसी को सुनाई न पड़ेगा, लेकिन जिसका नाम राम है, वह चौंककर खड़ा हो जाएगा कि कौन नींद खराब करने आ गया! रात भी सोने दोगे? किसी को पता न चलेगा; लेकिन जिसका नाम राम है, वह चौंकर खड़ा

हो जाएगा कि कौन नींद खराब करने आ गया! रात भी सोने दोगे? किसी को पता न चलेगा; लेकिन जिसका नाम राम है, उसको कैसे पता चल गया? उसने कैसे सुन लिया? झूठ बहुत गहरा चला गया, अचेतन, अनकांसस में बैठ गया।

छूटना होगा इस तरह के झूठों से।

बारह दिन भी सत्य-भाषण का पालन कैसे करोगे? और हो सकता है, दिन में कर लो; रात सपनों का क्या होगा? सोचो। मान लो कि दिन-भर होश रखा, सम्हालकर चले, दरवाजा बंद ही करके रहे, बोलने का मौका ही न आने दिया बारह दिन—न बोलेंगे, न झूठ निकलेगा—तो रात सपनों का क्या करोगे? सपनों में तो बहुत झूठ चलते हैं। सपना तो पूरा ही झूठ है। रात-भर सपने चलते हैं। और अगर बारह दिन कोठरी में बंद रहे तो दिन में बैठे-बैठे क्या करोगे; सपना देखोगे। हजार तरह के झूठ चलने लगेंगे।

झूठ तो तभी छोड़ा जा सकता है, जब तुम आत्मस्थ हो जाओ। इसलिए मैंने कल फरीद की वाणी का अर्थ यह नहीं किया कि तुम सच बोलो; यह किया कि तुम सच हो जाओ। सच बोलना असंभव है, जब तक तुम सच न हो जाओ। यह तो ऐसे ही है कि चंपा के वृक्ष पर चमेली के फूल लगाने की कोशिश चल रही है। तुम झूठ हो तो तुम पर झूठ के फूल लगेंगे।

बड़ी पुरानी कहानी है—सम्राट् सोलोमन की। यहूदी कहते हैं, सोलोमन से बुद्धिमान आदमी दुनिया में कभी दूसरा नहीं हुआ। सोलोमन का नाम तो लोकतंत्र में व्याप्त हो गया है। हिंदुस्तान में भी गाँव के लोग भी; कोई अगर बहुत ज्यादा बुद्धिमानी दिखाने लगे तो कहते हैं : बड़े सुलेमान बने हो! वह सोलोमन का नाम है। उनको पता भी नहीं कि कौन सोलोमन था, कौन सुलेमान था; लेकिन वह प्रविष्ट हो गया है।

सेबा की रानी सोलोमन के प्रेम में पड़ गई। वह चाहती थी, दुनिया के सबसे ज्यादा बुद्धिमान आदमी से प्रेम करे। बुद्धुओं से तो प्रेम बहुत आसान है, लेकिन परिणाम सदा दुःखकर होता है। तो सोलोमन की जब खबर सुनी सेबा की रानी ने, तो उसने कहा कि अगर प्रेम ही करना है तो इस बुद्धिमान से करेंगे, अन्यथा प्रेम दुःख लाता है। बुद्धुओं से तो प्रेम करो—दुःख में पड़ोगे। उसने सब प्रेम करके देख लिए। वह बड़ी सुंदर थी। कहते हैं, जैसा सोलोमन बुद्धिमान था, ऐसी सेबा की रानी सुंदर थी। उसने सोचा कि सौंदर्य और समझ, इनका मूल हो।

वह गई। पर इसके पहले कि वह सोलोमन को चुने, परीक्षा लेनी जरूरी है : बुद्धिमान है भी या नहीं? तो अपने साथ एक दर्जन बच्चे ले गई।

छह उनमें लड़कियाँ थीं और छह उनमें लड़के थे; लेकिन उनको एक-से कपड़े पहनाए गए थे और सबकी उम्र चार-पाँच साल की थी। पहचान बिलकुल मुश्किल थी। उनके बाल एक-से काटे गए थे, कपड़े एक-से पहनाए गए थे। और वह जाकर खड़ी हो गई उन बारह, एक दर्जन बच्चों को लेकर, और उसने दूर से सोलोमन से कहा कि अब तुम देख लो। तुम इनमें बता दो, कौन लड़कियाँ हैं और कौन लड़के? यह तुम्हारी पहली परीक्षा है।

बड़ा मुश्किल था। दरबारी भी थोड़े घबड़ा गए कि यह परीक्षा तो बड़ी कठिन मालूम पड़ती है : समझ में नहीं आता कि कौन लड़का है, कौन लड़की! पर सोलोमन ने परीक्षा कर ली। उसने कहा : दर्पण ले आओ। लड़कों के सामने दर्पण रखा गया, वे ऐसे ही खड़े देखते रहे; लड़कियों के सामने रखा गया, वे उत्सुक हो गईं। लड़की, और दर्पण सामने हो! बात ही बदल गई। उसने छह लड़कियाँ अलग निकाल दीं। कपड़े ऊपर से पहना दो, लेकिन भीतर की सत्ता अगर स्त्रैण है तो बहुत मुश्किल है बदलना। लड़की दर्पण में और ही ढंग से देखती है : कोई लड़का देख ही नहीं सकता। वह असंभव ही है।

मैंने सुना है कि एक दिन नसरुद्दीन अपने घर में मक्खियाँ मार रहा था। उसकी पत्नी ने पूछा : कितनी मार चुके? उसने कहा दो स्त्रियाँ, मादाएँ और दो पुरुष। पत्नी ने कहा : हद हो गई! यह कभी सुना नहीं। तुमने पता कैसे लगाया कि कौन मादा, कौन पुरुष?

उसने कहा : दो दर्पण पर बैठी थीं, वे मादाएँ होनी चाहिए। दर्पण पर पुरुष क्या करेगा बैठकर! वे घंटों से बैठी थीं, वहीं बैठी थीं।

भीतर का अस्तित्व, भीतर का ढंग...।

दूसरी बार सेबा फूलों के दो गुलदस्ते लेकर आई। उनमें से फूलों का एक गुलदस्ता नकली था, कागजी था, पर बड़े-बड़े कलाकारों ने बनाया था। दूसरा गुलदस्ता असली था। उसने कहा : बस, यह आखिरी परीक्षा। कौन-सा असली है? क्योंकि सेबा ने सोचा कि लड़के-लड़कियों को तो इसने दर्पण से पहचान लिया; फूलों का क्या करेगा? और वह इतनी दूर खड़ी थी, गंध न आ सके। दरबारी घबड़ाए। सोलोमन ने कहा : दरवाजे-खिड़कियाँ खोल दी जाएँ महल के। दरवाजे-खिड़कियाँ खोल दिए गए। दो क्षण में तय हो गया। दो मक्खियाँ उड़ती भीतर आईं। वे असली फूलों पर जाकर बैठ गईं। उसने कहा : वे असली फूल हैं।

मक्खियों को कैसे धोखा दोगे? मक्खी नकली फूल पर किसलिए

आएँगी? असली फूल की गंध उन्हें बुला लाई।

जब तुम्हारे भीतर सत्य होता है तभी तुम्हारे बाहर...जब तुम्हारे भीतर सत्य नहीं होता तब तुम लाख उपाय करो, नकली फूल हो। दूसरों को भी धोखा दे दोगे; अपने को कैसे दोगे? हो सकता है, कुछ बुद्धू मक्खियाँ हों, मूढ़ हों, नशे में हों, और बैठ जाएँ, तो भी क्या फर्क पड़ता है? लेकिन इससे भी तो कोई नकली फूल असली न हो जाएगा।

इसलिए कहावत तो बिलकुल ठीक है, क्योंकि बारह वर्ष तक कोई सत्य भाषण का उपयोग तभी कर सकता है, जब वह सत्य हो गया हो, अन्यथा कोई उपाय ही नहीं है। तो मोक्ष तो उपलब्ध हो ही जाएगा। ऐसा नहीं कि बारह साल के बाद में होगा, वह पहले ही हो गया; वह बारह साल की शुरूआत में ही हो गया। जो सत्य हो गया, वह मुक्त हो गया। हाँ, अगर तुम चेष्टा करोगे सत्य की, तो तुमसे बहुत झूठ हो जाएँगे। चेष्टा का मतलब ही यह है कि तुम भीतर आश्वस्त नहीं हो। तुम्हें निर्णय करना पड़ेगा : क्या बोलूँ, क्या न बोलूँ, कैसा कहूँ, कैसा न कहूँ; क्या ठीक होगा, क्या गलत होगा! और जिंदगी इतनी तेजी से बही जाती है कि ऐसे व्यक्ति तो कुछ बोल ही नहीं पाते। सत्य बोलना तो असंभव है; क्योंकि सत्य तो क्षण-क्षण के संवेदन से पैदा होता है।

अगर सोलोमन सच ही बुद्धिमान न होता तो मुश्किल में पड़ जाता। तुम्हें खयाल आता दर्पण का? मुश्किल होती। तुम्हें खयाल आता खिड़कियाँ खुली छोड़ देने का? अब आ सकता है, क्योंकि कहानी मैंने तुमसे कह दी। कहानी कहने के बाद कोई मतलब हल नहीं होता। बात खत्म हो गई। अब दुबारा रानी सोलोमन का इन ढंगों से परीक्षण नहीं कर सकती। और जिंदगी की रानी नए-नए उपाय खोजती है और कभी कोई सोलोमन पार हो पाता है, उत्तीर्ण हो पाता है।

कहावत ठीक है कि कोई व्यक्ति लगातार बारह वर्षों तक सत्य-भाषण के व्रत का पालन करे तो वह मुक्त हो जाएगा। लेकिन बारह साल तक सत्य-भाषण का व्रत-पालन वही कर सकता है, जो मुक्त हो ही गया हो, इसलिए यह कहावत ठीक है।

मैं नहीं कहता कि बारह साल की फिक्र करो! बारह क्षण जाँच लेंगे। बारह क्षण काफी हैं। तुम अगर भीतर झूठ हो, बाहर क्षण में कुछ-न-कुछ झूठ हो जाएगा; क्योंकि तुम्हारे भीतर का रूप बार-बार बाहर आ रहा है। तुम्हारे होने के ढंग में, तुम्हारे बैठने के ढंग में झूठ हो जाएगा। तुम किसी आदमी के पास से निकलोगे और तुम्हारे चलने के ढंग में झूठ आ जाएगा।

हो सकता था, इसके पहले तुम सहजता से चल रहे थे. तुम एक आदमी के पास आए और सम्हल गए—झूठ शुरू हो गया। सँभलने का मतलब? क्यों सँभल रहे हो? तुम इस आदमी को कुछ दिखलाना चाहते हो, जो तुम नहीं हो। तुम इस आदमी को कुछ बतलाना चाहते हो, जो तुम नहीं हो।

तुम अपने कमरे में अकेले बैठे हो, तुम और ही आदमी हो। फिर मेहमान घर में आ गए—तुम तत्क्षण बदल गए, तुम्हारे चेहरे पर रंग बदल गया। अभी तुम उदास बैठे थे, मुर्दे की भांति; अब मुस्कराने लगे, हँस-हँसकर बातें करने लगे। तुम पड़ोसियों को दिखाना चाहते हो, तुम बड़े प्रसन्न हो। वह प्रसन्नता झूठ है।

बोलने का थोड़े सवाल है, भाव-भंगिमा से झूठ निकलेगा, मुद्रा से झूठ निकलेगा। उठते-बैठते तुम्हारी श्वास-श्वास से झूठ निकल रहा है। तुम अगर झूठ हो तो झूठ के फूल लगते ही रहेंगे, तुम उनसे बच न सकोगे। मैं तुमसे कहता भी नहीं कि झूठ रहते हुए तुम सच के फूल अपने ऊपर लगाओ। वह नकली गुलदस्ता होगा। उस पर मक्खियाँ भी न बैठेंगी, आदमियों की तो बात दूर, परमात्मा को तो तुम भूल ही जाओ। मक्खियों तक को धोखा देना आसान नहीं, परमात्मा को तुम, मोक्ष को, कैसे धोखा दोगे?

नहीं, मैं तुमसे कहता हूँ, सच हो जाओ; सच बोलने की फिक्र छोड़ो, वह अपने-आप आ जाएगा। तुम सच हो जाओ। इसलिए फरीद की वाणी का मैंने अर्थ किया : सत्य-धर्म, तुम्हारे स्वभाव का धर्म तुम्हें उपलब्ध हो जाए। फिर सब अपने-आप ठीक होता रहेगा।

कोई बुद्ध सोचते थोड़े ही हैं चलते वक्त : कैसे चलूँ, कैसे उठूँ, कैसे बैठूँ? क्या कहूँ, क्या न कहूँ? क्या ठीक होगा, क्या गलत होगा? यह सवाल ही नहीं है। जैसे वृक्ष में फूल लगते हैं, ऐसे बुद्ध में सत्य लगता है। इसलिए सत्य की चिंता मत करो; सत्य होने की चिंता करो। सच बोलने से क्या होगा? बोलना तो ओठों की बात है। अगर कंठ से नीचे झूठ है तो ओठों के बाहर सत्य कैसे आएगा? हाँ, सत्य-जैसा लग सकता है, लेकिन सत्य नहीं होगा।

एक झेन फकीर हुआ। वह अपने गुरु के पास था। उसने सब उपाय किए गुरु को तृप्त करने के लिए, लेकिन गुरु तृप्त न हो। वह उसे कहे ही जाए कि और ध्यान करो, और ध्यान करो। आखिर उसने दूसरों से पूछा कि वर्षों बीत गए, मैं ध्यान करता हूँ, किसी तरह की परीक्षा में उत्तीर्ण नहीं होता हूँ। अब मैं थक भी गया। क्या करूँ? जिससे पूछा था, उसने कहा कि और तो हम बता देते हैं। मैं भी वर्षों परेशान हुआ। लेकिन जब मैं परेशान हो रहा था,

मैं अपने को बचा रहा था। मैं सिद्ध करना चाहता था कि मैं सत्य को उपलब्ध हो गया हूँ। फिर मैं थक गया। जब सच में ही थक गया तो मैंने सिद्ध करने के उपाय छोड़ दिए। मैं मुर्दे की भाँति हो गया। मैंने यह फिक्र छोड़ दी कि अब उत्तीर्ण होता हूँ कि नहीं होता। गुरु के पास जाता, बैठा रहता—जैसा मुर्दा हूँ। और जिस दिन मैं मुर्दे की भाँति हो गया, उसी दिन गुरु ने मेरी पीठ थपथपाई और कहा : तूने पा लिया! कहाँ पाया? तो इतना मैं तुझे बता सकता हूँ।

उसने कहा : नासमझ, पहले ही क्यों न कहा? यह तो हम कभी कर देते। तीन साल ऐसे ही गँवाए। और तू यहाँ पड़ोस में ही रहता है, इतनी भी करुणा नहीं की! मैं अभी जाता हूँ।

वह गया। जैसे ही गुरु ने पूछा, कैसे आए हो, धड़ाम से ज़मीन पर गिर पड़ा। जब अभिनय ही करना हो तो पूरा करना, बैठना क्या? मुर्दे कहीं बैठते हैं? वह धड़ाम से जमीन पर गिर पड़ा। आँख मूँद ली और पड़ा रहा। गुरु ने कहा : बड़े भले लग रहे हो! बिलकुल ठीक! ध्यान का क्या हुआ? तो उसने एक आँख खोली और कहा, वह तो अभी कुछ नहीं हुआ। तो गुरु ने एक डंडा उसके सिर पर मारा और कहा : उठ! मुर्दे कहीं बोलते हैं? तू जरूर किसी से कहानी सुनकर आ गया है।

यहूदी फकीर हुआ—बालसेन। वह एक गाँव से गुजर रहा था। एक स्त्री उसके पीछे आ रही गई। उसका पैर पकड़कर रोने लगी रस्ते पर। भीड़ लग गई। बालसेन ने पूछा : मामला क्या है?

उस स्त्री ने कहा : मेरे बच्चे नहीं होते। और मैंने सुना है तुम्हारी माँ को भी बच्चे नहीं होते थे, और एक सदगुरु ने आशीर्वाद दिया।

बालसेन ने कहा : बात ठीक है। मेरी माँ को भी बच्चे नहीं होते थे। और एक सदगुरु के पैरों पर ऐसे ही मेरी माँ भी पड़ गई थी। ऐसा मैंने सुना है। सदगुरु ने कहा : तू ऐसा कर, मेरी टोपी खो गई है, तू एक टोपी बना ला। तू टोपी दे, हम तुझे बेटा देंगे। तो वह गई और एक अच्छी टोपी बना लाई। गुरु ने टोपी लगा ली और उसी रात वह गर्भस्थ हुई। ऐसे मैं पैदा हुआ।

उस स्त्री ने कहा कि अरे! रुको, मैं अभी टोपी लेकर आती हूँ।

गुरु ने कहा : ठहर! मगर यह कहानी काम न करेगी। अब यह कहानी काम न करेगी, यह तो मैंने तुझे कह दी। अब कुछ और करना पड़ेगा। क्योंकि अब तो यह नकल होगी। अब तो यह केवल पुनरुक्ति होगी। अब तो यह उधार होगी। अब तो असत्य हो गई बात; अब इससे काम न चलेगा।

वह स्त्री बोली : अब मत लौटाओ अपने वचन को। एक टोपी नहीं हजार टोपी ला दूँगी। अभी बाजार से खरीद लाती हूँ। जितनी टोपी बाजार में होंगी, सब ला दूँगी। बस एक दफा तुम आशीर्वाद दे दो।

टोपियों का सवाल नहीं—बालसेन ने कहा—यह कहानी काम न करेगी; कुछ और कहानी मुझे बनानी पड़ेगी।

थोड़ा समझना : जीवन में आदमी की बड़ी आकांक्षा होती है अनुकरण करने की। अनुकरण असत्य है।

बोधिवृक्ष के नीचे बैठकर ठीक बुद्ध का आसन लगाकर आकांक्षा की है कि ज्ञान हो जाए, वह नहीं हुआ। महावीर बारह वर्ष मौन रहे, तब उन्हें ज्ञान प्राप्त हुआ। लाखों लोगों ने इन पच्चीस सौ वर्षों में मौन रहने की कोशिश की है—न केवल कोशिश की है, बल्कि जैन साधु अपने को मुनि कहता है, इसी कारण; मौन नहीं रहता, मुनि कहता है। अनुकरण कर रहा है। महावीर को मौन से ज्ञान उपलब्ध था, तो उसने अपने नाम के सामने मुनि लगा रखा था—मुनि नथमल, मुनि तुलसी, मुनि फलाँ-ढिंका! अब कोई मुनि लिखने से थोड़े ही ज्ञान होगा। अब कहानी पता हो गई। अब तो तुम बारह वर्ष भी मौन रहो तो धोखा होगा। महावीर ने किसी का अनुकरण न किया था। यह सहज आविर्भाव था। यह भीतर का स्वभाव था। इससे बात उठी थी।

महावीर नग्न हो गए, तो न मालूम कितने लोग महावीर के पीछे नग्न खड़े हो गए हैं। महावीर की नग्नता में एक निर्दोषता थी, उनकी नग्नता में अनुकरण है। अनुक्रण असत्य है। सत्य होने की जरूरत है। अन्यथा तुम कोई-न-कोई झूठ में पड़ जाओगे। तुम झूठ हो, झूठ से बच न सकोगे। तुमसे झूठ का धुआँ ही उठता रहेगा। सच कैसे तुम हो जाओगे?

सच होने का एक ही उपाय है, और वह उपाय है कि तुम इस जगत् में दिखावे की आकांक्षा छोड़ दो। सब झूठ उससे पैदा होता है। तुम इस जगत् में वही हो रहो, जो तुम हो : बुरे तो बुरे, भले तो भले, चोर तो चोर, ईमानदार तो ईमानदार, साधु तो साधु, असाधु तो असाधु। तुम जो हो, तुम परमात्मा के सामने और संसार के सामने अपने को वैसा ही छोड़ दो। कह दो : यही मेरा होना है। यही परमात्मा ने मुझे चाहा है। जैसी उसकी मर्जी वैसे रहूँगा। अपना अब क्या करने को बचा?

तुम अगर बिलकुल निष्कपट भाव से अपने को ऐसा ही खोल दो जैसे तुम हो, तुम्हारे जीवन से असत्य विदा हो जाएगा। असत्य पैदा होता है दिखावे

की भावना से, प्रदर्शन से। असत्य इस बात की कोशिश है, जो मैं नहीं हूँ, वैसा तुम्हें दिखाई पड़ूँ; जो मैं नहीं हूँ वैसा लोग मुझे मानें; जो मेरी प्रतिमा नहीं है, वह लोगों के मन में मेरा आदर्श हो।

नहीं, तुम जैसे हो, जहाँ हो, वैसा ही खोल दो। रत्ती-भर यहाँ-वहाँ डोलने, डावाँडोल होने की जरूरत नहीं है।

तुम यहाँ की प्रशंसा पाने नहीं आए हो और न किसी से प्रमाण-पत्र इकट्ठा करने। तुम यहाँ किसी की अपेक्षाएँ भी पूरा करने को नहीं हो। यहाँ तुम स्वयं होने को हो। बस स्वयं हो रहो। फिर जो हो...। और तुम अचानक पाओगे : तुम उठने लगे और ढंग से, बैठने लगे और ढंग से, बोलने लगे और ढंग से, देखने लगे और ढंग से—तुम्हारा सारे जीवन का ढंग बदल गया!. तुम्हारा ढंग तुम्हारा आचरण बदल जाएगा।

कहावत ठीक ही है कि बारह वर्ष कोई सत्य-भाषण करे तो मुक्त हो जाएगा। लेकिन बारह वर्ष क्या, बारह दिन भी सत्य-भाषण करना असंभव है। इसलिए कहावत यह कह रही है कि तुम सत्य हो जाओ तो ही सत्य-भाषण कर सकोगे। और जो सत्य हो गया, वह बारह वर्ष बाद मुक्त नही होता; वह सत्य होते ही मुक्त हो जाता है। क्योंकि सत्य और मोक्ष एक ही सिक्के के दो पहलू हैं।

आखिरी प्रश्न : *दुःख के बारे में जब आप बोलते हैं, तब मुझे तथा अन्यों को भी ऐसा लगता है कि यह तो मेरे जीवन का दुःख है, उसे भगवान ने कैसे जान लिया! साथ ही मन में उठने वाले संदेहों और प्रश्नों का समाधान भी आप-ही-आप प्रवचन से मिल जाता है। कृपया बताएँ कि इसका रहस्य क्या है?*

पहली बात : तुम्हारा दुःख और दूसरों का दुःख अलग-अलग नहीं है। मनुष्यमात्र का दुःख एक है। थोड़ी-बहुत मात्राओं के भेद होंगे, थोड़े-बहुत रंग-आकार के भेद होंगे; लेकिन दुःख का स्वभाव एक है।

इसलिए जब मैं दुःख के संबंध में बोलता हूँ, तुम समझोगे तो जरूर लगेगा कि तुम्हारे ही दुःख के संबंध में बोल रहा हूँ। दुःख का स्वभाव एक है : वह तुम्हारा हो कि पड़ोसी का हो कि किसी और का हो; अतीत के किन्हीं मनुष्यों का हो या भविष्य के मनुष्यों का हो—एक ही है। दुःख का स्वभाव एक है।

ऐसा समझो कि कोई आदमी अंगारे से जल गया, कोई आदमी चिराग

जलाते हुए जल गया, कोई आदमी चकमक तोड़ रहा था और जल गया—जलन तो एक ही होगी, चकमक अलग है, चिराग अलग है, अंगारा अलग है; मगर हाथ में आग से जो जलन होती है, वह तो एक ही है। मैं जलन के संबंध में बोल रहा हूँ, चकमक के संबंध में क्या बोलना? कहाँ तुम जले, इससे क्या लेना-देना है? कैसे तुम जले, इससे क्या प्रयोजन है? तुम्हारी जलन, जलन के शुद्ध स्वभाव के संबंध में बोल रहा हूँ। इससे तुम भ्रांति में मत पड़ना कि मैं तुम्हारे दु:ख के संबंध में बोल रहा हूँ! क्योंकि अहंकार बड़ा सूक्ष्म है; वह मजा लेता है कि देखो, मेरे ही दु:ख के संबंध में बोल रहे हैं! तुम्हारे दु:ख से क्या लेना-देना? तुम्हारा मुझे पता ही कहाँ है? दु:ख के संबंध में बोल रहा हूँ। लेकिन तुमने भी दु:ख जाना है, सबने दु:ख जाना है। जब तुम आनंद जानोगे तब जो मैं आनंद के संबंध में बोल रहा हूँ, वह भी ऐसा ही लगेगा कि तुम्हारे आनंद के संबंध में बोल रहा हूँ।

तुम तो केवल निमित्तमात्र हो। जहाँ घटनाएँ घटती हैं, उन घटनाओं का स्वभाव क्या है? अगर मैं एक-एक व्यक्ति के दु:ख के संबंध में बोलूँ, तब तो बड़ा मुश्किल हो जाए; तब तो विस्तार अनंत होगा; सभी के हृदय तक पहुँच पाना असंभव होगा। दुख के संबंध में बोलता हूँ बस— सबके हृदय तक पहुँच जाता हूँ।

ऐसा समझो कि मैं सागर के संबंध में बोल रहा हूँ : हिंद महासागर ने सुना, प्रशांत महासागर ने सुना, अरब महासागर ने सुना, कि अटलांटिक महासागर ने सुना—क्या फर्क पड़ेगा? मैंने अगर कहा कि सागर का पानी खारा है, वे सभी समझेंगे कि मेरे संबंध में बोल रहे हैं। सभी सागरों का पानी खारा है। यही तो तुम्हें समझना है कि तुम्हारा दु:ख और पड़ोसी का दु:ख अलग-अलग नहीं है।

तुम मनुष्य हो : तुम्हारे होने के ढंग में थोड़े-बहुत भेद होंगे लेकिन तुम्हारी अंत:सत्ता तो एक है। तुम्हारे आँगन में जो आकाश समाया है, वही तुम्हारे पड़ोसी के आँगन में भी समाया है। तुम्हारा आँगन तिरछा होगा, तुम्हारे आँगन में साधारण गरीब आदमी की मिट्टी की दीवाल होगी, पड़ोसी का आँगन कीमती होगा, संगमरमर जड़ा होगा—पर आकाश तुम्हारे मिट्टी के आँगन में भी वही है, संगमरमर के आंगन में भी वही है। मैं आकाश के संबंध में बोल रहा हूँ, तुम्हारे आँगन के संबंध में नहीं। इसलिए तुम्हें स्वाभाविक लगेगा। इसमें रहस्य कुछ भी नहीं है, सीधा गणित है।

और स्वभावत: मैं शून्य में नहीं बोल रहा हूँ; मैं तुमसे बोल रहा हूँ; इसलिए मेरा, जिनको मैटाफिजिकल, पारलौकिक विषय कहें, उनमें मेरा कोई रस नहीं है; वह फिजूल की बकवास है। मैं तो मनोवैज्ञानिक सत्यों पर बोल रहा हूँ। मैं तो तुम्हारे संबंध में बोल रहा हूँ ताकि तुम जहाँ हो, वहाँ से ही यात्रा शुरू हो सके।

मुझे फिक्र नहीं है कि परमात्मा ने संसार बनाया कि नहीं बनाया, कि किस तारीख में बनाया, किस दिन में बनाया, कि हिंदुओं के ढंग से बनाया कि मुसलमानों के ढंग से बनाया—यह सब बकवास है। इस सबमें कोई अर्थ नहीं है। मैं कोई पागल नहीं हूँ। मेरी दृष्टि में सभी दार्शनिक पागल हैं। वे जो बोल रहे हैं, उसका कोई मूल्य नहीं है, अर्थ नहीं है।

तुम दु:खी हो, यह सत्य है। तुम हिंदू हो तो दु:खी हो, मुसलमान हो तो दु:खी हो। तुम मानते हो कि ईश्वर ने संसार बनाया तो दु:खी हो, तुम मानते हो कि ईश्वर ने बनाया नहीं संसार, ईश्वर है ही नहीं, तो भी दु:खी हो। तुम्हारे दु:ख को मिटाना है। और मेरे अनुभव में ऐसा है कि जब तुम्हारा दु:ख मिट जाएगा तो जो शेष रह जाता है, वही परमात्मा है।

परमात्मा कोई धारणा नहीं है; धारणा शून्य चित्त का अनुभव है। परमात्मा कोई सिद्धांत नहीं है कि जिसे सिद्ध करना है; परमात्मा एक प्रतीति है—आनंद की, परम आनंद की, अहोभाव की!

तो दो बातें : एक तो व्यक्ति-व्यक्ति से क्या लेना-देना है; सब व्यक्तियों के भीतर जो एक-सा है, उसी के संबंध में बोल रहा हूँ। और चेष्टा तुम्हें आकाश के सिद्धांत समझाने की नहीं है; पृथ्वी पर जहाँ तुम खड़े हो, जहाँ से तुम्हारी यात्रा शुरू होगी, उस संबंध में बोल रहा हूँ।

इसलिए स्वभावत: अगर तुमने मुझे सुना है तो तुम्हें ऐसा लगेगा कि तुम्हारे ही संबंध मे बोला हूँ, बिलकुल तुमसे बोला हूँ। यह ठीक भी है लगना। लेकिन इस कारण अहंकार को मत खड़ा करना, अन्यथा तुम्हें लगेगा कि मैंने तुम्हें कोई विशेषता दी; यहाँ इतने लोग मौजूद थे, मैं तुम्हारे दु:ख के संबंध में बोलता रहा। इस तरह अहंकार को मत बचा लेना, नहीं तो दु:ख भी न मिटेगा; क्योंकि अहंकार दु:ख की सुरक्षा है।

आज इतना ही।

प्रेम प्रसाद है

तीन

सूत्र

(क) तपि-तपि लुहि-लुहि हाथ मरोरऊँ।
बावलि होई सो सहु लोरऊँ।।
तैं सहि मन महि कोआ रोसु।
मुझु अवगुन सह नाही दोसु।।
तै सहिब की मौ सार न जानी।
जोबनु खोई पीछे पछतानी।।
काली कोइल तू कित गुन काली।
अपने प्रीतम के हउ विरहै जाली।।
पिरहि विहून कतति सुखु पाए।
जा होई कृपालु ता प्रभु मिलाए।।
विधण खूही मंधु अकेली।
ना कोई साथी ना कोई बेली।।
बाट हमारी खरी उडीणी।
खंनिअहु तिखी बहुत पिईणी।।
उसु उपरि है मारग मेरा।
सेखु फरीदा पंथु सम्हारि सवेरा।।

सलोक

(ख) जितु दिहाड़ै धनवरी साहे लए लिखाइ।
मलकु जिकंनी सुणीदा मुहु देखाले आइ।।
जिंदु निमाणी कढीए हडा कूं कड़काइ।
साहे लिखे न चलनी जिंदु कूं समझाइ।।
जिंदु बहूटी मरणु बरु लैजासी परणाइ।
आपण हथी जोलिकै कै गलि लगे धाइ।।
वालहु निकी पुरसलात कंनी न सुणीआइ।
फरीदा किड़ी पवंदई खड़ा न आपु मुहाइ।।

जीवन का प्रारंभ तो सभी का एक-सा है, लेकिन अंत नहीं। सुबह तो समान है, साँझ सबकी बड़ी भिन्न है। क्योंकि जन्म के साथ तो आता है व्यक्ति कोरे कागज की भांति; मृत्यु के क्षण जीवन की पूरी कथा लिख जाती है, कागज़ पर।

जन्म निर्वैयक्तिक है, मृत्यु वैयक्तिक। मरने के करीब पहुँचते-पहुँचते तुम्हारा एक व्यक्तित्व, तुम्हारा एक ढंग, तुम्हारी एक शैली नियत हो जाती है। जन्माता तो परमात्मा है, मरते तुम हो। आते तो कोरे हो, जाते समय बहुत भर जाते हो। उसी भराव के कारण भेद है। उसी भराव का नाम अहंकार है।

अहंकार सबके अलग-अलग हैं; आत्मा एक है। आत्मा तो उस तत्त्व का नाम है, जिसे तुम जन्म के साथ लेकर आए और अहंकार उस तत्त्व का नाम है, जिसे तुमने ही जीवन में बनाया; जिसे तुम लाए न थे, जिसे तुमने ही सँवारा-सजाया था। तुम्हें तो परमात्मा ने बनाया है, लेकिन अहंकार के निर्माता तुम हो।

तो, एक तो संसार है परमात्मा का, उसका तो तुम्हें कुछ पता नहीं; एक संसार है तुम्हारे अहंकार का, बस उसमें ही तुम जीते हो, उसी में समाप्त हो जाते हो।

अहंकार का अर्थ है तुम जान ही न पाए उसे, जो तुम थे। इसके पहले कि तुम जानते अपने कोरेपन को, तुमने लिखावट से स्वयं को भर लिया। इसके पहले कि तुम जानते निर्मलता को-चैतन्य की, तुमने बहुत कूड़ा-कबाड़ा इकट्ठा कर लिया।

इसलिए मैं फिर दोहराता हूँ : जन्मते तो सभी एक जैसे हैं, मरते सभी अलग-अलग हैं। मौत का व्यक्तित्व है; जन्म निर्वैयक्तिक निराकार शून्यता है। और इसलिए, मौत से ही पता चलता है : तुम कैसे जिए; क्योंकि मौत घोषणा है तुम्हारे पूरे जीवन की, वक्तव्य है तुम्हारे पूरे जीवन पर। मरने के क्षण में

तुम संग्रहीभूत हो जाते हो, तुम्हारा सत्तर-अस्सी साल का, सौ साल का जीवन एक क्षण में समा जाता है। उस क्षण में तुम प्रकट होते हो। जीवनभर हे तुम अपने को छिपाते रहे हो, मृत्यु के क्षण में न छिपा सकोगे; क्योंकि छिपाने का होश भी न रह जाएगा। जीवनभर चाहे तुमने धोखा दिया हो, मृत्यु के क्षण में तुम धोखा न दे पाओगे। मृत्यु तुम्हारी असलियत खोल ही देगी। मृत्यु तो बता ही देगी कि तुम क्या थे? अगर तुम धन को पकड़कर जिए थे तो हँसते हुए कैसे गिर सकोगे? क्योंकि धन तो छूटता होगा। रोओगे, जार-जार रोओगे। अगर तुम संपदा, पद-प्रतिष्ठा को सब कुछ मानकर जिए थे, मरते वक्त कैसे शांति से विदा हो सकोगे! क्योंकि तुम्हारी नाव तो छूटने लगेगी; तुम्हारी पद और प्रतिष्ठाएँ इसी तट पर खड़ी रह जाएँगी। तुम चीखोगे-चिल्लाओगे। तुम्हारा रोआँ-रोआँ तड़पेगा। तुम किनारे को पकड़ लेना चाहोगे; आखिरी टूटती साँस से भी तुम इसी किनारे से अपनी खूँटी बाँध रखना चाहोगे। तुम्हारी विदाई बड़ी विषाक्त होगी। तुम एक फूल की भाँति मुस्कराते हुए, एक सुगंध की भाँति आकाश में मुक्त न हो जाओगे। तुम्हारे जाने में रुदन होगा, विषाद होगा। तुम्हारा जाना दुखांत होगा।

लेकिन जिसने जीते-जी जान लिया कि मौत करीब है; जिसने जीते-जी जान लिया कि मरना होगा; और जिसे यह बात इतनी गइराई से समझ में आ गई कि उसने मरने के पहले ही अपने को छोड़ दिया, मरने से पहले ही मार डाला अपने को, जिसने यह जा्न लिया कि मैं वैसा ही जाऊँगा, जैसा आया था, कोरा, खाली, सब पकड़ व्यर्थ है, जो मरने से पहले फिर कोरा कागज हो गया, जिसने अपनी मौत को वैसा ही निर्विकार और शुद्ध कर लिया, जैसा जन्म था–उसका जीवन एक वर्तुल हो गया, उसके जीवन में अधूरापन न रहा, एक परिपूर्णता हो गई। उसकी विदाई बड़ी भिन्न होगी। उसकी विदाई पर सारा अस्तित्व प्रसन्न होगा; क्योंकि उसकी विदाई एक परिपूर्णता की विदाई होगी। वह रोता हुआ न जाएगा। उसके आठों पर गीत होंगे। उसके प्राणों में उल्लास होगा, आनंद होगा। वह नाचता हुआ विदा होगा। जाते समय किसी से उसकी कोई शिकायत न होगी, आशीर्वाद होंगे। इस किनारे को वह धन्यवाद दे सकेगा। इस किनारे पर इतनी देर रहा, इस किनारे पर इतनी देर सम्हाला; अब वह दूसरे किनारे के लिए विदा हो रहा है–इस किनारे के प्रति भी उसके मन में बड़ी गहन कृतज्ञता होगी। उसकी विदाई ऐसे होगी जैसे कोई फूल अपनी सुगंध को मुक्त करे। वह दुर्गंध की तरह नहीं जाएगा। और उसकी मृत्यु फिर

स्वभावत: मृत्यु जैसी न होगी, महाजीवन का प्रारंभ होगा।

तो, अगर हम सभी व्यक्तियों की मृत्युओं को बाँटना चाहें तो दो मोटी कोटियों बाँट सकते हैं—एक, अधिक लोगों की मृत्यु जिस भाँति होती है; और दूसरी, कुछ बुद्ध पुरुषों की। करोड़ में एक बुद्ध जैसा मरता है; और करोड़ जैसे मरते हैं—दो मोटे विभाजन हम कर सकते हैं। वह जो करोड़ों लोगों के मरने का ढंग है, वह ऐसा है कि उसमें एक जीवन तो समाप्त हो जाता है, दूसरे का प्रारंभ नहीं होता।

इसे तुम ठीक से समझो। यह बात थोड़ी बारीक है; और तुम्हारे खयाल में आ जाए तो तुम्हारे भीतर चेतना का एक तल ऊपर उठ जाएगा।

एक तो मौत ऐसी है—अधिक लोगों की मौत कि जीवन तो समाप्त हो जाता है, महाजीवन की शुरूआत नहीं होती, व्यक्ति अधर में टँग जाता है, सीढ़ी तो छूट जाती है। अब तक जिस सीढ़ी पर खड़े थे, वह तो छूट जाती है, नयी भूमि नहीं मिलती, जहाँ पैर को रख लें—जैसे कोई गड्ढे में गिर गया। एक द्वार तो बंद हो जाता है, जिसे अब तक पहचाना था; कोई नया द्वार नहीं खुलता, सामने दीवाल आ जाती है। एक राह तो पूरी हो जाती है, जिस पर अब तक चले थे जन्म से लेकर लेकिन कोई नयी राह शुरू होती मालूम नहीं होती। यही तो करोड़ों जनों के मरते समय की पीड़ा है। काश, नया द्वार खुल जाए तो कौन व्यथित होता है पुराने मार्ग के लिए! नई भूमि मिल जाए पैर रखने को तो कौन चीखता-चिल्लाता है, कौन पागल पीछे लौटकर देखता है!

वह जो दूसरी मौत है, बहुत थोड़े-से-गिने-चुने लोगों की—जो कि सबकी हो सकती है, लेकिन सबकी है नहीं; जिसके सभी अधिकारी हैं, लेकिन अपने अधिकार की घोषणा नहीं कर पाते; जो सभी को मिल सकती थी, लेकिन जो उसे कमा नहीं पाते, जो जीवन को यूँ ही गँवा देते हैं—उस मृत्यु में जीवन तो समाप्त होता है, महाजीवन उपलब्ध होता है। बूँद तो छूट जाती है हाथ से, लेकिन सागर हाथ में उतर आता है। रोने का प्रश्न नहीं है; महोत्सव का क्षण है! छोटा-सा क्षुद्र द्वार तो बंद होता है—जैसे कि कोई टनल में, बोगदे में चलता रहा हो—और अचानक खुला आकाश आ जाता है! कौन पागल लौटकर रोएगा! सरकते थे, घसिटते थे; छोटी राह थी, संकीर्ण मार्ग था—कीड़ों की तरह चलना पड़ रहा था; अचानक बोगदा समाप्त हुआ, खुला आकाश सामने आ गया—तारों से भरा : कौन लौटकर पीछे देखता है! एक द्वार बंद हो जाता है, नया द्वार खुल जाता है! और नया द्वार महाद्वार है! अब तक

जिसे जीवन कहा था, वह मृत्यु-जैसा मालूम पड़ता है; क्योंकि महाजीवन के समक्ष उसे जीवन कहना उचित नहीं।

श्री अरविंद ने कहा है कि जब जाना तब पाया कि जिसे जीवन कहते थे, वह तो मृत्यु थी; और जिसे अब तक प्रकाश समझा था, वह तो अंधकार का एक ढंग था; और जिसे अब तक अमृत मानकर चले थे, वह महाविष सिद्ध हुआ, जहर सिद्ध हुआ। लेकिन यह तुलना तो तभी होगी संभव, जब तुम अपने संकीर्ण द्वार से बाहर आ जाओगे।

ऐसा ही समझो कि एक बच्चा माँ के पेट में बंद है, नौ महीने तक वह उसे ही जीवन समझता है, कोई और जीवन जानता ही नहीं, वही एक-मात्र जीवन है। माँ के पेट में होना भी कोई जीवन है? ज्यादा-से-ज्यादा जीवन की तैयारी हो सकती है, जीवन नहीं। थोड़ा सोचो, अगर तुम सदा के लिए माँ के पेट में बंद हो जाते, न सूरज की किरणें तुम्हें छूतीं, न पक्षियों के गीत तुम्हें सुनाई पड़ते, न तुम्हारे जीवन में प्रेम का आविर्भाव होता, न तुम प्रार्थना से परिचित होते, न तुम जीवन के झंझावात और तूफानों में खड़े होते, न तुम सागर की लहरें जानते, न तुम्हें हिमालय के उत्तुंग शिखर दिखाई पड़ते, तुम बंद रहते एक खोल में माँ के पेट में—तो चाहे कितनी ही सुविधा रही हो, तुम थोड़ा सोचो, तुम उसे जीवन कहते? तुम उसके लिए राजी होते?

लेकिन हर बच्चा पैदा होने के पहले घबराता है—मनोवैज्ञानिक कहते हैं उसे बर्थ-ट्रामा—हर बच्चा घबरा जाता है जन्म के पहले; क्योंकि उसे तो ऐसा ही लगता है, उसकी जानकारी में ऐसा ही आता है कि यह तो मरना हो रहा है। वह और तो कोई जीवन जानता नहीं, इस माँ के पेट में बंद जीवन को ही जीवन जाना था, और उसमें सब तरह की सुविधा थी; कोई चिंता न थी, कोई बेचैनी न थी, कोई नौकरी न करनी थी, कोई बाजार न जाना था, कोई दफ्तर में काम न करना था। सब बैठे-बैठे मिल जाता था, सोये-सोये मिल जाता था। माँ का खून खून बनता था, माँ के भोजन से भोजन मिल जाता था, माँ की श्वास श्वास बन जाती थी; खुद कुछ करने की बात ही न थी। कर्म तो था ही नहीं कुछ।

बच्चा डरता है, घबराता है। और जब माँ के पेट से बच्चे को पैदा होना पड़ता है तो एक सुरंग से, एक टनल से गुजरता है। मनोवैज्ञानिक कहते हैं, इसलिए सुरंग से गुजरने में डर लगता है। और जहाँ भी तुम्हें सरकना पड़े और जगह संकीर्ण हो जाए, वहीं भय मालूम होने लगता है। क्योंकि बच्चे का जो

पहला भय है, वह सुरंग का भय है। माँ के पेट से पैदा होते वक्त जिस नली से उसे गुजरना पड़ता है, वह अत्यन्त सँकरी है; वह सब तरफ से दबोचती है, सब तरफ से प्राण उसके संकट में पड़ जाते हैं। मनोवैज्ञानिक कहते हैं कि जीवन-भर जहाँ तुम्हें फिर कहीं ऐसी स्थिति आ जाएगी, जहाँ तुम दबाए हुए अपने को अनुभव करोगे, तत्क्षण तुम्हें बर्थ-ट्रामा, वह जो जन्म की पीड़ा थी, उसका पुनः स्मरण हो जाएगा, तुम फिर घबरा जाओगे। इसलिए तो तुम्हें भीड़ में घबराहट मालूम होती है। अगर चारों तरफ से भीड़-ही-भीड़ दबोच रही हो तो तुम्हें बड़ी हैरानी मालूम होती है, बड़ी भीतर बेचैनी—जैसे गला घोंटा जा रहा हो। वह घबड़ाहट जन्म के समय बच्चे ने जो पहला अनुभव किया है, उसकी घबराहट है। बच्चे को ऐसा ही लगता है। वह मरा। और यह बिलकुल तर्कयुक्त है लगना; क्योंकि और तो कोई जीवन बच्चा जानता नहीं; जो जीवन था, उजड़ा; जिसे अब तक सुख-सुविधा मानी थी, वह मिटी।

मृत्यु भी एक सुरंग है। अगर घबड़ा गए, अगर इतने न घबड़ा गए कि बेहोश हो गए घबड़ाहट में, इतने दुखी ओर बेचैन न हो गए, जो कुछ रहा है उसके कारण कि जो मिल रहा है, वह दिखाई न पड़े—कई बार तुम्हारे हाथ से कंकड़-पत्थर छीने जाते हैं, लेकिन कंकड़-पत्थरों को तुमने हीरे-समझा था; तुम उन्हें छोड़ते नहीं, तुम मुट्ठी बाँधते हो; तुम सारी ताकत लगाते हो, कोई छुड़ा न ले—तुम्हें पता नहीं कि हीरे-जवाहरात दिए जाने की तैयारी की जा रही है। तुम्हें पता हो भी कैसे सकता है? तो तुम इतना उपद्रव मचा सकते हो कि कंकड़-पत्थर छोड़ने में कि तुम बेहोश हो जाओ; तुम इतने दुःखी हो सकते हो कि चैतन्य खो दो—फिर हीरे-जवाहरात पड़े रह जाएँगे। तुम इसी पीड़ा में पड़े रहोगे कि तुम्हारे जीवन का सब भार छीन लिया गया।

मृत्यु एक सुरंग है। जो घबड़ा गया, जो डर गया, जिसने जोर से पकड़ा, वह आगे खुलने वाले आकाश को न देख पाएगा। जो न डरा, जो न घबड़ाया, बल्कि जो उत्सुक रहा, जिसने बड़ी गहन जिज्ञासा से प्रतीक्षा की, और जिसने जाना कि यह सुरंग है, पार हो जाएगी—और जिसे मैंने अब तक जीवन कहा था, वह एक सुरंग का जीवन था, संकीर्ण था बहुत, गला घोंटा जा रहा था उसमें, कुछ मिल नहीं रहा था—उसे जैसे ही खुले आकाश के दर्शन होंगे, उसके अहोभाव की कोई सीमा नहीं! उस क्षण पता चलेगा कि जिसे जीवन कहा, वह मृत्यु थी; जिसे प्रकाश कहा, वह अंधकार था; जिसे अमृत कहा, वह जहर था। पर तुलना अभी तो नहीं पैदा हो सकती।

तो, दो तरह की मृत्युएँ हैं मोटे अर्थों में। ऐसे तो प्रत्येक व्यक्ति की मृत्यु बड़ी निजी और वैयक्तिक है। जैसे तुम्हारे हस्ताक्षर अलग हैं, ऐसे तुम्हारी मौत अलग है। जैसे तुम्हारे अंगूठे का चिंह्न अलग है, ऐसे तुम्हारी मौत अलग है। तुम्हारा जीवन तो एक है लेकिन मौत अलग है। तुम्हारा जीवन तो एक है लेकिन मौत अलग-अलग है। तुम्हारे भीतर छिपा विराट् तो एक है, लेकिन तुम्हारी क्षुद्रता अलग-अलग है। तुम्हारे भीतर का आकाश तो एक है, लेकिन तुम्हारे आँगनों की दीवाल अलग-अलग है, अलग ढंग की है।

फिर भी मोटे अर्थों में दो विभाजन हो सकते हैं और वे दो विभाजन कीमती हैं। एक तो जागे हुए व्यक्ति की मृत्यु है--जागा हुआ यानी वह, जिसने मरने के पहले मृत्यु को स्वीकार कर लिया, जो मरने से पहले मर गया। और दूसरी मृत्यु सोये हुए व्यक्ति की मृत्यु है। और तुम्हारे ऊपर निर्भर है कि तुम कैसे मरोगे; क्योंकि तुम जैसे जियोगे, वैसे ही तुम मरोगे। मृत्यु तुम्हारे सारे जीवन का सार, निचोड़, निष्कर्ष होगी, निष्पत्ति होगी। अगर तुम गलत जिए, तुम गलत मरोगे। अगर तुम सम्यक् जिए, तुम सम्यक् मरोगे। अगर तुम छोड़ते हुए जिए तो मृत्यु के पहले तुमने वह सब छोड़ ही दिया होगा, जो किनारा तुमसे छीना जाता है; तुम खुद ही छोड़कर नाव मैं बैठ गए थे, तुम तैयार ही थे कि कब पाल खुल जाए, कब इशारा मिले और नाव यात्रा पर निकल जाए।

त्याग का इतना ही अर्थ है। त्याग का अर्थ घर छोड़कर जाना नहीं, न दुकान छोड़कर भाग जाना है। त्याग का अर्थ इतना ही है कि तुम जहाँ भी हो, उससे इतना ग्रसित मत हो जाना कि जब वह छीनी जाए तो तुम पीड़ा से भर जाओ–बस! छोड़कर भागने की कोई जरूरत नहीं है, छोड़े हुए होने का भाव पर्याप्त है। तुम कैसे, कहाँ जी रहे हो–यह सवाल नहीं है; तुम्हारे भीतर की दृष्टि क्या है...। अगर तुम यह जानकर जी रहे हो कि यह सब छिन जाएगा, और इस छिनने से तुम्हें कोई पीड़ा होने की संभावना नहीं है तो तुम जहाँ भी जी रहे हो, संन्यासी हो। अगर तुम जंगल भाग गए और एक लँगोटी रख ली पास और एक झोपड़ी बना ली, और तुम्हें डर लगता है कि अगर यह छिनेगी तो मैं छोड़ न पाऊँगा, जब मौत आकर लँगोटी माँगेगी तो मेरे हाथ सरलता से खुलेंगे नहीं–तो तुम वहाँ भी संसारी हो।

संसार और संन्यास दृष्टिकोण हैं, तुम्हारे भीतर की बड़ी आत्यंतिक भावदशाएँ हैं।

जो व्यक्ति संन्यासी की तरह जीया, उसकी मृत्यु महाजीवन का द्वार

बन जाती है। जो व्यक्ति संसारी की तरह जीया, उसकी मृत्यु में, सिर्फ जीवन का अंत तो हो जाता है, नए जीवन का आविर्भाव नहीं होता। पुराना दीया बुझ जाता है, नया सूरज उगता नहीं। सब जाना-माना खो जाता है और अपरिचित का अवतरण नहीं होता। हाथ से कंकड़-पत्थर तो छूट जाते हैं—जिन्हें हीरे-जवाहरात समझा था—और हीरे-जवाहरात हाथ में आते नहीं। इसलिए मृत्यु ऐसे व्यक्ति की बड़ी विडंबना हो जाती है।

ये दो मृत्युएँ खयाल में रखें, फरीद के वचन समझ में आ सकेंगे।

विरह-ज्वर से मेरा अंग-अंग जल रहा है। और मैं अपने हाथों को मरोड़ती हूँ। प्रीतम से मिलने की लालसा ने मुझे बावली बना दिया है—

'तपि-तपि लुहि-लुहि हाथ मरोरऊँ।
बावलि होइ सो सहु लोरऊँ।।

इसके पहले फरीद ने कहा था कि एक ऐसी घड़ी आती है, जब आशिक माशूक हो जाता है; एक ऐसी घड़ी आती है प्रेम के ज्वार की, जबकि प्रेमी प्रेयसी हो जाता है। अब ये सारे वचन फरीद प्रेयसी की भाँति कह रहा है। अब परमात्मा प्रीतम है, फरीद प्रेयसी है। परमात्मा पुरुष है, फरीद स्त्री है। ये उस घड़ी के बाद के वचन हैं, खयाल रखना; अन्यथा तुम्हें हैरानी होगी कि फरीद अचानक स्त्री के ढंग से क्यों बोलने लगा!

मैंने तुम्हें कहा कि जब तुम परमात्मा के प्रेम में शुरू-शुरू में उतरते हो, तब तुम्हारा प्रेम भी आक्रामक होता है; तुम इस तरह जाते हो जैसे परमात्मा पर कोई आक्रमण बोल दिया हो, धावा बोल दिया हो; तुम्हारी प्रार्थना भी आक्रामक होती है, तुम्हारी पूजा भी आक्रामक होती है। स्वाभाविक है। लेकिन जैसे-जैसे तुम्हें पूजा और प्रार्थना का आनंद मिलना शुरू होता है ओर जैसे-जैसे तुम्हें यह समझ में आता है कि मेरे आक्रमण का भाव ही मेरी पूजा की कमी है, मेरे आक्रमण का भाव ही मेरी प्रार्थना का दंश है; जैसे-जैसे तुम्हें समझ में आता है कि आक्रमण के अभाव के कारण ही मेरे पूजा के दिये से अँधेरा निकलता है, प्रकाश नहीं निकलता; आक्रमण के भाव के कारण मेरा अहंकार मजबूत बना है, पूजा होगी कैसे? प्रार्थना होगी कैसे? प्रार्थना होगी कैसे? मेरा अहंकार मुझे मंदिर के भीतर आने कैसे देगा?

मंदिर के भीतर तो तभी प्रवेश होता है, जब तुम अहंकार को वहीं रख आते हो, जहाँ तुम जूते उतार आते हो; वहीं छोड़ आते हो अहंकार को।

बंगाल में एक पुरानी बाउलों की कथा है कि एक व्यक्ति वृंदावन की

यात्रा को गया। बाउल भक्तों के लिए वृंदावन परमात्मा का घर है, वह बैंकुठ है। यह सब छोड़ दिया है इसने, सब त्याग कर दिया; क्योंकि उस परमात्मा के घर तक जाने में क्या ले जाया जा सकता है! परमात्मा के घर की यात्रा तो ऐसे हैं जैसे कोई पहाड़ पर चढ़ता है, जैसे-जैसे ऊँचाई बढ़ती है वैसे-वैसे बोझ कम करना पड़ता है; क्योंकि जितनी ऊँचाई बढ़ने लगती है, उतना बोझ ज्यादा बोझ मालूम होने लगता है। ऊँचाई पर चढ़ना हो तो बोझ कम करते जाना है। जब कोई गौरीशंकर के शिखर पर पहुँचता है तो सभी बोझ छूट जाता है, अकेला ही खड़ा होता है।

तो वृंदावन आते-आते उसने सब त्याग कर दिया, कुछ भी न बचा; सिर्फ एक जोड़ी कपड़ा रह गया—पहना हुआ, और एक जोड़ी कपड़ा रह गया—स्नान करके बदलने को। वह भी इसीलिए बचा लिया कि वृंदावन के मंदिर में बिना स्नान कैसे प्रवेश हो सकेगा? तो एक छोटी-सी पोटली, जिसमें एक जोड़ी कपड़ा, बस यही कुल सामान रह गया। वह भी स्नान की दृष्टि से ही बचाया था। वह भी कोई अपने शरीर को सजाने का सवाल न था—लेकिन परमात्मा के मंदिर में बिना स्नान के कैसे प्रवेश करूँगा! वह द्वार पर खड़ा हो गया मंदिर के, लेकिन द्वारपाल ने दोनों हाथ से उसे द्वार पर रोक दिया, और कहा : भीतर न जा सकोगे। भीतर तो वही जाता है, जिसके पास कुछ भी न हो।

वह बाउल हँसने भी लगा, रोने भी लगा। उसने कहा : तुम भी पागल मालूम होते हो! मेरे पास क्या बचा है? एक पोटली है, इसमें एक जोड़ी कपड़ा सिर्फ है। वह भी मेरे लिए नहीं है, वह भी इसलिए कि मंदिर में बिना स्नान किए कैसे जा सकूँगा! मेरे पास कुछ भी नहीं है, इसलिए तुम्हारी बात पर हँसी भी आती है। और तुम्हारी बात से रोता भी हूँ कि अगर तुमने भीतर न जाने दिया तो अब क्या होगा? इसी एक आशा से तो चलता रहा हूँ।

उस द्वारपाल ने कहा कि तुम्हारी पोटली में अगर कपड़े ही होते तो हम जाने देते; बड़ा सूक्ष्म अहंकार छिपा है। यह बिना स्नान किए तुम कैसे जाओगे—यह भी परमात्मा का सवाल नहीं है! परमात्मा तो तुम्हें बिना स्नान किए ही स्वीकार कर लेगा। उसके लिए तो तुम सद्यःस्नान हो, स्नान किए हुए ही हो। उसके लिए कुछ अपवित्र कभी कुछ हुआ ही नहीं है। लेकिन तुम बिना स्नान किए कैसे जाओगे! तुम और बिना स्नान किए जाओगे! मंदिर के द्वार तब तक नहीं खुल सकते, जब तक तुम अपने अहंकार को बाहर नहीं

छोड़ आते हो।

अगर स्नान का भाव तक अहंकार हो सकता है तो तुम्हारी पूजा, तुम्हारी प्रार्थना, तुम्हारी अर्चना, तुम्हारी गीता, तुम्हारी कुरान, तुम्हारी बाइबिल—बाइबिल, कुरान, गीता से तुम्हें कुछ लेना नहीं है—तुम्हारा! पूजा-अर्चना के तुम्हारे ढंग, विधियाँ, शैलियाँ! ये भी नहीं! तुम्हारा भगवान!

किसी का कृष्ण भगवान है, किसी का महावीर, किसी का बुद्ध। जो बुद्ध को भगवान मानता है, कृष्ण के सामने सिर नहीं झुकाता। अपने-अपने भगवान के सामने लोग सिर झुकाते हैं। ऐसा हर किसी, ऐरे-गैरे-नत्थूखैरे के भगवान के सामने सिर झुका देंगे!

मैं बहुत वर्षों तक जबलपुर में रहा। वहाँ एक बार गणपति विसर्जन के समय एक बड़ी झंझट हो गई। नियम था कि जब भी गणपति विसर्जित होते तो जो शोभायात्रा निकलती, उसमें ब्राह्मणों के माहल्ले के गणेश सबसे आगे, फिर क्रमशः और लोगों के गणेश होते। एक वर्ष ब्राह्मणों के गणेश को आगे आने में थोड़ी देर हो गई। और जुलूस को तो समय पर निकलना था, क्योंकि समय पर उसे कहीं पहुँचना था, विजर्सन के लिए। इसलिए जुलूस तो समय पर निकल गया, ब्राह्मण बाद में पहुँचे। बड़ा उपद्रव मच गया। और बीच रास्ते में उन्होंने जुलूस रुकवा दिया और जो बात हुई, वह बड़े मजे की थी। वह आदमी के संबंध में बड़ी खबर देती है। हुआ यह कि चमारों के गणेश आगे हो गए। अब चमारों के गणेश की कोई हैसियत! तो ब्राह्मणों ने कहा : हटाओ चमारों के गणेश को पीछे! अपनी-अपनी हैसियत से रहना ठीक है। देर भले हो जाए, लेकिन गणेश तो ब्राह्मणों के ही आगे होंगे।

गणेश भी चमारों और ब्राह्मणों के अलग-अलग हैं! वहाँ भी ब्राह्मण का अहंकार है!

तुम अपने भगवान के सामने झुकते हो। इसका मतलब हुआ कि तुम अपने ही सामने झुकते हो, तुम किसी के सामने नहीं झुकते। यह तुम्हारा भगवान तुम्हारे ही अहंकार की पूजा है। अन्यथा तुम झुकते; क्या लेना-देना था कि मस्जिद होती कि मंदिर होता कि चैत्यालय होता कि गुरुद्वारा होता—क्या फर्क पड़ता था? तुम्हें झुकने में अगर मजा आ गया होता तो तुम कहते, चलो मस्जिद के बहाने झुक जाएँ यहाँ, वहाँ मंदिर के बहाने झुक जाएँगे—क्योंकि जहाँ जितना मौका मिल जाए झुकने का उतना अच्छा है; क्योंकि उतने ही टूटने की सुविधा है, उतनी ही प्रार्थना बनेगी, उतना ही प्रार्थना में से दुर्गंध हट

जाएगी।

लेकिन नहीं, लोग अपनी ही पूजा कर रहे हैं। तुमने कृष्ण की प्रतिमा में अपने अहंकार को ही बिठा लिया है और तुमने महावीर में भी अपने को ही खड़ा कर लिया है। यह तो दूर की बात है, मैं एक गाँव में ठहरा। वहाँ एक जैन मंदिर है, उस पर झगड़ा चलता है। वर्षों से मुकदमा है, लट्ठबाजी हो गई। अहिंसक हैं और लट्ठबाजी होती है। दो दल हैं श्वेतांबरों के, दिगंबरों के। दोनों में लट्ठबाजी हो गई। हालत यहाँ तक हो गई कि पुलिस को उनके भगवान पर ताला लगा देना पड़ा। मैंने पूछा कि तुम दोनों अहिंसक हो! उन्होंने कहा कि अहिंसक होना ठीक है, लेकिन जब भगवान की रक्षा का सवाल हो तो चाहे जान रहे कि जाए...मर जाएँगे, मिटा देंगे, मगर भगवान का सवाल है! मैंने उनको कहा : मैंने तो सुना है कि भगवान तुम्हारी रक्षा करता है; तुम कब से भगवान की रक्षा करने लगे? और अगर तुम्हारे हाथ में भगवान की रक्षा पड़ जाएगी तो भगवान बड़ी मुसीबत में पड़ेगा। तुम अपनी नहीं कर पा रहे हो रक्षा, इसलिए तो भगवान की तलाश है। अभी तुमने और उलटा उपद्रव ले लिया। खोजने गए थे रक्षक को और तुम खुद रक्षक हो गए।

और झगड़ा क्या है? झगड़ा ऐसा बचकाना है कि सिर्फ धार्मिक अंधों को दिखाई नहीं पड़ता। जिनके पास जरा-सी भी समझ की आँख है, उनको तत्क्षण दिखाई पड़ जाएगा, हँसी आएगी कि यह कोई झगड़ा है!

झगड़ा यह है कि श्वेतांबर महावीर की मूर्ति की पूजा करते हैं–उसी मूर्ति की, जिसकी दिगंबर करते हैं, कोई खास भारी फर्क नहीं है, जरा-सा फर्क है–वह फर्क यह है कि श्वेतांबर खुली आँख वाले महावीर की पूजा करते हैं। और दिगंबर बंद आँख वाले महावीर की पूजा करते हैं। दिगंबर कहते हैं कि तीर्थंकर तो बंद आँख किए ध्यानस्थ खड़े हैं, अंर्तमुखी हैं, यह खुली आँख तो बहिर्मुखता का लक्षण है। श्वेतांबर कहते हैं कि जिसने अपने को जान ही लिया, वह किसलिए आँख बंद किए खड़ा है? अब तो आँख खोल सकता है वह। यह तो साधक की बात है कि आँख बंद करे और ध्यान करे, सिद्ध की तो आँख नहीं। सिद्ध की तो खुल गई, अब क्या है? आँख ही खुल गई–अब बंद करने का कहाँ सवाल है? यह तो रास्ते पर चलने वालों की बात है।

यह झगड़ा है।

तो एक ही मंदिर में पूजा करते हैं, एक ही प्रतिमा की पूजा करते हैं;

लेकिन समय बाँध दिए हैं; बारह बजे तक दिगंबर पूजा करेंगे—तो बंद आँख भगवान की। अब पत्थर की मूर्तियाँ हैं, उनकी आँखें इतनी सरलता से खोली नहीं जा सकतीं, तो ऊपर से झूठी आँखें चिपका देते हैं, ऊपर से फिक्स कर देते हैं; जैसे तुम चश्मा लगा लेते हो ऐसा ऊपर से लगा देने वाली आँखें हैं। श्वेतांबर जब पूजा करते हैं, वे आँखें अलग कर दी जाती हैं। कभी-कभी ऐसा हो जाता है कि दिगंबरों की पूजा में जरा देर हो गई और श्वेतांबर पहुँच गए तो लट्ठबाजी हो जाती है कि हटाओ, अब भगवान की आँखें खुलने का वक्त आ गया! इस पर मुकदमे चलते हैं, मारपीट हो जाती है।

पर थोड़ा सोचो, तुम्हें महावीर से लेना-देना है? अगर तुम्हें महावीर से लेना-देना होता तो ये दोनों आग्रह गलत हैं। न तो महावीर ने चौबीस घंटे आँखें बंद की होंगी और न महावीर ने चौबीस घंटे आँखें खोली होंगी; झपकते होंगे; कभी बंद भी करते होंगे, कभी खोलते भी होंगे, रात सो जाते होंगे तो आँख बंद करके सोते थे। दिन जगते थे तो आँख खोलकर ही चलते थे रास्तों पर, भिक्षा माँगने जाते थे। आँख जैसी आँख थी, जैसी तुम्हारी आँख झपकती है। जिंदा आँख झपकती है, मुर्दा आँख रुक जाती है—बंद तो बंद, खुली तो खुली। तुम मरी हुई आँख को पूज रहे हो। जिंदा आँख को पूजते तो तुम कहते, दोनों ही घटनाएँ घटती हैं, दोनों ही सही हैं। कुछ चुनाव नहीं है। जैसे नदी के दो किनारे होते हैं ऐसे चेतना की अंतर्मुखता और बहिर्मुखता है। जैसे श्वास भीतर आती है, बाहर जाती है, ऐसे ही चेतना भी भीतर जाती है, बाहर आती है। जिसने दोनों के मध्य अपने को साध लिया, वही सिद्ध है। जो एक में जकड़ गया, वहीं पंगु है।

लेकिन तुम्हारे भगवान वस्तुत: भगवान नहीं हैं; तुम्हारे हैं, इसलिए भगवान हैं। भगवान होने के कारण तुम्हारे होते तो बात और होती; तब तो तुम्हें मस्जिद में भी पहचान में आ जाते, जहाँ कोई मूर्ति न थी। तुम कहते, भगवान निराकार हैं। कृष्ण के मंदिर में जाते तो तुम कहते, भगवान यहाँ बाँसुरी बजा रहे हैं। महावीर के मंदिर में जाते तो तुम कहते, भगवान यहाँ ध्यान कर रहे हैं। तुम्हें भगवान ही दिखाई पड़ता। लेकिन तुम्हारा 'मैं' भगवान को नहीं देखता, न देखने का कोई सवाल है; वह अपने भगवान को देखता है। वह ठीक देख लेता है : अपने ही हैं? कहीं धोखा-धड़ी तो नहीं? तब झुकता है।

तुम अपने ही अहंकार के सामने झुकते हो। अच्छा होता—तुम क्यों व्यर्थ की मूर्तियाँ बनाते हो?—तुम आईना लगा लो घर में, उसी में अपने को

देखो, अपना रूप निहारो, पूजा के थाल सजाओ, आरती उतारो। वह कम-से-कम सच्चाई तो होगी; तुम्हारे संबंध में कम-से-कम झूठ तो न होगी। और उसमें एक फायदा है, और वह फायदा यह है कि बहुत मर्तियों की जरूरत न रहेगी; तुम जब उतारो मूर्ति की पूजा तब तुम रहोगे; तुम्हारी पत्नी उतारे तब वह रहेगी, तुम्हारा लड़का उतारे, तब वह रहेगा—एक दर्पण सभी के लिए मंदिर का काम दे देगा। हिंदू आ जाए तो हिंदू, मुसलमान आ जाए तो मुसलमान, चोटी बाँधे हुए हो तो चोटी, चोटी न हो तो बिना चोटी—कम-से-कम दर्पण तुम्हीं को बताता रहेगा। मूर्तियों ने तुम्हें धोखा दे दिया है, लेकिन हैं वे तुम्हारी ही मूर्तियाँ।

यह जो फरीद कहते हैं कि ऐसी घड़ी आई...ऐसी घड़ी आती है भक्त के जीवन में, जब आक्रमण बिलकुल खो जाता है।

आक्रमण यानी अहंकार।

अहंकार शुद्धतम आक्रमण है। जब तक तुम्हारे भीतर अहंकार है, तब तक तुम अहिंसक न हो सकोगे; तक तक तुम्हारी अहिंसा में हिंसा ही छिपी होगी; तब तुम अहिंसा के नाम पर भी हिंसा करते रहोगे, तुम्हारी हिंसा बड़े सुंदर रूप सँवार लेगी। भीतर तो भयंकर कुरूपता होगी, ऊपर से अहिंसा के वस्त्र हो जाएँगे।

नहीं, अहंकार के रहते कोई अहिंसक नहीं हो सकता। और अहंकार के रहते जब अहिंसक ही नहीं हो सकते तो प्रेमी क्या खाक हो सकोगे? अहिंसक का तो कुल इतना ही मतलब होता है कि दूसरे को दु:ख न देंगे; प्रेमी का मतलब होता है, दूसरे को सुख देंगे। जब अहिंसक ही नहीं हो सकते तो क्या खाक प्रेमी हो सकोगे? प्रेम तो अहिंसा की पराकाष्ठा है। अहिंसा तो प्रेम की शुरूआत है—क, ख, ग, बिलकुल प्रारंभ है बारहखड़ी का। अहिंसा का तो मतलब है, हम कम-से-कम दूसरे को दु:ख न देंगे; इतना तो हम नहीं कह सकते कि हम सुख दे सकेंगे, इतना अभी हमें हम पर भरोसा नहीं—लेकिन इतना हम कह सकते हैं कि दुख न देंगे। अहिंसा निषेधात्मक है। फिर दूसरे कदम पर चेष्टा करेंगे; जब दु:ख न देंगे—ऐसी घड़ी आ जाएगी, तो फिर सुख देने की संभावना खुलती है—तो फिर हम सुख देंगे।

अहंकार न तो अहिंसक होने देता है, प्रेमी तो कैसे होने देगा? भक्त होने का तो कोई उपाय ही नहीं; क्योंकि भक्ति तो प्रेम से भी ऊपर है। अहिंसक कहता है, दूसरे को दुख न देंगे; हिंसक कहता है, दूसरे को दुख देने

में ही सुख है। अहिंसक कहता है, दूसरे को दुख न देने में सुख है। प्रेमी कहता है, दूसरे को सुख देने में सुख है। और भक्त कहता है, दूसरा दूसरा न रह जाए, मेरा न रह जाए, पराया पराया न रह जाए—तब सुख है।

भक्ति परम स्थिति है; वह आखिरी बात है। उससे ऊपर फिर कोई ऊँचाई नहीं। वह अंतिम आकाश है।

फरीद कहते हैं : ऐसी घड़ी आती है भक्त की, जब आक्रमण चला जाता है; जब वह ऐसे नहीं जाता मंदिर की तरफ जैसे कुछ छीनने जा रहा हो; ऐसे नहीं जाता मंदिर की तरफ जैसे भगवान से कोई शिकायत कर रहा हो कि इतनी देर से प्रार्थना कर रहा हूँ, अभी तक नजर न हुई, इस तरफ कब देखोगे! नहीं, वह मंदिर ऐसे जाता है—शिकायत की तरह नहीं, अहोभाव की तरह कि जो दिया है वह जरूरत से ज्यादा है; मेरी कोई योग्यता न थी और दिया है; मेरी कोई पात्रता न थी और तुम बरसाए चले जाते हो; तुम रोज मेघ बनाये चले जाते हो; तुम अमृत गिराए चले जाते हो; तुम यह भी फिक्र नहीं करते कि मेरा पात्र सीधा रखा है कि उलटा रखा है, मेरे पात्र में सम्हालता है कि नहीं सम्हालता है! तुम औघड़दानी हो! तुम दिए ही चले जाते हो; इसकी फिक्र ही नहीं करते कि दूसरों को चाहिए भी, अभी अक्ल भी है लेने की या नहीं! तुम लुटाए जाते हो!

इसका धन्यवाद देने जब भक्त जाने लगता है, तब उसके जीवन में स्त्रैण भाव आता हैं; तब वह सिर्फ स्वीकार की अवस्था में होता है, आक्रमण की नहीं। वह कहता है : तुम जो दे दोगे, ले लेंगे और नाचेंगे। तुम जो न दोगे, समझ लेंगे कि हमारे लिए खतरा था। तुम्हारे न देने को समझ के नाचेंगे। तुम हमारे नाच को रोक न सकोगे अब! बरसोगे तो नाचेंगे, न बरसोगे तो नाचेंगे; क्योंकि अब हम जानते हैं कि तुम्हारे हाथों में छोड़ दिया, तब तुम जहाँ ले जाओगे!

एक तो वृक्ष है : अपने सहारे खड़ा होता है; एक लता है : वृक्ष के सहारे कंधे पर टिककर खड़ी होती है। एक तो पुरुष है : अपने सहारे खड़ा होता है वृक्ष की भाँति। एक स्त्री है : लता की भाँति वह पुरुषों के कंधे का सहारा लेकर खड़ी होती है, अपने से तो गिर जाएगी।

जब तक तुम्हारी प्रार्थना तुम्हारा संकल्प है तक तक पुरुष; जब तुम्हारी प्रार्थना समर्पण है, तुम लता की भाँति हो गए कि तुमने परमात्मा पर ही अपने को सौंप दिया कि अब तू सम्हालेगा तो सम्हलेंगे, तू गिराएगा तो समझेंगे कि

गिरने में ही हित है; अब तेरी मर्जी! जैसा दादू कहते हैं : तू जैसा रखेगा वैसा रहेंगे! जैसा जीसस ने कहा, तेरी मर्जी पूरी हो!

जहाँ मेरी मर्जी नहीं रह जाती, जहाँ मैं नहीं रह जाता—वहीं स्त्रैण चेतना काम करना शुरू कर देती हैं। भक्ति के मार्ग पर पुरुष भी स्त्रैण हो जाते हैं।

रामकृष्ण के जीवन में ऐसा उल्लेख है। पता नहीं, रामकृष्ण को फरीद का पता भी था या नहीं; अगर पता होता तो रामकृष्ण उसके लिए सबसे बड़े गवाह हो जाते। इसकी कोई कहानी नहीं है कि फरीद के जीवन में यह तो क्रांति घटी, जब वह अपने को समझने लगा प्रेयसी, तब उसके शरीर में भी कुछ हुआ या नहीं; चेतना में तो हुआ यह पक्का है, लेकिन शरीर में भी कुछ हुआ या नहीं, यह पक्का नहीं है। रामकृष्ण के तो जीवन में ऐसी घटना घटी, जो इतिहास में अनोखी है; उनका शरीर भी स्त्रैण होने लगा था। जब उन्होंने भक्ति की गहन साधना की तो स्तन बड़े हो गए। जब उन्होंने भक्ति की और प्रगाढ़ साधना की तो उनकी चाल बदल गई; वह स्त्रियों जैसे चलने लगे, जो कि चमत्कार है। क्योंकि बड़ा कठिन है किसी पुरुष को स्त्री-जैसा चलना। क्योंकि सवाल चलने का नहीं है, सवाल भीतर की हड्डियों के ढाँचे का है। स्त्री के पेट में तो गर्भ की जगह है; उस जगह के कारण उसकी चाल अलग है। पुरुष के पेट में गर्भ की तो कोई जगह नहीं है, इसलिए उसकी चाल भिन्न है। दोनों की हड्डियों का ढाँचा अलग है। स्त्री दौड़ नहीं सकती पुरुष-जैसा। वह दौड़ेगी भी तो तुम दूर से कह सकते हो कि स्त्री है।

रामकृष्ण स्त्रियों-जैसा चलने लगे। और बात यहीं रुक जाती तो ठीक थी; बात आखिरी कदम पर पहुँच गई, जो कि इतिहास में कभी भी जिसका उल्लेख नहीं; हुआ तो होगा बहुत बार, शायद बात छिपा ली गई, क्योंकि भरोसे की भी नहीं है। कौन भरोसा करेगा? रामकृष्ण को मासिक धर्म शुरू हो गया। भाव इतना गहनता से स्त्रैण हो गया—निश्चित ही आशिक माशूक हो गया। पुरुष का भाव ही न रहा। आवाज बदल गई। कंठ स्त्रैण हो गया। मगर यह सब हो सकता है : कंठ भी स्त्रैण हो सकता है, क्योंकि माधुर्य का भाव आ जाए तो हो सकता है। लेकिन मासिक धर्म का शुरू हो जाना—जैसे शरीर ने पूरा रूपांतरण कर लिया; जैसे शरीर के भीतर के हारमोन भी चेतना के रूपांतरण हो गए और बदल गए।

इसलिए फरीद अब ऐसी बात कर रहा है जैसे वह प्रेयसी है।

'तपि-तपि लुहि-लुहि हाथ मरोरऊँ।'

अब स्त्री क्या कर सकती है और? हाथ मरोड़ती है, जलती है।

विरह से मेरा अंग-अंग जल रहा है, और मैं अपने हाथों को मरोड़ती हूँ।

पुरुष होता तो हमला कर देता। हाथ मरोड़ना स्त्रैण है। अगर तुम पुरुष को हाथ मरोड़ते देखो तो तुम समझोगे कि कुछ गड़बड़ है। या कुछ करना है तो हाथ चलाओ, मरोड़ क्या रहे हो? मरोड़ने का मतलब है चलने का भाव नहीं है। कुछ समझ में नहीं आता, क्या करें? बड़ी बेबूझ दशा है। करने का भी मन होता है और यह भी समझ में आता है कि करने से क्या होगा! उसकी कृपा होगी तो होगा! तो ऐसी दशा में हाथ मरोड़ना बड़ा ठीक प्रतीक है।

विरह-ज्वर से मेरा अंग-अंग जल रहा है, और मैं अपने हाथों को मरोड़ती हूँ।

करने को कुछ बचा नहीं। करना गिर गया। अब कोई उपाय नहीं है। प्रतीक्षा करती हूँ, हाथ मरोड़ती हूँ, राह देखती हूँ। आओगे, तब आओगे। जब आने की तुम्हारी मर्जी होगी, तभी आओगे। मेरे किए कुछ हो नही सकता। मैं द्वार पर खड़ी हूँ, दरवाजा खुला रखा है। सेज तैयार रखी है, तुम आओगे तो विश्राम की तैयारी है! तुम्हारे लिए भोजन बना रखा है। लेकिन अब मैं और क्या कर सकती हूँ? दौड़-दौड़ आ जाती हूँ द्वार पर, हाथ मरोड़ती हूँ!

अंग-अंग जल रहा है ज्वर से।

इसे थोड़ा समझो। जिस जीवन में प्रेम नहीं है, उस जीवन में एक तरह का उत्ताप होता है, एक तरह का ज्वर होता है। जिस जीवन में प्रेम अवतरित होता है, एक शीतलता आ जाती है, एक ज्वर खो जाता है।

साधारण: जब तुम बुखार से ग्रस्त होते हो तो होता क्या है? बुखार है क्या? ज्वर किस घटना का नाम है? और तुम्हारा शरीर उत्तप्त क्यों हो जाता है? अगर तुम समझते हो कि शरीर का उत्तप्त हो जाना ही ज्वर है तो तुम गलत समझे, तो तुमने लक्षण को बीमारी समझ लिया। शरीर का उत्तप्त हो जाना ही लक्षण है, बीमारी तो गहरे में है।

चिकित्सक कहते हैं कि बीमारी है तुम्हारे शरीर में किसी विजातीय द्रव्य का प्रवेश, विजातीय रोगाणुओं का प्रवेश; तुम्हारे शरीर में कुछ ऐसे रोगाणु प्रविष्ट हो गए हैं, जो तुम्हारे शरीर के अणुओं से लड़ रहे हैं; एक गृह-युद्ध मचा है; तुम्हारा शरीर कुरुक्षेत्र हो गया है, एक महाभारत मचा है; तुम्हारे शरीर में अणु विजातीय अणुओं से संघर्ष कर रहे हैं। उस संघर्ष के

कारण गर्मी पैदा होती है। जैसे तुम दो हाथों को रगड़ो और गरम हो जाए; और तुम दो चकमक पत्थरों को रगड़ो और आग पैदा हो जाए; तुम दो बाँसों को रगड़ो और जंगल में आग लग जाए—ऐसे जहाँ भी रगड़ है, संघर्ष है, वहाँ उत्ताप पैदा हो जाता है। तुम्हारे शरीर के अणु विजातीय द्रव्यों से लड़ रहे हैं। जब तक उनको निकालकर बाहर न फेंक देंगे, तक शीतलता नहीं हो सकती। इसलिए बीमार कोई बुखार से हो तो उसका शरीर ठंडा करने में मत लग जाना, कि बर्फ से नहला दो, कि ठंडा कर दो तो ठीक हो जाएगा; ठीक नहीं होगा, समाप्त हो जाएगा।

बुखार बीमारी नहीं है, सिर्फ लक्षण है : भीतर युद्ध मचा है, संघर्षण हो रहा है।

जब तुम किसी की प्रतीक्षा में रत हो, जब जिसे मिलना चाहिए, वह तुम्हें नहीं मिला है, तब भी एक गहरा संघर्षण होता है। संसार में होना एक संघर्षण में होना है। संसार में होना बँटे हुए होना है। तुम अपने भीतर ही खंड-खंड हो; तुम्हारे खंड ही आपस में लड़ रहे हैं। तुम अखंड नहीं हो। तुम एक नहीं हो, तुम दो हो, तुम एक भीड़ हो; उस भीड़ में घर्षण हो रहा है; उस घर्षण का परिणाम है कि तुम उत्तप्त हो। तुम्हारी बेचैनी, तुम्हारा तनाव, तुम्हारी अशांति, उसी गहरे ज्वर के अलग-अलग रूप हैं।

'विरह-ज्वर से मेरा अंग-अंग जल रहा है, और मैं अपने हाथों को मरोड़ती हूँ। कुछ सूझता नहीं, क्या करूँ। यह मेरी दशा है विक्षिप्त-जैसी। कुछ करने को नहीं है, हाथ मरोड़ती हूँ और ज्वर से ग्रस्त हूँ।'

प्रेम ही शांति ला सकता है। प्रेम का अर्थ है उससे मिल जाना, जो हमारा स्वभाव है। प्रेम का अर्थ है उससे मिल जाना, जिससे मिलना हमारी नियति है। प्रेम का अर्थ है उसे पा लेना, जिसे पाने को हम बने हैं। प्रेम का अर्थ है बीज फूल हो जाए, तो सब शांत हो जाएगा। जब तक बीज बीज है, तब तक भीतर संघर्ष चलता ही रहेगा, क्योंकि अंकुर पैदा होना है। अंकुर भी लड़ता रहेगा, क्योंकि अभी वृक्ष बनना है। वृक्ष भी संघर्षशील रहेगा, क्योंकि कलियाँ लानी है। लेकिन एक बार फूल आ गए, फल लग गए : वृक्ष का पूरा प्राण शांत हो जाता है; जो होना था वह पूरा हो गया, अब बेचैनी का कोई कारण नहीं।

जब तक व्यक्ति परमात्मा न हो जाए, तब तक ज्वरग्रस्त रहेगा, तब तक कोई उसके ज्वर को मिटा नहीं सकता। और जो उसके ज्वर को मिटाने की

कोशिश करते हैं, वे दुश्मन हैं। क्योंकि इसका तो मतलब हुआ कि ज्वर भीतर से मिटेगा भी नहीं, ऊपर से मिटाने का धोखा भी हो जाएगा–तो व्यक्ति अपनी मंजिल से भटक जाएगा।

'विरह-ज्वर से मेरा अंग-अंग जलता है, मैं अपने हाथों को मरोड़ती हूँ। प्रीतम से मिलने की लालसा ने मुझे बावली बना दिया है। मैं बिलकुल पागल हुई जा रही हूँ।'

पागल होने से काम न चलेगा। भक्ति परमात्मा के लिए पागलपन है। पागल तो तुम भी हो, तुम संसार के लिए पागल हो। तुम उसके लिए पागल हो, जिसको पाकर भी कुछ न मिलेगा। तब तुम खुद ही सोच लो कि दोनों में कौन ज्यादा पागल है? कौन असली में पागल है? तुम ही असली में पागल हो। क्योंकि ऐसा पागलपन, जो तुम्हें अपने स्वभाव से जुड़ा देगा, भला अभी पागलपन दिखता हो, अंततः वही समझदारी सिद्ध होगी। और ऐसा पागलपन, जो अभी भला समझदारी दिखती हो कि धन कमा लो, पद कमा लो, प्रतिष्ठा कमा लो, बड़े महल बना लो, बड़ा साम्राज्य फैला दो–अभी समझदारी दिखती है, वही अंततः पागलपन सिद्ध होगी।

एक बाउल फकीर का गीत मैं पढ़ रहा था। वह परमात्मा से कह रहा है कि पागल तो हम सब हैं; कुछ तेरी तरह पागल हैं, कुछ तेरे विरोध में पागल हैं; कुछ तेरी तरफ आने को दीवाने हैं, कुछ तुझसे दूर जाने को दीवाने हैं। हे परमात्मा, तू ही बता, हम दोनों में कौन ज्यादा दीवाना है? कौन ज्यादा पागल है? क्योंकि जो तुझसे दूर जा रहा है, वह कहाँ जाएगा? वह कितने ही दूर चला जाए तो भी मंजिल तो न जाएगी। और दूर जाता रहे, और दूर जाता रहे–और जितना दूर जाएगा, उतना ही ज़्वर से भरता रहेगा। इस़लिए अभागे हैं वे लोग, जो तुम्हारे हिसाब से सफल नहीं होते, असफल हो जाते हैं। जिनको धन मिल गया और जीवन जिन्होंने गँवा दिया, उनको तुम सफल कहते हो। उनके जैसी असफलता तुम और कहाँ पाओगे? सिकंदर और नेपोलियन–इनसे ज्यादा असफल आदमी तुम कहाँ खोजोगे?

मै एन्ड्रू कारनेगी का जीवन पढ़ता था। वह अमेरिका का सबसे बड़ा अरबपति हुआ। वह मरा तो दस अरब रुपये छोड़कर मरा। मरते वक्त ऐसे ही कुतुहलवश, दो दिन पहले, जो व्यक्ति उसके सेक्रेटरी का काम करता था और उसका जीवन लिख रहा था, उससे उसने पूछा, एक दिन ऐसा पड़े-पड़े आँख खोली, और कहा : सुना लिखना बाद में, पहले एक सवाल का जवाब दो।

अगर तुम्हें परमात्मा यह चुनाव का मौका दे कि चाहो तो एन्ड्रू कारनेगी हो जाओ और चाहो तो एन्ड्रू कारनेगी के सेक्रेटरी हो जाओ, तुम दोनों में से क्या होना पसंद करोगे?

सक्रेटरी ने कहा : इसमें सोचने-विचारने का सवाल ही कहाँ है?

ऐन्ड्रू कारनेगी ने समझा कि शायद वह यह कह रहा है कि इसमें सोचने का सवाल कहाँ है; एन्ड्रू कारनेगी होना पसंद करूंगा। वह हँसने लगा। उसने कहा कि मैं समझा।

सेक्रेटरी ने कहा : आप समझे नहीं। मैं यह कह रहा हूँ कि मैं सेक्रेटरी होना ही पसंद करूंगा, एन्ड्रू कारनगी नहीं।

एन्ड्रू कारनेगी के मन में बड़ी चिंता आ गई। उसने कहा : तुम्हारा मतलब क्या? तुम क्यों सेक्रेटरी होना चाहोगे, जब तुम एन्ड्रू कारनेगी हो सकते हो?

उसने कहा : मैं सेक्रेटरी होना चाहूँगा। सुनिए—मैं आपका जीवन लिख रहा हूँ और आपके जीवन को समझने की कोशिश कर रहा हूँ। जो मैं समझ पाया उससे एक बात सिद्ध हो तो गई कि, जिनको हम सफल कहते हैं, वे सफल नहीं हैं। तुम्हारा जीवन लिखते-लिखते मुझे अपने संबंध बड़ी गहरी समझ आ गई है। जो भूल तुमने की है, वह मैं न करूँगा।

एन्ड्रू कारनेगी अपने दफ्तर सुबह नौ बजे पहुँच जाता था, चपरासी दस बजे पहुँचते, क्लर्क साढ़े दस बजे पहुँचते; मैनेजर्स बारह बजे पहुँचते, डायरेक्टर्स एक बजे पहुँचते। डायरेक्टर्स तीन बजे विदा हो जाते; फिर मैनेजर विदा हो जाते, चपरासी भी साढ़े पाँच बजे चले जाते; एंड्रू कारनेगी रात नौ बजे घर लौटता। नौ बजे से नौ बजे। चपरासियों से गई-बीती उसकी हालत थी। और घर कहीं एंड्रू कारनेगी जैसे लोग लौटते हैं? क्योंकि एंड्रू कारनेगी की पत्नी ने कहा है उसी सेक्रेटरी को कि भूल हो गई; इतने महत्त्वाकांक्षी आदमी से विवाह करने में कोई अर्थ नहीं; इससे तो बिना विवाह के रह जाना भी बराबर है। क्योंकि इतनी जिसकी महत्त्वाकांक्षा है, वह प्रेम करने के लिए समय नहीं निकाल पाता।

एन्ड्रू कारनेगी के बच्चों ने लिखा है कि हमें अपने पिता से कोई संबंध नहीं हो पाया। हम ऐसे आते-जाते नमस्कार करते रहे, बस! एक अजनबी थे वे, क्योंकि उनको फुर्सत कहाँ थी! जिसको करोड़ो-अरबों रुपए छोड़ जाना हो, उसे बच्चों के साथ समय गँवाने में कहाँ सुविधा हो सकती है!

और इस आदमी ने मरते वक्त खुद क्या कहा? मरते वक्त किसी ने कहा कि अब तो तुम तृप्त होकर मर रहे हो?–क्योंकि जमीन पर तुमसे ज्यादा धन किसी के भी पास नहीं है।

उसने आँख खोली और कहा : तृप्त! एन्ड्रू कारनेगी तृप्ति जानता ही नहीं। दस अरब रुपए छोड़कर मर रहा हूँ, लेकिन योजना सौ अरब कमाने की थी। हारा हुआ हूँ। नब्बे अरब से हारा हूँ।

यही सभी सफल लोगों की कथा है। असफलता सफल लोगों की कहानी है।

मैं तुमसे कहता हूँ : धन्यभागी हो, अगर तुम्हारे जीवन में सफलता का भूत सवार न हो।

एक मेरे मित्र हैं। एक राज्य में मंत्री हैं, कई वर्षों से मंत्री हैं; उससे आगे नहीं बढ़ पाते। मुख्यमंत्री होने की चेष्टा करते हैं, लेकिन सफल नहीं हो पाते। थोड़े भले आदमी हैं। मुख्यमंत्री होने के लिए जैसा आदमी चाहिए, उतनी बुराई नहीं है, उतने दुर्गुण नहीं हैं, उतनी शैतानी, चालबाजी नहीं है, उतना षड्यंत्र नहीं कर पाते; करते हैं, फिफ्टी-फिफ्टी करते भी हैं और भीतर से मन में भी लगता है कि गलत काम कर रहे हैं, नहीं करना चाहिए। अटक गए हैं। आदमी अच्छे हैं, इसलिए कोई पीछे नहीं धकेलता। कोई मुख्यमंत्री बनता है, उनसे कोई डर नहीं हैं। हटाते लोग उसको हैं, जिससे डर हो। वे गऊ-पुरुष हैं। किसी साँड को उनसे डर नहीं है। तो उनको हटाते भी नहीं हैं। और उनको बढ़ाए कौन? क्योंकि बढ़ना अपनी ताकत से पड़ता है; वह ताकत भी उनमें नहीं है। वे मेरे पास कई बार आते हैं। पिछली बार मेरे पास आए, कहने लगे : अब आप आशीर्वाद दे दो। बस, एक दफा मुख्यमंत्री हो जाऊँ!

मैंने कहा : आशीर्वाद कहते हो उसको कि अभिशाप? अगर आशीर्वाद तुम मुझसे माँगते हो तो एक ही दे सकता हूँ कि तुम मंत्री भी न रह जाओ, ताकि तुम आदमी बन सको। तुम असफल हो जाओ तो तुम्हें कुछ अक्ल आए। तुम मंत्री ही बनकर क्या पा लोगे? वह मुझे बताओ। तो तुम मुख्यमंत्री बनकर क्या पा लोगे? हाँ, मैं तुम्हें बताता हूँ कि मंत्री बनकर तुमने क्या-क्या खो दिया जै। मंत्री बनकर तुम और भी कुछ खो दोगे। तुम असफल हो जाओ एक बार। तुम बिल्कुल हार जाओ, टूट जाओ तो शायद तुम्हारे जीवन की यात्रा शुरू हो जाए।

नहीं, सफलता सौभाग्य नहीं है। और जिसको संसार समझदारी कहता

है, वह समझदारी नहीं है। समझदारी का कुल इतना मतलब है : बाकी सब लोग भी तुमसे सहमत हैं कि हाँ, यही समझदारी है। धन कमाओ : यह समझदारी है! गँवाओ : कौन कहेगा समझदारी है? बुद्ध को भी बुद्ध के बाप नहीं मानते कि समझदार है, बुद्धि नहीं है। बुद्ध के पिता को तो छोड़ दो, बुद्ध का सारथी, जो उन्हें जंगल छोडने गया था, उससे भी न रहा गया। उसने भी कहा कि मैं नौकर हूँ और छोटे मुँह बड़ी बात नहीं करनी चाहिए; लेकिन अब यह ऐसा मौका है कि करनी पड़ेगी। तुम नालायकी कर रहे हो। सारी दुनिया पागल है धन पाने को, राज्य पाने को, तुम छोड़कर जा रहे हो! पछताओगे, भटकोगे; और एक बार बाप नाराज हो गया और उसके द्वार बंद हो गए तो जीवन-भर तड़पोगे। अभी लौट चलो, अभी कुछ नहीं बिगड़ा है, किसी को खबर नहीं है। मैं किसी को न कहूँगा, मैं पुराना तुम्हारे घर का नौकर हूँ। तुम्हारे बाप से मेरी उम्र ज्यादा है, मेरी सुनो।

स्वाभाविक है। सारथी गरीब आदमी! उसकी आकांक्षाएँ महलों में अटकी हैं। वह यह सब बात नहीं समझ सकता कि बुद्ध को क्या पागलपन हो गया है कि सब छोड़कर जा रहा है। सुंदर तेरी पत्नी है—उसने बुद्ध से कहा—नया-नया पैदा हुआ, नवजात बच्चा है। अभी तो बगिया बस रही थी, तू उजाड़ने लगा। संन्यास भी लेना हो तो आदमी आखिरी समय लेता है। तुझे पता नहीं है (?) : धर्म, अर्थ, काम, मोक्ष—ये सब जो चार पुरुषार्थ हैं, इसकी एक श्रृंखला है। मोक्ष आखिरी है। वह तो बुढ़ापे के लिए है। जब देह जराजीर्ण हो जाती है और आदमी चलने को हो जाता है और दूसरे लोग अर्थी बाँधने लगते हैं, तब आदमी मोक्ष की चिंता करता है। जब एक कदम कब्र में उतर जाता है और दूसरा लटका होता है कि बस अब गया, अब गया—तब आदमी परमात्मा का नाम ले लेता है। और कहानी तूने नहीं सुनी (?) कि एक पापी मरा था और मरते वक्त—उसके लड़के का नाम नारायण था— और जोर से बुलाया : नारायण! और ऊपर के नारायण धोखे में आ गए। वह मर गया और मोक्ष को उपलब्ध हुआ। ऐसे आदमी मुक्त हो जाता है। ये तो अंतिम बातें हैं, आखिरी हैं। इनको अभी करने की क्या जरूरत है?

स्वभावत: बुद्ध पागल लगे होंगे।

इस जगत् में पागल होना इतना सामान्य है कि यहाँ बुद्धिमान पागल मालूम होते हैं।

पश्चिम के बहुत बड़े विचारक लुई पाश्चर ने लिखा है कि समझदारों

को मैंने इतना नासमझ पाया कि मैं मानता हूँ कि यहाँ समझदार होने का मतलब सारी दुनिया की आँखों में नासमझ होना होगा; और दुनिया इतनी विक्षिप्त न होना एक तरह की विक्षिप्तता मालूम होती है।

पागल तो परमात्मा का प्रेमी भी है। पागल धन और पद का प्रेमी भी है। जो कहता है, चलो दिल्ली, वह भी पागल है। मोक्ष की यात्रा कर रहा है, वह भी पागल है। लेकिन पागलपन पागलपन में बड़ा भेद है। तुम उस पागल को चुनना, जिससे तुम्हारी नियति पूरी हो। तुम उसके लिए दीवाने होना—क्योंकि दीवानेपन से कम में काम न चलेगा—जो तुम्हारे बीज को अंकुरित करे, जो तुम्हें वहाँ पहुँचा दे, जो तुम होने को हो; क्योंकि अन्यथा कभी शांति न मिलेगी; अन्यथा तुम्हारे जीवन में आनंद-उत्सव न आ पाएगा।

'विरह-ज्वर से मेरा अंग-अंग जल रहा है और मैं अपने हाथों को मरोड़ती हूँ। प्रीतम से मिलने की लालसा ने मुझे बाबली बना दिया है।'

'प्यारे, तू अपने मन में मुझसे रूठ गया है; सो इसमें मेरा ही दोष था, तेरा नहीं।'

यह भक्त का भाव है।

'तैं सहि मन महि कोआ रोसु।
मुझु अवगुन सह नाही दोसु।'

तु मुझसे रूठा हुआ है, यह बात पक्की है, अन्यथा मिल जाता; लेकिन यह बात भी पक्की है कि तू रूठा होगा मेरे ही किसी अवगुण के कारण, क्योंकि तू तो रूठना जानता ही नहीं।

यह भक्त का मन है, समझने की कोशिश करो।

तू रूठा है, यह बात पक्की है।

भक्त अनुभव करता है कि मैं पुकार रहा हूँ, द्वार खुले रखे हैं, तू आता नहीं, तेरे रथ के पहिए की कोई आवाज नहीं आती। भागा-भागा द्वार पर आता हूँ, पाता हूँ हवा ने थपेड़े दिए थे। सोए रात आधी रात जग जाता हूँ, लगता है कोई आया; बाहर जाकर देखता हूँ, कुछ भी नहीं। सूखे पत्ते हवा में उड़ रहे हैं। कितनी बार तेरे आने का धोखा हो जाता है, तू आता नहीं : निश्चित रूठा है। आँखें बिछा दी हैं तेरी राह पर, न नींद है, न चैन है। ज्वरग्रस्त है रोआँ-रोआँ, अंग-अंग तप रहा है। निश्चित ही तू रूठा है। इसमें कोई शक नहीं है। अन्यथा तू आ ही गया होता। लेकिन...।

और उस लेकिन में ही भक्त का पूरा हृदय है।

इसमें मेरा ही दोष था, तेरा नहीं। मैंने ही तुझे रुठा दिया है। मैं ही ऐसा गलत चलता रहा, जन्मों-जन्मों तक। मैंने ही ऐसे-ऐसे उपाए किए, तुझे पास न आने देने के। मैंने ही इतनी दीवालें बनाईं। मैं ही इतना तेरी तरफ पीठ किए रहा। तेरे सम्मुख होने के जितने उपाय थे, मैंने गँवा दिए; और तुझसे विमुख होने के जितने मार्ग थे, सबका मैंने अनुकरण किया। जानता हूँ कि आज यह कहना उचित नहीं है कि रूठ गया है; तुझे मैंने ही रुठा दिया है। रूठना तेरा गुण नहीं, तेरा धर्म नहीं। तू तो कभी का आ गया होता; लेकिन मेरे ही अनंतकाल के व्यवहार ने परदे डाल दिए हैं, आड़ें खड़ी कर दी हैं।

भक्त स्मरण भी करता है कि परमात्मा रूठा है तो भी दोषी अपने को मानता है। भक्त शिकायत भी करता है तो भी शिकायत का तीर सदा अपनी तरफ होता है।

भक्त की शिकायत ऐसी है जैसा मैंने सुना : रोजा लग्ज़मर्ग जर्मनी की एक बहुत महत्त्वपूर्ण विचारक हुई। किसी ने उसके खिलाफ अनर्गल बातें अखबारों में लिखीं। वह चुप रही, कोई जवाब न दिया। मित्र भी संदिग्ध हो गए। मित्रों ने कहा : जवाब क्यों नहीं देती हो? क्योंकि ऐसे जवाब न दोगी तो लोग समझेंगे कि सही होगा, तभी जवाब नहीं देते।

रोजा लग्ज़मबर्ग ने उन्हें कहा कि मैं छोटी थी, और मेरे पिता ने मुझे शिक्षा दी थी, जो मुझे भूलती नहीं। और वह यह थी कि जब भी तुम किसी दूसरे की तरफ निंदा की अँगुली उठाते हो, तो एक अँगुली तो दूसरे की तरफ होती है, तीन अँगुलियाँ तुम्हारी तरफ होती हैं। जब भी तुम किसी का अवगुण खोजते हो तो एक अँगुली तो उसकी तरफ होती है, लेकिन तीन अँगुलियाँ तुम्हारे अवगुणों की तरफ होती हैं।

भक्त अगर शिकायत भी करता है तो एक अँगुली परमात्मा की तरफ उठाता हो भला, लेकिन होशपूर्वक तीन अँगुलियाँ अपनी तरफ उठाता है। वह जानता है कि दोष उस तरफ नहीं हो सकता है।

'प्यारे, तू अपने मन में मुझसे रूठ गया है; सो इसमें मेरा दोष था, तेरा नहीं।'

'मेरे स्वामी, मैंने तेरे गुणों को पहचाना नहीं। मैंने अपना यौवन गँवा दिया और पीछे बहुत पछताई।'

'मुझु अवगुण सह नाहीं दोसु।
तैं साहिब की मौ सार न जानी।

जोबनु खोई पाछे पछतानी।'

जिन्होंने भी जवानी खो दी है, वे सभी पछताते हैं। क्योंकि जवानी का अर्थ है शक्ति का क्षण, जवानी का अर्थ है, ऊर्जा का क्षण। जब ऊर्जा थी, तब तुमने व्यंर्थ ही कमाने में लगा दी, और जब ज्वर उतर गया ऊर्जा का, हाथ में कुछ भी न रहा, तब तुम पूजा-प्रार्थना करने लगे! जब तक शक्ति थी, तब तक तुम संसार में दौड़ते रहे; जब दौड़ते न बना, तुम परमात्मा की तरफ चलने लगे! अशक्ति को तुम परमात्मा में लगाते हो; शक्ति को परमात्मा में लगाते नहीं हो, संसार में लगाते हो! ऊर्जा होती है तो तुम धन पाना चाहते हो, पद पाना चाहते हो; जब ऊर्जा नहीं रह जाती, तब थके-हारे तुम कहते हो : अच्छा, परमात्मा, अब तू ही सही!

'मेरे स्वामी मैंने तेरे गुणों को पहचाना नहीं। मैंने अपना यौवन गँवा दिया, पीछे बहुत पछताई।'

काली कोइल तू कित गुन काली।
अपने प्रीतम के हउ विरहै जाली।।

'री काली कोयल, तू किस कारण काली हुई? अपने प्रीतम के विरह में जलभुन कर?

और अब मैं काली हुई जा रही हूँ कोयल की तरह। अब तेरे लिए जलती हूँ, भुनती हूँ, लेकिन ताकत नहीं है; हाथ मरोड़ती हूँ। अब कोई शक्ति पास में नहीं है। शक्ति तो व्यर्थ गँवा दी। तेरे गुणों को न पहचाना। तब धन में तुझे देखा। तब कौड़ियों में तुझे खोजा और हीरे पास पड़े थे और मुझे कोई परख न थी; मेरे पास कोई जौहरी का मन न था, कोई कसौटी न थी।

काली कोइल तू कित गुन काली।
अपने प्रीतम के हउ विरहै जाली।।

'री काली कोयल, तू किस कारण काली हुई?—अपने प्रीतम के विरह में जलभुन कर?'

क्या जो दशा मेरी है, वही तेरी है? क्या तू प्यारे को गा-गाकर, पुकार-पुकारकर काली हो गई? क्योंकि मैं तो जली जा रही हूँ। आखिरी क्षण आ गए जीवन के। अब तो सिवाय जलने-भुनने के कोई उपाय नहीं रहा। अब तो यही प्रार्थना है, यही पूजा है, यही तपश्चर्या है कि रोऊँ, विरह में तड़पूँ और दीवानी हो जाऊँ।

काली कोइल तू कित गुन काली।

अपने प्रीतम के हउ विरहै जाली।

क्या जो दशा मेरी है, वही तेरी भी है?

'अपने प्रीतम से विलग होकर क्या कभी किसी को सुख मिला? उस प्रभु से मिलना उसी की कृपा से होता है।'

'पिरहि विहून कतहि सुखु पाए।
जा होई कृपालु ता प्रभु मिलाए।।'

अपने प्रीतम से विलग होने का अर्थ है, अपने से ही विलग हो जाना। प्रीतम से मिलने का अर्थ है अपने से ही मिल जाना। प्रीतम तो बहाना है; उसके बहाने हम अपने से मिल जाते हैं। साधारण जीवन में भी जब तुम्हें कभी किसी के प्रेम का अनुभव होता है तो उस प्रेम में तुम अपने से ही मिलते हो; उस प्रेम में तुम अपने से ही जुड़ जाते हो। प्रेम के माध्यम से तुम अपने को ही पहचान पाते हो। साधारण जीवन में भी यही होता है तो उस असाधारण प्रेम की तो बात ही क्या कहनी! जब व्यक्ति परम से मिलता है, तब उसका सारा रूप अपने सामने प्रकट हो जाता है।

परमात्मा तो बहाना है; उसके नाम, उसकी याद से अपने को ही खोजना है, अपने से ही मिलना है।

अपने प्रीतम से विलग होकर क्या कभी किसी को सुख मिला?

आनंद का एक ही अर्थ है : अपने से मिल जाना; अपने से मिलने के मैंने तुमसे दो ढंग कहे। एक : ध्यान। उसमें परमात्मा की कोई जरूरत नहीं; तुम सीधे-सीधे अपने से मिलते हो। एक : प्रेम, उसमें परमात्मा की जरूरत है; तुम परमात्मा के बहाने, परमात्मा के माध्यम से अपने से मिलते हो। घटना तो एक ही घटती है—अपने से मिलने की।

ध्यान का रास्ता सूखा-सूखा है, क्योंकि सीधे-सीधे मिलना है, कोई यात्रा नहीं है उसमें। ध्यान के रास्ते पर कोई तीर्थयात्रा नहीं है; सीधे अपने से मिल जाना है; कहीं जाना, न आना है; बस आँख बँद करनी है और अपने में डूब जाना है। लेकिन प्रेम के रास्ते में बड़े तीर्थ हैं—काशी है, काबा है। प्रेम के रास्ते में बड़े तीर्थ हैं। बड़ी लंबी यात्रा है, मधुर है, प्रीतिकर है! बल हो तो करने-जैसी है। ऊर्जा हो तो जाने-जैसा है। पंख हों तो उड़ने-जैसा है।

'उस प्रभु से मिलना लेकिन उसकी कृपा से होता है।'

यह बात सदा याद रखना : ध्यान तो अपने श्रम से हो सकता है; प्रेम उसकी कृपा से होता है। क्योंकि प्रेम काई कृत्य नहीं है, प्रेम तो उसके

आशीर्वाद की वर्षा है। वह दे तो होता है, न दे तो होता है। तो तुम क्या करोगे?

'विरह-ज्वर से मेरा अंग-अंग जल रहा है और मैं अपने हाथों को मरोड़ती हूँ। प्रीतम से मिलने की लालसा ने मुझे बावली बना दिया है।'

तुम हाथ मरोड़ो। तुम जलो। तुम बावले हो जाओ। बस इतना ही कर सकते हो, और क्या करोगे? तुम रोओ। तुम्हारी आँखें आँसुओं के झरने बन जाएँ और तुम्हारे हृदय में सिर्फ उसके ही विरह का काँटा चुभने लगे। अहर्निश उसी की याद तुम्हें सताए। तुम्हारा रोआँ-रोआँ उसी को पुकारे। और तुम क्या करोगे? करने को कुछ और है भी नहीं।

प्रेम प्रसाद है। जिस क्षण तुम तैयार हो जाओगे, जिस क्षण तुम्हारे भीतर अहंकार पूरा ही विरह में डूब जाएगा, जिस दिन तुम्हारे भीतर तुम्हारा आपा उसके रुदन से बिल्कुल धुल जाएगा, तुम्हारे आँसू तुम्हारे आपे को बहा ले जाएँगे, तुम तुम न रहोगे, उसकी याद ही मात्र रह जाएगी, उसकी सुरति, उसका स्मरण ही बस तुम्हारा होना हो जाएगा—उसी क्षण वर्षा हो जाएगी।

प्रभु का मिलन, प्रेम का मिलन तो उसी की कृपा से होता है।

'कुआँ यह बहुत दुखदाई है, और वह बेचारी उसमें अकेली जा पड़ी हैं। न उसकी वहाँ कोई सहेली है और न बेली।'

यह परमात्मा से निवेदन चल रहा है। यह बातचीत अपने प्रीतम से हो रही है, जिसका कोई पता-ठिकाना नहीं है। यह बातचीत अपने प्रीतम से हो रही है, जो कभी मिलेगा, लेकिन जिसका पक्का नहीं है। यहाँ बड़ी नाजुक बात है।

मैंने एक कहानी पढ़ी है। एक छोटे-से गाँव में जर्मनी के—छोटा गाँव था—चर्च था गाँव का लेकिन गाँव बहुत गरीब था। वर्षों से चर्च पर पुताई भी न हुई थी; और चर्च का घंटा तो सदियों पहले कभी टूट गया था, वह दुबारा नहीं लाया जा सका था। गाँव के पंच मिले। उन्होंने कहा— कुछ करना जरूरी है। यह परमात्मा का घर ऐसा अधूरा-अधूरा खंडहर पड़ा रहे, यह शोभा नहीं देता। इसकी लिपाई-पुताई करनी है, व्यवस्था जमानी है और नया घंटा खरीदना है। बिना घंटे के गाँव, जिसके चर्च में घंटी न बजती हो, मुर्दा मालूम पड़ता है। अगर तुमने चर्च की घंटियाँ सुनी हैं साँझ-सुबह, तो तुम समझोगे कि चर्च की घंटियों का नाद गाँव को एक जीवन देता है। मंदिर की घंटियों का नाद गाँव को एक सुवास देता है दूसरे लोक की।

पैसे इकट्ठे किए गए। गाँव बहुत गरीब था। बामुश्किल ही पैसे इकट्ठे हुए। बड़ा घंटा खरीदना था। और गाँव का मुखिया था, वह घंटा खरीदने भेजा गया। वह गया, जिस गाँव में घंटे बनते थे और बिकते थे। एक-एक दुकान पर गया। एक-एक घंटे को बजाकर उसने गौर से सुना; लेकिन कहा कि नहीं, यह आवाज नहीं है। सैकड़ों घंटे देख डाले। दुकानदार भी पूछने लगे कि तुम पागल मालूम पड़ते हो; तुम कौन-सी आवाज चाहते हो, यह पहले बताओ। तुम नाहक हमारा समय खराब कर रहे हो। जो घंटा तुम सुनते हो, कहते हो आँख बंद करके कि नहीं, यह आवाज नहीं। तुम कौन-सी आवाज चाहते हो?

उसने कहा—यह तो बताना मुश्किल है; क्योंकि उसे मैंने सुना नहीं है, लेकिन मैं जानता हूँ कि मैं पहचान लूँगा। यह जरा समझने की बात है। उसने कहा कि मैंने सुना नहीं है, क्योंकि जबसे मैं पैदा हुआ, गाँव के चर्च में घंटा नहीं है। लेकिन मैं तुमसे कहता हूँ कि मैं जानता हूँ। हालांकि मैंने सुना नहीं है कि कौन-सी आवाज खोज रहा हूँ, लेकिन भीतर अंदर हृदय में मुझे पता है कि जब वह आवाज होगी, तत्क्षण मैं पहचान लूँगा कि यह आवाज है।

परमात्मा की खोज ऐसी है। तुम उसे कभी मिले नहीं, लेकिन तुम भली-भाँति जानते हो कि जब वह मिलेगा, तुम तत्क्षण पहचान लोगे। एक क्षण की देरी न होगी। संदेह भी न उठेगा, प्रश्न भी न उठेगा। उसके पद-चाप पड़ेंगे नहीं तुम्हारे द्वार पर कि तुम पहचान लोगे, हालांकि तुमने कभी उसके पद-चाप सुने नहीं।

और अंतत : उसने एक घंटा चुन लिया। बस उस घंटे की आवाज आई, उसने कहा कि बस, ज्यादा बजाने की कोई जरूरत नहीं, जरा-सा स्वाद काफी है। पहचान में आ गया, यही घंटा है। इसकी ही हम तलाश में हैं।

तुम्हें भी कई बार जीवन में ऐसा अनुभव हुआ होगा; न हुआ हो तो थोड़ा जागकर अनुभव करने की कोशिश करना। बहुत बार ऐसा हुआ होगा : किसी स्त्री को तुमने देखा, देखते ही तुम्हें ऐसा लगा कि यही स्त्री है! इसलिए तो पहले प्रेम की बड़ी महिमा है। तुम कभी इससे मिले न थे, तुमने इसे देखा न था। कोई कारण न था कि तुम कहो कि यह स्त्री है। लेकिन अगर तुम्हारा हृदय से कोई तालमेल हो गया, जिस स्त्री की प्रतिमा को तुम हृदय में छिपाए हो, उससे इसकी धुन मिल गई—तो तुम पहचान लेते हो। और ऐसी स्त्री मिल जाए तो प्रेम शाश्वत हो जाता है; ऐसा पुरुष मिल जाए तो प्रेम शाश्वत हो जाता है। फिर कोई बदलाहट नहीं है। तुमने अपने मन की स्त्री को खोज

लिया! ऐसी स्त्री न मिल पाए तो रोज बेचैनी है, तो रोज हर स्त्री के निकलने में तुम्हें फिर शक होता है कि शायद वह स्त्री आ रही हो, जिसकी प्रतीक्षा है।

प्रेम एक बड़ी आंतरिक पहचान है–बिना जाने, बिना पूर्व-परिचय के; और हृदय पहचान लेता है। रहस्यपूर्ण है बात, अतर्क्य है; गणित और तर्क से समझाई नहीं जा सकती। लेकिन बहुत बार तुम्हें भी कभी-कभी जीवन में इसका अनुभव हुआ होगा : कभी किसी व्यक्ति के पास आए और सहज भरोसा आ गया; अभी इसका कोई कृत्य नहीं देखा, न इसके व्यवहार से कोई पहचान हुई है–पर, बस हृदय ने पहचान लिया, हृदय ने कहा कि भरोसा करो। अब अगर तुम्हें लूट भी ले तो भी तुम कहोगे कि लूटने में मेरा कोई हित रहा होगा; क्योंकि वह आदमी तो लूट न सकता था।

'प्यारे, तू अपने मन में मुझसे रूठ गया है; इसमें मेरा ही दोष है, तेरा नहीं।'

वह तो लूट ही न सकता था, वह तो आदमी भरोसे का था। श्रद्धा पूरी थी। लुट भी गए तो तुम पाओगे कि लुट जाने में भी तुम्हारा हित है, सौभाग्य है।

गुरु का मिलन ऐसे ही होता है। इसलिए गुरु के मिलन की बड़ी झंझट है। तुम किसी को भी समझा न सकोगे कि इस आदमी को तुमने कैसे चुन लिया! इसका व्यवहार देखा, चरित्र का आकलन किया? इसका अतीत इतिहास देखा? इसके भविष्य की सब संभावनाएँ खोजीं? तुमने कैसे इसे चुन लिया? किस कसौटी पर कसा? कौनसे तराजू में तोला? तुम कहोगे, कसौटी और तराजू का यहाँ सवाल ही नहीं है; जहाँ हृदय की कसौटी लग गई है, फिर किसी कसौटी की कोई बात ही नहीं उठती। फिर कोई और तराजू नहीं चाहिए उसके लिए, जो हृदय के तराजू पर तुल गया। तुम अंधे हो जाते हो।

सब प्रेम अंधे हैं, क्योंकि हृदय के देखने के ढंग और हैं। हृदय की आँख और है। बुद्धि से उसका कुछ लेना-देना नहीं है। इसलिए तुम न तो कभी दुनिया को समझा पाओगे कि तुम इस स्त्री को प्रेम क्यों किए, इस पुरुष को तुमने क्यों चाहा? न तुम दुनिया को यह कभी समझा पाओगे कि यह गीत तुम्हें क्यों प्रीतिकर लगता है? न तुम दुनिया को समझा पाओगे कि यह गुलाब या यह कमल या यह फूल तुम्हें क्यों प्यारा है? तुम कहोगे बस, पसंद पड़ता है। न तुम दुनिया को कभी समझा पाओगे कि तुमने बुद्ध को क्यों चुन लिया,

महावीर को क्यों चुन लिया, कृष्ण को क्यों चुन लिया? तुम कहोगे, यह भी बात कोई समझाने की है, यह निजी है, यह आत्यंतिक है। इसे बाजार में खोलने का सवाल नहीं है। और दुनिया चाहे विपरीत में कुछ भी कहे, तुम्हारा हृदय कहे ही चला जाएगा कि यही है वह, जिसकी तुम्हें तलाश थी।

यह चर्चा उससे चल रही है, जिससे अभी मिलन नहीं हुआ। यह चर्चा उससे चल रही है, जिससे मिलन होने-होने को है। यह चर्चा उस धुन और स्वर से चल रही है, जिसका पता भी है और पता नहीं भी है। कह सकते हैं एक अर्थ में कि पहचानते हैं, क्योंकि जब आएगा सामने तो पहचान लेंगे; और कह सकते हैं दूसरे अर्थ में बिलकुल नहीं पहचानते, क्योंकि अभी तो कहीं कोई मिलना नहीं हुआ, पहचानेंगे कैसे?

विधण खूही मंधु अकेली।
ना कोई साथी ना कोई बेली।।

फरीद कह रहे हैं : जरा खयाल तो करो। कुएँ में पड़ी हूँ, संसार में पड़ी हूँ। बड़ा गहरा कुआँ है! और बिल्कुल अकेली हूँ। संगी-साथी भी नहीं है और तुम भी छोड़े बैठे हो और तुम भी रूठ गए। और यह कुआँ बड़ा अँधेरा है, इससे निकलने का कोई उपाय भी नहीं सूझता है और इसमें होना बिल्कुल अकेला है।

जब तक परमात्मा नहीं मिलता, तब तक तुम अकेले ही रहोगे। तब तक तुम लाख धोखे दे लो अपने को—कभी पत्नी, कभी पति, कभी मित्र, कभी इसमें-उसमें कि अपने संगी-साथी हैं, अकेला नहीं है—लेकिन धोखा ही है। जरा गौर करोगे तो पाओगे, बिल्कुल अकेले हो। तुम अपने कुएँ में पड़े हो, तुम्हारी पत्नी अपने कुएँ में पड़ी है : दोनों कुएँ अलग-अलग हैं। पास होंगे, निकट ही होंगे, पड़ोस में ही होंगे—लेकिन दोनों के कुएँ अपने-अपने हैं। तुम अपने भीतर पड़े हो—अपनी गइराई, अपने एकांत में; पत्नी अपनी गइराई, अपने एकांत में पड़ी है। एक-दूसरे का साथ दे देते हो, क्योंकि जरूरत है, अन्यथा अकेलापन बहुत भारी हो जाएगा, झेलना असंभव हो जाएगा। एक-दूसरे का हाथ पकड़ लेते हो।

तुमने देखा है?—आदमी अँधेरे में चलता है तो सीटी बजाने लगता है, गीत गाने लगता है : अपनी ही आवाज सुनकर हिम्मत बढ़ती है कि जैसे कोई और भी है! बस सीटी बजा रहे हैं हम। हमारा सब संग-साथ सीटी बजाने-जैसा है। हम दूसरे को हिम्मत दे देते हैं, दूसरा हमें हिम्मत दे देता है

: न तो हमारा अकेलापन मिटता है, उन उसका अकेलापन मिटता है।

'विधण खूही मंधु अकेली।'

बेचारी अकेली पड़ी है और तुम भी रूठ गए।

'ना कोई साथी, ना कोई बेली।।'

न कोई संगी है, न कोई साथी है, एकदम अकेलापन है।

'मेरी बड़ी विकट बाट है–दोधारी तलवार से भी तेज और पैनी।'

बड़ी विकट राह है, बड़ी बाट है।

दोधारी तलवार से भी तेज और पैनी! उस पर मुझे ही चलना है। कोई संगी-साथी नहीं। शेख फरीद, तैयार हो जा उस मार्ग पर चलने को, अभी समय है।

'खनिअहु तिखी बहुतु पिईणी।
उस उपरि है मारगु मेरा।'

दोधारी तलवार की तरह है राह। उसके ऊपर है मेरा मार्ग। इधर गिरो तो कुआँ, उधर गिरो तो खाई; मध्य में सम्हालना है।

इसे थोड़ा समझो। अगर अकेले रह जाओ, संगी-साथी मत बनाओ तो मुसीबत–कुआँ। एकांत मालूम पड़ता है। डूबे! कोई सहारा भी नहीं। कोई स्वर भी नहीं, जो आवाज दे दे, पुकार दे दे, भरोसा दे दे कि कोई और भी है–एकदम सन्नाटा है। अंर संगी-साथी न बनाओ तो–कुआँ। अगर संगी-साथी बनाओ तो भीड़-भाड़ हो जाती है; लेकिन भीतर का अकेलापन तो मिटता ही नहीं–तो खाई। दोनों के मध्य में खड़ा होना है। अकेले भी रहना है और अकेले नहीं भी रहना है। इसका मतलब है कि इतना एकांत साध लेना है भीतर कि भीड़ में तो कोई झूठा लगाव न रह जाए; लेकिन अपने एकांत में बिल्कुल डूबकर मर भी जाना है, क्योंकि वह तो आत्महत्या होगी। उस एकांत को ही प्रार्थना बनाती है और परमात्मा से संग जोड़ना है। अकेले होना है ताकि परमात्मा के साथ हो सकें। भीड़ में नहीं होना है, कहीं परमात्मा का साथ और न छूट जाए।

इसलिए मेरी बड़ी विकट बाट है–दोधारी तलवार से भी तेज और पैनी! उस पर ही मुझे चलना है। शेख फरीद, तैयार हो जा उस मार्ग पर चलने को, अभी समय है।

उस उपरि है मारगु मेरा।
सेखु फरीदा पंथु सम्हारि सवेरा।

बड़ा प्यारा वचन है। इसका जो अनुवाद है, वह बिल्कुल ठीक-ठीक चोट नहीं करता। अनुवाद है : उस मार्ग पर चलने को तैयार हो जा, फरीद, अभी समय है।

बात तो हो जाती है लेकिन चोट नहीं पड़ती। फरीद का मतलब कुछ और गहरा है।

'सेखु फरीदा पंथु सम्हारि सवेरा'—शेख फरीद, जिस दिन पंथ को सम्हाल लिया, उस दिन सवेरा है। माना कि बहुत समय जा चुका। मानाा मैंने अपना यौवन गँवा दिया, अब पीछे बहुत पछताई।

लेकिन जिस दिन भी तुम जाग गए, उसी दिन सवेरा है। कितना ही गँवाया हो तो भी परमात्मा कुछ ऐसा है कि तुम गँवा नहीं सकते। कितनी ही देर लगाई हो तो भी परमात्मा कुछ ऐसा है कि देर आत्यंकित नहीं हो सकती।

कहावत है : सुबह का भूला साँझ घर लौट आए तो भूला नहीं समझा जाता। अगर अंत-अंत तक भी उसका स्मरण आ गया और उसका स्मरण ही सब कुछ प्राणों का प्राण बन गया तो कोई फिक्र मत कर।

सेखु फरीदा पंथु सम्हारि सवेरा।

अब तू डर मत। माना कि सवेरा निकले बहुत देर हो गई, धूप भी चढ़ गई, सूरज भी उतर गया, साँझ करीब आ रही है; पर मत घबड़ा।

सेखु फरीदा पंथु सम्हारि सवेरा।

अगर अभी भी तू पैर रख दे अपनी यात्रा पर तो अभी भी सवेरा हो सकता है। अभी भी समय है। कभी भी समय गँवाया नहीं है। बड़ी दुविधा की बात है : देर भी बहुत हो गई है। अगर अपनी तरफ देखें तो बड़ी देर हो गई है। अगर उसकी तरफ देखें तो अभी भी सवेरा है। अगर अपनी सामर्थ्य की तरह देखें तो सब चुक गया, यौवन खो बैठे। अब पछतावा-ही-पछतावा है। अगर उसकी करुणा की तरफ देखें, अभी भी रास्ते पर आ जाएँ, तो अभी सेवरा हो सकता है। अपनी तरफ देखने से तो हम चुक गए हैं; उसकी तरफ देखने से कुछ भी बिगड़ा नहीं है। क्योंकि हमारे लिए समय की सीमा है; उसके लिए समय की कोई सीमा नहीं। हमारा समय तो बँधा है; उसका समय तो अनबँधा है।

भक्त दोनों तरफ देखता है—अपनी तरफ देखता है तो रोता है कि रोने के सिवाय कुछ उपाय नहीं है अब; उसकी तरफ देखता है तो हँसता है। कहता है : तेरे लिए तो सब उपाय हैं। और तेरे ही द्वारा तो होने वाला है;

हमारे द्वारा तो होना भी न था। युवा भी होते, यौवन भी होता तो भी हमारे द्वारा तो तू मिलने वाला न था। मिलना तो तेरी कृपा से है।'

'वह दिन पहले ही लिख दिया गया था, जिस दिन धनवंती का ब्याह होना था।'

शेख फरीद बड़ी प्यारी बातें कह रहा है।

'जिस दूल्हे के बारे में सुन रखा था, वह अपना मुखड़ा दिखाने आ पहुँचा है। हड्डियों को खड़खड़ाकर वह उस बेचारी धनवंती को अपने साथ ले जाएगा। अपनी जीवात्मा को तू समझा दे कि जो घड़ी नियत हो चुकी है उसे बदला नहीं जा सकता। जीवात्मा दुल्हन है और मृत्यु दूल्हा है; वह उसे ब्याहकर अपने साथ ले जाएगा। विदा होते समय वह बेचारी किसके गले में बाहें डालेगी? क्या तुमने सुना नहीं कि वह दुल्हन बाल से भी अधिक महीन है? फरीद जब तेरा बुलावा आए, उठकर खड़े हो जाना; और अपने-आपको धोखा न देना।'

जीवन दो ढंग से समाप्त हो सकता है। एक : मरना तो हो जाए, अमृत का उदय न हो। एक : इधर मृत्यु घटे उधर अमृत की शुरूआत हो जाए। मृत्यु के पार दो तरह के दूल्हे तुम्हारी प्रतीक्षा करते हैं—दो घोड़ों पर अलग-अलग सवार। एक तो मृत्यु है, वह भी दूल्हे की तरह आती है। अगर जीवन तुमने गँवा दिया हो तो मृत्यु ही आती है। और दूसरा परमात्मा है। अगर जीवन तुमने सम्हाला हो—एक गीत की तरह, संगीत की तरह—तो परमात्मा आता है। मृत्यु के द्वार पर या तो तुम्हारा मृत्यु से मिलना होता है या महाजीवन से।

फरीद कहता है : जितु दिहाड़ै धनवरी साहे लए लिखाइ।

वह दिन पहले ही लिख दिया गया था। मौत का दिन तो पहले ही से तय था। वह तो जिस दिन पैदा हुए, उसी दिन लिख दिया गया। जिस दिन धनवंती का विवाह होना था, वह भी लिखा दिया गया था।

जिस दूल्हे के बारे में सुन रखा था, वह मुखड़ा दिखाने आ पहुँचा है। अब मौत करीब आ रही है।

साधारण: करोड़ में एक को छोड़कर बाकी का विवाह तो मौत से ही होता है। वह दूल्हा आ गया है, द्वार पर खड़ा है।

हड्डियों को खड़खड़कर वह बेचारी धनवंती को अपने साथ ले जाएगा।

फरीद कहता है : मौत तो तय है। मिटना तो निश्चित है। इसलिए मौत

के खिलाफ मत लड़ो। वह दूल्हा तो आएगा ही। वह तो आ ही चुका है। वह तो राह ही देख रहा है। वह तो घड़ी तय ही हो चुकी है। उसके लिए तुम कुछ कर न सकोगे। इसलिए मौत से बचने की कोशिश मत करो। बचने की कोशिश में जीवन गँवा दोगे। मौत को स्वीकार कर लो। मृत्यु को दूल्हे की तरह स्वीकार कर लो, यमदूत की तरह नहीं—और तब दूल्हे का रूप बदल जाता है।

धनवंती को वह अपने साथ ले जाएगा। अपनी जीवात्मा को तू समझा दे कि जो घड़ी नियत हो चुकी है, उसे बदला नहीं जा सकता।

भाग्य का अर्थ यही है कि जीवन जैसा है, उसे स्वीकार कर लो; क्योंकि उससे लड़ने में तुम्हारा समय ही व्यर्थ व्यतीत हो जाएगा। जीवन उससे संघर्ष में जरा भी शक्ति व्यय न हो। और तब तुम अचानक पाओगे : जो शक्ति लड़ने में लग जाती थी, संघर्ष में खो जाती थी, वही शक्ति लहर बन गई समर्पण की, वह तुम्हें ले चली।

मौत से तुम अगर लड़ो तो बस मौत ही पाओगे। अगर मौत के साथ जाने को राजी हो जाओ, तुम अमृत को उपलब्ध हो जाओगे। इतना-सा फर्क है और फर्क बहुत बड़ा भी है। मौत से जो लड़ने में लगा, वह मरेगा। वह भी मरेगा, जो मौत के साथ जाने को राजी हुआ; लेकिन जो मौत के साथ जाने को राजी हुआ, उसके लिए मौत का मुखड़ा बदल जाता है; तब उसके लिए मौत नहीं है, अमृत का दूल्हा आया है। और जो लड़ा, उसके लिए मौत ही है केवल। तुम्हारे लड़ने के कारण ही परमात्मा मृत्यु-जैसा दिखाई पड़ता है। तुम्हारे समर्पण की संभावना हो तो मृत्यु परमात्मा हो जाती है।

'जितु दिहाड़ै धनवरी साहे लए लिखाइ।
मलुक जिकंनी सुणीदा मुहु देखाले आइ।।
जिंदु निमाणी कढीए हडा कूं कड़काइ।
साहे लिखे न चलनी जिंदु कूं समझाइ।।'

समझा दे अपनी आत्मा को कि जो घड़ी नियत हो चुकी, हो चुकी। उसे बदला नहीं जा सकता, इसलिए बदलने की आकांक्षा मत कर।

'जीवात्मा दुलहन है और मृत्यु है दूल्हा; वह उसे विवाह कर अपने साथ ले जाएगा।'

'जिदु बहूटी मरणु वरु लैजासी परणाइ।
आपण हथी जोलिके कै गलि लगे धाइ।।'

और ध्यान रख, मरते समय जब तू विदा होगा, तू इतना अकेला होगा कि किसी के कंधे पर हाथ रखकर रोने और विदा लेने की भी सुविधा न होगी।

विदा होते समय यह बेचारी किसके गले में बाहें डालगी? क्या तुमने सुना नहीं कि वह दुलहन बाल से भी अधिक महीन है।

और वह जो भीतर की आत्मा है, इतनी महीन है, बाल से भी अधिक महीन है; इतनी सूक्ष्म है कि किन्हीं स्थूल कंधों पर हाथ रख भी नहीं सकती। उसके लिए तो सिर्फ एक ही कंधा काम कर सकता है, वह परमात्मा का है। सूक्ष्म के लिए सूक्ष्म का ही कंधा काम आ सकता है। इस शरीर के लिए सहारा लेना हो तो किसी शरीर का सहारा लिया जा सकता है। इस आत्मा का सहारा खोजना हो तो बस आत्मा का ही सहारा खोजा जा सकता है।

फरीद, जब तेरा बुलावा आए तो उठकर खड़े हो जाना।

'बालहु निकी पुरसलात, कंनी न सुणीआइ।
फरीदा किड़ी पवंदई खड़ा न आपु मुहाइ।।'

जब तेरा बुलावा आए, उठकर खड़े हो जाना। घसीटकर ले जाना पसंद मत करना। मौत छीना-झपटी करके ले जाए, यह भी कोई बात हुई? यह भी कोई इज्जत की बात हुई? ऐसी प्रतिष्ठा मत गँवाना। फरीदा, जब तेरा बुलावा आए, उठकर खड़े हो जाना। मौत तुझे तैयार पाए। अगर मौत ने तुझे तैयार पाया तो तूने मौत को असफल कर दिया। अगर मौत को तुझे घसीटना पड़ा, जबरदस्ती करनी पड़ी तो मौत जीत गई, तू हार गया। फरीदा, उठकर खड़ा हो जाना और अपने-आपको धोखा न देना। क्योंकि उस वक्त अगर तूने अपने को धोखा दिया, एक मौका फिर खो गया। फिर एक जन्म होगा। फिर एक लंबी यात्रा होगी। फिर वही घड़ी वर्षों बाद आएगी। तो, मौत की घड़ी को चूक मत जाना। जीवन की घड़ी को तो चूक गया। यौवन जा चुका; वह तो गफलत में बीत गया दिन। अब एक और अवसर बाकी है जागने का; उसको मत चूक जाना। उस समय अपने-आपको धोखा न देना।

क्या है धोखा देना? मौत जब आती है तो एक तो धोखा यह है कि तुम सोचते हो शायद इससे बचा जा सकता है। बस, बचने की कोशिश में लग जाते हो-घसीटे जाते हो। बचने की कोशिश मत करना। मन को कह देना, जो नियत हो गया तो हो गया और जब दूल्हा आ गया तो आ गया। अब विदा लेनी है। तैयार हो जाना। उठकर खड़े हो जाना। पीछे लौटकर भी मत देखना।

इस किनारे की बात ही मत उठाना। मौत झेंप जाए तुम्हारी तैयारी देखकर, मौत संकोच करने लगे कि तुम इतने तत्पर हो जाने को, तो मौत हार जाती है।

अपने को धोखा देने की कोशिश मत करना। जिंदगीभर सहारे पकड़े; अब मरते वक्त फिर मत पकड़ लेना; जिंदगी-भर सहारे पकड़े, संबंध पकड़े, अब मरते वक्त फिर मत पकड़ लेना, अन्यथा फिर एक अवसर खो जाएगा। उस वक्त तो सब छोड़ ही देना। जिंदगी-भर पकड़कर ध्यान रखा, मरते वक्त त्याग को उपलब्ध हो जाना। लेकिन यह तभी संभव है, जब जीवंन-भर तुमने धीरे-धीरे साधा हो।

तुम यह मत समझना फरीद की वाणी से चलो ठीक हुआ, मरते वक्त देखेंगे। तब तो तुम चूक जाओगे। क्योंकि मरने की कोई घड़ी कल थोड़े ही है, अभी है, इसी क्षण है। अभी मौत आ सकती है। तैयार रहो। कल के लिए मत टालना, क्योंकि मौत जब भी आती है अभी आती है, कल कभी नहीं। तुमने कभी किसी को कल करते देखा? लोग आज मरते हैं, जब भी मरते हैं। हाँ, कल जी सकते हैं, कल की कल्पना में जी सकते हैं : लेकिन कल मर नहीं सकते हैं, मरेंगे तो अभी। मृत्यु सदा अभी घटती है, आज घटती है।

फरीदा, जब तेरा बुलावा आए तो उठकर खड़े हो जाना।

वह यह कह रहा है कि लेटे-लेटे भी मत मरना। कहीं मौत ऐसा न समझे कि जाने की तेरी इच्छा नहीं है, और थोड़ा रुक जाना चाहता है, थोड़ा और विश्राम कर लेने का मन है।

उठकर खड़े हो जाना और अपने-आपको धोखा न देना।

जिसने अपने को धोखा न दिया, उसे मौत हरा नहीं पाती। जो सजग रहा, प्रवंचना से मुक्त रहा, होश को सम्हाले रहा, और जिसने स्वीकार किया बेशर्त भाव से-परमात्मा जो भी करे; मौत तो मौत, जीवन तो जीवन-जिसने अपनी मर्जी के अनुसार जीवन और मौत को चलाना न चाहा, बल्कि जो उस विराट् की मर्जी से चल गया, बहने लगा उसके साथ-वह अमृत को उपलब्ध हो जाता है।

आज इतना ही।

धर्म समर्पण है

चार

प्रश्न-सार

पश्चिम का मृत्यु पर बहुत अन्वेषण क्या धर्म की खोज है? धर्मग्रंथों में प्रार्थनाएँ माँग जैसी क्यों हैं? क्या प्रकाश और प्रज्ञा की प्रार्थना भी माँग है?

परमात्मा के प्रति प्रेमानुभूति से भरना क्या उन्नत और श्रेष्ठ आत्मा की संभावना है?

अंधविश्वास और शोषण पर खड़े मंदिरों और धर्माचार्यों के चरणों में झुकना क्या उचित है?

***पहला प्रश्न** : कल के प्रवचन में आपने मृत्यु की विषद चर्चा की। पश्चिम में अभी मृत्यु पर बहुत अन्वेषण होता है और चर्चा भी। क्या यह अनजाने ही धर्म की खोज है?*

धर्म की खोज नहीं, धर्म से बचने की खोज है। मृत्यु के संबंध में आदमी के दो उपाय रहे हैं। एक उपाय है : मृत्यु को स्वीकार्य कर लेना, मृत्यु के तथ्य को परिपूर्ण भाव से अंगीकार कर लेना। उस भाँति धर्म की क्रांति घटित होती है। क्योंकि जो मरने को राजी है, मृत्यु उसके सामने असफल हो जाती है। जो मरने को सहज तत्पर है, उसक लिए मृत्यु ही अमृत हो जाती है।

एक दूसरी राह रही है—मृत्यु को पराजित करने की। कुछ उपाय खोजना है कि आदमी न मरे; कुछ ऐसा करना है कि आदमी सदा-सदा के लिए बच जाए; देह नष्ट हो, अंत न आए।

पश्चिम में जो मृत्यु की चर्चा चलती है, वह इसलिए चलती है कि कैसे मृत्यु को पीछे हटाया जाए? कैसे मृत्यु से बचा जाए; हम कैसे वैज्ञानिक उपाय खोज लें कि आदमी मरे न? यदि किसी दिन ऐसा हो जाए कि आदमी न मरे तो अधर्म जीत जाएगा, धर्म हार जाएगा। क्योंकि जैसे ही मृत्यु की बात समाप्त हो गई, मोक्ष की बात भी समाप्त हो गई। जैसे ही मृत्यु को जीत लिया गया, वैसे ही परमात्मा शेष ही न रहा।

मनुष्य के ज़ीवन में मुक्ति की धारणा पैदा होती है मृत्यु के कारण; जीवन को बदलने की आकांक्षा जगती है मृत्यु के कारण। यह जीवन तो चला जाएगा। इसलिए जो समझदार हैं, वे इसी जीवन को जीवन मानने को राजी नहीं हो पाते। जो चला ही जाएगा, वही जीवन नहीं है। इसलिए शाश्वत की खोज होती है। मृत्यु के कारण ही शाश्वत की खोज होती है। थोड़ी देर को तुम सोचो कि मृत्यु न हो तो तुम शाश्वत की खोज किसलिए करोगे? तुम स्वयं ही शाश्वत हो। मृत्यु न हो तो मोक्ष का प्रश्न कहाँ है? मुक्त होने की

बात ही व्यर्थ है। और मृत्यु न हो तो धर्म तत्क्षण विदा हो जाएगा। पशुओं-पक्षियों में धर्म नहीं है, क्योंकि उन्हें अपनी मृत्यु का पता नहीं है। मनुष्य में भी धर्म शून्य हो जाएगा, अगर यह पक्का हो जाए कि मृत्यु नहीं होने वाली है।

इसे ठीक से समझना। तुम्हारे जीवन में मृत्यु का बोध जितना प्रगाढ़ और स्पष्ट हो जाएगा, उतने ही तुम्हारे पैर परमात्मा की तरफ बढ़ने शुरू हो जाएँगे। अगर तुम्हें ऐसा लगने लगे कि मृत्यु किसी भी क्षण घटित हो सकती है, जो साँस बाहर जाती है फिर भीतर न आए–तो इसी क्षण तुम्हारा जीवन दूसरा हो जाएगा; तुम्हारे जीवन का अर्थ, आयाम, सब बदल जाएगा; तुम वही न कर सकोगे, जो एक क्षण पहले तक कर रहे थे। मृत्यु की घटना सब बदल देगी।

मैंने सुना है, एक युवक एक संत के पास आता था। एक ही प्रश्न बार-बार पूछता था। प्रश्न यह था कि मैंने तुम्हें सब तरफ से देखा और परखा, वर्षों से तुम्हारी पहचान की; कहीं कोई भूल नहीं दिखाई पड़ती। तुम्हारा जीवन ऐसा निर्मल है, तुम्हारे जीवन की धारा ऐसी निर्दोष है कि कहीं कोई मलिनता नहीं दिखाई पड़ती। इस पर मुझे भरोसा नहीं आता कि तुम आदमी हो, तुम विश्वास के योग्य मालूम नहीं पड़ते। लगता है, एक सपना हो। हो नहीं सकते। और अगर हो तो मेरी खोज में कहीं कमी रह गई है, भूल-चूक कहीं छिपी होगी। आदमी-मात्र में भूल-चूक है। मैं खोज न पाया होऊँगा। तुमने इस भाँति ढाँका होगा पर्त-दर-पर्त कि मैं उघाड़ न पाता होऊँगा। मेरी खोजने की सामर्थ्य तुम्हारी छिपाने की सामर्थ्य से कम होगी, ऐसा संदेह मन में होता है।

संत सुनता रहा। लेकिन यह बार-बार उठाया गया था सवाल तो एक दिन संत ने कहा : अब जवाब दे देना जरूरी है। तेरा हाथ देखना चाहता हूँ।

युवक कुछ समझा नहीं कि हाथ देखने से मेरे प्रश्न का क्या संबंध होगा? हाथ संत ने देखा और कहा कि कहना तो नहीं चाहिए, लेकिन सत्य को छिपाना उचित नहीं है। कल सुबह सूरज उगने के साथ ही तेरा अंत हो जाएगा। तेरी मौत की घड़ी करीब आ गई है। तेरी उम्र की रेखा कट गई है। कई दफे तेरे हाथ पर नजर गई, लेकिन मैं सोचता था, अभी तो देर है, अभी तो देर हे; अभी क्यों मरने के पहले मार देना! लेकिन अब देर नहीं है। यह आखिरी मिलन है। कल सुबह के बाद तो फिर तू मिल न पाएगा मुझे। अब मैं निश्चिंत हुआ। यह तुझसे कह दिया, मेरा बोझ हलका हो गया। अब तू पूछ, क्या पूछना है?

वह जो प्रश्न सदा से युवक ने पूछा था, भूल गया। जब अपनी मौत आ गई हो तो किसमें दोष है, किसमें दोष नहीं है—किसको प्रयोजन है? यह तो सुविधा के समय की बातचीत है। वह उठकर खड़ा हो गया। उसने कहा कि मुझे कोई प्रश्न नहीं सूझता। मुझे अब घर जाने दें।

संत ने कहा : रुको भी। इतनी जल्दी क्या है? कल सुबह को अभी काफी देर है। अभी तो दिन पड़ा है, रात पड़ी है—चौबीस घंटे लगेंगे। इतनी घबड़ाने की कोई जरूरत नहीं है।

उस युवक ने कहा : बातचीत बंद करो। मेरी मौत आ गई है, तुम्हें यहाँ बैठकर बकवास करने की पड़ी है।

लेकिन भई, तुम सदा एक प्रश्न पुछते थे; फिर कभी न पूछ पाओगे, क्योंकि कल सुबह तुम विदा हो जाओगे। आज मैं उसका उत्तर देने को तैयार हूँ।

उस युवक ने कहा : रखो अपना उत्तर अपने पास। मुझे घर जाने दो, मुझे पकड़ो मत।

उसके हाथ-पैर काँप रहे हैं। अभी आया था बल से भरा। अभी पैर रखता था तो ताकत थी। सब शक्ति खो गई। कहीं कुछ बदलाहट नहीं हुई है, सब वैसा का वैसा है। कोई बीमार नहीं हो गया है अचानक; लेकिन स्वास्थ्य खो गया। बीमारी तो नहीं आई, स्वास्थ्य जा चुका। उतरा। आया था, तब सीढ़ियों पर चलने में एक नृत्य था, जवानी थी। लौटता था तो सीढ़ियों के पास की दीवाल का सहारा लेकर उतरने लगा। आँख पर धुंध छा गई। पैर कँपने लगे।

फकीर ने कहा : भई, ऐसी क्या बात है? अभी आए थे तब भले-चंगे थे, अब इतने क्यों परेशान हो रहे हो? ऐसा क्या दीवाल पकड़ रहे हो? जवान आदमी हो!

लेकिन अब उसे कुछ सुनाई न पड़ा; कान जैसे बहरे हो गए; आँखें जैसे अंधी हो गईं।

सारी इंद्रियों का खेल है जब तक जीवन है। जब जीवन ही जाता हो तो सब इंद्रियाँ उदास हो गईं। वह घर जाकर बिस्तर से लग गया। घर के लोगों ने कहा—क्या हुआ है आज? कोई बीमारी हो गई है, कोई दु:ख, काई पीड़ा, कोई चिंता?

उस युवक ने कहा कि न कोई चिंता है, न कोई बीमारी है, न कोई दु:ख है; लेकिन सब गया। चिंता भी नहीं है। चिंता भी क्या करनी है? एकदम

शून्य हो गया हूँ। सब डगमगा गया है। भीतर एक कँपकँपी है। मरना है कल सुबह। फकीर ने कहा है—उम्र की रेखा कट गई है।

बार-बार अपना हाथ देखता है, रेखा देखता है। घर के लोग रोने-पीटने लगे। मोहल्ले-पड़ोस के लोग इकट्ठे हो गए। दूसरे दिन सुबह सूरज के पहले वह युवक बुझी-बुझी हालत में था—अब गया, तब गया; जैसे दीया आखिरी टिमटिमाहट लेता है। तभी फकीर ने द्वार पर दस्तक दी। पत्नी रो रही थी, बाप रो रहा था, माँ रो रही थी, बच्चे रो रहे थे। मोहल्ला इकट्ठा था। फकीर ने कहा—रोओ मत। मुझे भीतर आने दो। चुप हो जाओ।

उस युवक को हिलाया—आँख खोल। उसने आँख खोली, लेकिन पहचान न सका कि कौन खड़ा है। प्रत्यभिज्ञा नष्ट हो गई। फकीर ने कहा : तेरे सवाल का जवाब देने आया हूँ।

उस युवक ने कहा—बंद भी करो। सवाल का जवाब माँगता कौन है?

उस फकीर ने कहा—लेकिन जो मैंने यह तेरे हाथ की रेखा की बात कही है, यह तेरे सवाल का जवाब है। अभी तेरी मौत आई नहीं है। मैं तुझसे यह पूछना चाहता हूँ कि इन चौबीस घंटों में तूने कोई पाप किया?

'सवाल का उत्तर है?' युवक उठकर बैठ गया—'तो मौत नहीं आ रही है?'

फकीर ने कहा—यह सिर्फ मजाक था; सिर्फ यह बताने को कि अगर मौत आती हो तो आदमी के जीवन से पाप खो जाता है। चौबीस घंटे में कोई पाप किया? किसी को दु:ख पहुँचाया?

उस युवक ने कहा—दु:ख की बात करते हैं; दुश्मनों से क्षमा माँग ली। सिवाय प्रार्थना के इन चौबीस घंटों में कुछ भी नहीं किया है।

फकीर ने कहा कि मेरे जीवन में भी जो तुझे पवित्रता दिखाई पड़ती है, वह मौत के बोध के कारण है। तुझे चौबीस घंटे बाद मौत दिखाई पड़ती है, मुझे चौबीस साल बाद दिखाई पड़ती है—इससे क्या फर्क पड़ता है? मौत है! मौत का होना काफी है। वह सत्तर दिन बाद आएगी कि सत्तर साल बाद आएगी—इससे क्या...? यह तो ब्यौरे की बात है। इसमें कोई शक नहीं पड़ता; आ रही है! जो आ रही है, वह आ रही है। उसने मेरे जीवन को बदल दिया है।

मृत्यु का बोध जीवन को रूपांतरित करता है; जीवन को पुण्य की गरिमा से भरता है; जीवन को पवित्रता के सुवास से भरता है; जीवन को पंख देता है परलोक जाने के; परलोक की अभीप्सा देता है; परमात्मा की खोज की

आकांक्षा जगाता है।

लेकिन पश्चिम में जो खोज चलती है मृत्यु की, वह धर्म की खोज नहीं है; वह धर्म से बचने की खोज है : कैसे हम मृत्यु को जीत लें; कैसे आदमी को लंबाया जा सके? अगर हृदय टूट जाता है तो प्लास्टिक का हृदय कैसे लगाया जा सके, जो कभी न टूटे या कभी बिगड़ जाए तो दूसरा प्लास्टिक का हृदय पेट्रोल पंप से लिया जा सके। कभी कुछ गड़बड़ हो जाए तो शरीर को गैरेज में ले जाकर खड़ा कर दिया–नट–बोल्ट की बात रह जाए, तकनीकी हो जाए जीवन। हड्डी टूट जाती है; वह स्टील की हो सकती है कल। खून खराब हो जाता है; वह पूरा का पूरा बदला जा सकता है। खून की जरूरत क्या है? रासायनिक द्रव्य उसकी जगह बह सकते हैं, जो ज्यादा शुद्ध होंगे। शरीर को इस भाँति कर लेना है कि वह यंत्रमात्र हो जाए, तो फिर उसमें पुर्जे बिगड़ते जाएँ, बदलते जाओ और अंतकाल तक शरीर को चलाते रहो : वह कभी बूढ़ा न हो; वह कभी जराजीर्ण न हो।

तुम थोड़ी देर सोचो–यह जो आकांक्षा है, मृत्यु को जीत लेने की, यह जीवन के सामने सबसे बड़ा संघर्ष है। यह युद्ध वाले मन की आकांक्षा है। पहले विज्ञान ने प्रकृति को जीतना चाहा, अब प्रकृति पर जीत काफी दूर हो गई है; अब वह परमात्मा को भी जीत लेना चाहता है। फिर कोई मंदिर न होगा, न कोई प्रार्थना होगी, न ध्यान का कोई सवाल होगा। तुम जीते रहोगे; यद्यपि जीवन जैसा सब कुछ विदा हो जाएगा, क्योंकि यंत्र का क्या जीवन?

तुम थोड़ी देर को सोचो; तुम्हारे भीतर सब कल–पुर्जे चल रहे हैं–क्या जीवन होगा तुम्हारा? तुम्हारी क्या आत्मा होगी? आत्मा तुम्हारी निजता में है, तुम्हारे व्यक्तित्व में है, तुम्हारे अनूठेपन में है, तुम्हारी अद्वितीयता में है। यंत्र तो यंत्र ही होंगे; उनमें तुम्हारी कोई अद्वितीयता न रह जाएगी।

विज्ञान मृत्यु के संबंध में सोचता है–मृत्यु को जीतने को। धर्म मृत्यु के संबंध में सोचता है–मृत्यु को स्वीकार करने को। इनमें क्रांतिकारी फर्क है। धर्म कहता है–जो है उसे स्वीकार कर लो। उससे लड़ना व्यर्थ है। अंश अंशी से लड़ेगा तो कैसे जीतेगा? खंड अखंड से लड़ेगा तो हार निश्चित है। और लड़ने में जो समय गया, शक्ति गई, वही समय और शक्ति तो जीवन के आनंद को भोगने में व्यतीत हो सकती थी। तुम लड़ो ही मत, बहो।

धर्म कहता है–समर्पण। विज्ञान कहता है–संघर्ष! मृत्यु के संबंध में दो ही दृष्टिकोण हैं–या तो संघर्ष या समर्पण।

समर्पण ही द्वार है। अगर तुमने समर्पण किया तो मृत्यु जीत ली जाती है–बड़े गहरे अर्थों में। शरीर की मृत्यु नहीं जीती जाती, लेकिन आत्मा की मृत्यु जीत ली जाती है। शरीर तो मरेगा, मरना ही चाहिए; क्योंकि जीवन नित नूतन होता है। पुराने ही वृक्ष खड़े रहे तो नए का आना बंद हो जाएगा। बढ़े ही बचे रहे तो बच्चों का प्रवाह, बच्चों की धारा अवरुद्ध हो जाएगी। जीवन तो नित नया होता है। तुम जीवन के प्रति मोहग्रस्त मत बनो। यह आग्रह मत करो कि मैं इसी ढंग से बना रहूँ, जैसा हूँ। तुम परमात्मा को मौका दो कि वह तुम्हें नित नया करता जाए।

मृत्य तुम्हें नया करने की कोशिश है। मृत्यु दुश्मन नहीं है; मृत्यु तो तुम्हें बदलने का उपाय है। मृत्यु तुम्हें सतत प्रवाह में रखने का माध्यम है। तुम तो चाहोगे कि जड़ हो जाओ। बर्फ की तरह जम जाओ; मृत्यु तुम्हें पिघलाए जाती है, जलधारा की तरह बहाए जाती है। मृत्यु साथी है। वह जीवन का दूसरा पैर है। जैसे पक्षी के दो पंख हैं, ऐसा जन्म और मृत्यु तुम्हारे दो पंख हैं। उन दोनों से ही तुम जीवन के आकाश में उड़ते हो। उनमें से एक पंख तुमने काट दिया तो ध्यान रखना, दूसरा पंख काम न आएगा।

जिस दिन मनुष्य मृत्यु को जीत लेगा–जीत नहीं सकता, यह मैं जानता हूँ, यह सिर्फ मैं परिकल्पना की बात कह रहा हूँ विज्ञान की–यदि मनुष्य मृत्यु को जीत लेगा, उसी दिन जीवन व्यर्थ हो जाएगा; उसी दिन जीवन में कोई सार न रह जाएगा। जिस दिन मनुष्य मृत्यु को जीत लेगा, उसी दिन तुम अटके रह जाओगे। तुम लंबे जीओगे लेकिन तुम प्लास्टिक के हो जाओगे। तुम लंबे जीओगे, तुम्हारा हृदय धड़कता ही रहेगा, लेकिन वह लोहे का हृदय होगा, आदमी का नहीं। उसमें से परमात्मा का हाथ अलग हो जाएगा; उसमें आदमी का हाथ समाविष्ट हो जाएगा। तब तुम एक यंत्रवत् हो रहोगे।

लेकिन, अगर तुम जीवन को ठीक से समझोगे कि मृत्यु अनिवार्य है। वह कोई दुर्घटना नहीं है। मृत्यु कोई दर्घटना नहीं है, मृत्यु जीवन का अनिवार्य अंग है; अत्यंत अपरिहार्य है; होनी ही चाहिए; आवश्यकता है ताकि देह बदल सके, तुम्हारे जराजीर्ण वस्त्रों को तुम छोड़ दो, नए वस्त्र पहन लो।

विज्ञान की चेष्टा, ऐसी है जैसे भिखमंगे की चेष्टा है; उसके पास फटे-पुराने कपड़े हैं, चीथड़े हैं, वह उन्हीं में थेगड़े लगाए जाता है, मगर छोड़ता नहीं है : भिखमंगा है, उसे भरोसा नहीं है कि दूसरे वस्त्र मिल सकते हैं। सम्राट् अपने वस्त्रों पर थेगड़े नहीं लगाता; वस्त्र इसके पहले कि पुराने हों,

छोड़ देता है, नए वस्त्र उपलब्ध हो जाते हैं।

धर्म का ढंग सम्राट् का ढंग है। क्या थेगड़े लगाना है उस शरीर पर? दूसरा मिलेगा। जहाँ से पहला आया है, वहाँ से दूसरे के आने में क्या अड़चन है? जिसने तुम्हें इस बार जीवन दिया है, वह तुम्हें दुबारा न देगा—ऐसा संदेह तुम्हें कैसे होता है, क्यों होता है? अगर एक बार जीवन का चमत्कार घट सकता है तो हजार बार क्यों नहीं घट सकता? जो बात एक बार हो सकती है, वह करोड़ बार हो सकती है। जो बात हो ही नहीं सकती, वह एक बार भी नहीं हो सकती। तुमने एक बार जीवन को जाना, बसंत को जाना—पतझड़ को भी जानो! हर पतझड़ के बाद फिर बसंत आ जाएगा। तुमने जीवन की मुस्कराहट जानी, जीवन का रुदन भी जानो। हर आँसुओं के बाद आँखें फिर स्वच्छ और ताजा हो जाएँगी। जो वृक्ष के फूल आज गिर रहे हैं, पतझड़ में वृक्ष के पत्ते, चुपचाप दबते जाते हैं मिट्टी में, वे फिर उगेंगे। वस्तुत: जमीन में वे जा कहाँ रहे हैं? जड़ों के पास पहुँच रहे हैं। जमीन में घुलेंगे-मिलेंगे, फिर नई जड़ों से प्रवाहित होंगे, फिर उठेंगे आकाश में, फिर खिलेंगे।

डरो मत! सूखे पत्ते की तरह कँपो मत। घबड़ाओ मत। चुपचाप सो जाओ गहन निद्रा में। उतर जाओ जड़ों के पास। जिसने तुम्हें एक बार उठाया था आकाश में, वह तुम्हें अनंत बार उठा सकेगा।

कमजोर आदमी भिखमंगा आदमी, भयग्रस्त है। उसकी आस्था नहीं है। वह कहता है—इस बार तो किसी तरह हो गए; अब आगे कैसे होंगे, इसलिए पकड़े रहो! सूखा पत्ता वृक्ष को पकड़ने की कोशिश कर रहा है। वह कहता है—मैं लगा ही रहूँ, चाहे धागे से सी दिया जाऊँ, चाहे सूख जाऊँ, सड़ जाऊँ मगर अटका रहूँ वृक्ष से।

तुम सोचो : अगर सूखे पत्ते को वैज्ञानिक किसी तरह अटका दे तो सूखे पत्ते के हित में हुआ या अहित में हुआ? उसके नए होने का उपाय नहीं रहेगा। अब वह जमीन में वापस न हो सकेगा। और इतने दिन तक आकाश में खड़े रहने के बाद, हवाओं से जूझने के बाद विश्राम भी चाहिए। वह भूमि में खो जाए, कुछ देर गहरी नींद ले ले, फिर ताजा और नया हो जाए—फिर सुबह होगी!

तुम उस भिखमंगे की तरह मत बनो, जो सोचता है, अगर ये वस्त्र खो गए तो फिर कोई वस्त्र मिल नहीं सकते; ये वस्त्र आखिरी नियति मालूम होते हैं, इन्हीं पर थेगड़े लगाए जाओ; थेगड़े भी फटने लगें तो थेगड़ों पर थेगड़े लगाए जाओ; गंदे और जराजीर्ण होते चले जाओ—लेकिन पकड़े रहो!

सम्राट् उतार देता है वस्त्रों को, दूसरे पहन लेता है।

धर्म का ढंग सम्राट का ढंग है। धर्म इतना ही सिखाता है कि तुम्हारा शरीर ज्यादा-से-ज्यादा वस्त्रों की भाँति है, उसे छोड़ने से घबड़ाना मत। तुम तुम्हारा शरीर नहीं हो। तुम तो वही शाश्वत स्वर हो, जो अनंत शरीरों में आया और गया, जिसने बहुत पतझड़ देखे और बहुत बसंत। तुम न तो पतझड़ हो, न बसंत हो। तुम न तो सूखा पत्ता हो, न हरे पत्ते हो। तुम तो वह जीवन हो, जो हरे पत्ते को हरा करता है। तुम तो वह जीवन हो, जो विदा हो जाने पर सूखे पत्ते को सूखा करता है। तुम जीवन की रसधारा हो।

इस रसधारा को ही हमने ब्रह्म कहा, आत्मा कहा। इस रसधारा का न कोई नाम है, न रूप है। यह रसधारा बहुत ढंगों से प्रकट होती हैं। तुम इसके अनंत खेल में भागीदार बनो। तुम डरो मत। तुम भय से कँपो मत। वही फरीद कह रहे हैं कि जब मौत आए फरीद, तू उठकर खड़े हो जाना; तू स्वागत के लिए हाथ फैला देना। मौत तुझे, ऐसा न हो, गैर-तैयारी में पाए, ऐसा न हो कि कहीं तू अपने को धोखा दे दे आखिरी क्षण में और डरने लगे और कँपने लगे और पकड़ ले जोर से जीवन को। कहीं ऐसा न हो! उठकर खड़े हो जाना। स्वागत में द्वार खोल देना। फूल-माला सजा लेना। कहना : मैं कब से प्रतीक्षा करता था!

तत्क्षण वह जो मौत की तरह दिखाई पड़ा था, वह मौत की तरह दिखाई नहीं पड़ेगा।

इसे थोड़ा समझो, क्योंकि मौत तुम जिसे कहते हो, वह भी तुम्हारी व्याख्या है। मौत शब्द में ही तुम्हारी व्याख्या छिपी है। द्वार पर कोई आता है जरूर; वह कौन है, यह तुम्हारी व्याख्या पर निर्भर होगा। अगर तुम भयभीत हो तो मौत; अगर तुम निर्भय हो तो परमात्मा। यह तुम्हारी व्याख्या है। जो आता है, तुम उसे थोड़े ही देखते हो; तुम्हारा मन तुम्हें जो दिखाता है, तुम उसी को देखते हो। अगर तुम डर गए तो द्वार पर खड़ा हुआ दुल्हा मौत का है, अगर तुम न डरे, उठकर घोड़े पर सवार हो गए कि चलने को तैयार हूँ—अचानक दूल्हे का रूप खुल जाता है, रहस्य खुल जाता है। वह तुम्हारा प्रीतम है, जिसकी प्रतीक्षा की थी। कभी वह जन्म की तरह आया था, तब भी तुम चूक गए, न देख पाए; अब मौत की तरह आया है, अब भी चूक जाओगे?

फरीद कहता है : फरीदा, अपने को धोखा मत दे देना। अब यह अवसर चूक न जाए। अब तो तू पहचान ही लेना कि कौन द्वार पर दस्तक देता है?

पश्चिम में भी मृत्यु का विचार लगता है, लेकिन वह विचार धर्म के लिए नहीं है; वह विचार इसलिए चलता है कि हम कैसे मनुष्य को अमर बना दें। और अमर होने की आकांक्षा किसलिए है?—ताकि वासनाओं को हम अनंत तक भोग सकें। आखिर अमर होने की आकांक्षा हो सकती है? क्या करोगे? सत्तर साल जीते हो; सात सौ साल जीओगे—क्या करोगे? सात हजार साल जीओगे—क्या करोगे? वही करोगे न जो सत्तर साल जी कर किया था? उसी को बार-बार करोगे। उसको ही दोहराते जाओगे। गाड़ी के चाक की तरह घूमते रहोगे। करोगे क्या? वही पद, वहीं धन, वही वासना—उसी को दोहराओगे।

आदमी अमर क्यों होना चाहता है? क्योंकि जीवन छोटा मालूम पड़ता है और वासनाएँ इतनी बड़ी मालूम पड़ती हैं कि पूरी नहीं होतीं। जीवन छोटा पड़ता है, वासनाएँ बहुत हैं अरबों-अरबों रुपए जमा करने हैं। बड़े पदों पर पहुँचना है। सारे साम्राज्य को निर्मित करना है। अनंत आकांक्षाएँ हैं और जीवन थोड़ा है—यह अड़चन है। इसलिए आदमी अमरता चाहता है। कहीं कोई मिल जाए अमृत, कहीं कोई मिल जाए पारस पत्थर कि छूते ही आदमी अमर हो जाए—बस फिर कोई दिक्कत नहीं है। फिर कितनी ही हों वासनाएँ, सभी को पूरा करके रहेंगे।

लेकिन वासनाओं का स्वभाव दुष्पूर है। वासनाएँ इसलिए पूरी नहीं होतीं कि तुम्हारा जीवन छोटा है, यह मत समझना; वासनाएँ इसलिए पूरी नहीं होती कि पूरा होना उनका स्वभाव नहीं है।

यही धार्मिक और अधार्मिक व्यक्ति की दृष्टि का भेद है। अधार्मिक व्यक्ति कहता है, जीवन छोटा है—आया, गया, सत्तर साल में चुक जाता है। बीस-पच्चीस साल तक तो होश ही नहीं रहता—बचपन में गुजर गए, लड़कपन में गुजर गए। बीस साल आदमी सोता है साठ साल में, वे ऐसे ही गुजर जाते हैं। फिर खाना है, पीना है, काम करना है, नौकरी-चाकरी—इस सब में वक्त व्यतीत हो जाता है। बचता क्या है? अगर सत्तर साल में बहुत खोजबीन करो तो भोगने लायक समय क्या बचता है : साल दो साल, बहुत? साल दो साल में इतनी वासनाएँ पूरी कैसे होंगी? नहीं, जीवन छोटा है; वासनाएँ ज्यादा हैं। लेकिन धार्मिक व्यक्ति कहता है, यह नहीं है बात; वासनाओं का स्वभाव दुष्पूर है।

ययाति की बड़ी प्रसिद्ध कथा है। वह मरने के करीब हुआ। वह सौ साल का हो गया था। मृत्यु लेने आई, ययाति गिड़गिड़ाने लगा। वह बड़ा सम्राट् था। मृत्यु को भी दया आ गई। वह आदमी बड़ा बलशाली था, और आज ऐसे दुर्दिन

में रोने लगा, छोटे बच्चों की तरह चीखने-चिल्लाने लगा और मृत्यु के पैर पकड़ने लगा। वहीं उसने भूल की, जो फरीद बचाना चाहता है कि-फरीद, अपने को धोखा मत देना। ययाति उठकर खड़ा न हो सका; गिड़गिड़ाने लगा। वह कहने लगा-मुझे छोड़ दो। अभी तो कुछ भी पूरा नहीं हुआ। अभी तो एक भी वासना पूरी नहीं हुई और तुम लेने आ गई हो। अन्याय मत करो। ये दिन तो ऐसे ही बीत गए बेहोशी में। सौ साल मुझे ओर मिल जाएँ बस, तो अब मैं चूकूँगा नहीं, भोग ही लूँगा। सौ साल बाद तुम आ जाना, तुम मुझे तैयार पाओगी।

पर मौत ने कहा : किसी को ले जाना पड़ेगा। खाली हाथ जाने का कोई उपाय नहीं है। तू अपने बेटों में से किसी को राजी कर ले।

सौ बेटे थे ययाति के। सौ साल जी चुका था। सैकड़ों रानियाँ थीं। मौत ने तो इसलिए कहा, क्योंकि यह तो तरकीब थी मौत की कि कोई बेटा कहीं जाने को राजी हुआ है! जब बाप तक मरने को राजी नहीं तो बेटा कैसे राजी होगा? सौ साल का बूढ़ा मरने को राजी नहीं तो तीस-पच्चीस-चालीस साल का जवान कैसे मरने को राजी होगा? जब इसकी वासनाएँ पूरी नहीं हुईं तो चालीस-पचास साल के आदमी की वासनाएँ अभी कहाँ पूरी हुई होंगी? यह तो तरकीब थी। यह तो होशियारी थी मौत की। यह तो सिर्फ न कहने का एक कुशल ढंग था। यह तो राजनीति थी।

ययाति ने अपने लड़कों को बुला लिया। बड़े लड़कों ने तो ध्यान ही न दिया। वे तो चुपचाप बैठे रहे। उन्होंने तो सिर भी न हिलाया; क्योंकि वे भी जीवन के अनुभव से अनुभवी हो गए थे। उन्होंने भी कहा : यह बूढ़ा क्या बातें कर रहा है! तुम मरना नहीं चाहते, हमें मारना चाहते हो! जब तुम्हारी इच्छाएँ पूरी न हुईं तो हमारी कहाँ से पूरी हो जाएँगी? हम तो तुमसे कम ही जीए हैं। तुमने तो सब भोग लिया। तुम हटो तो सिंहासन खाली हो, तो हम भी थोड़ा भोग सकें। तुम हमें हटाने की कोशिश कर रहे हो! यह तो जरूरत से ज्यादा बात हो गई। बाप मरे, यह तो नैसर्गिक नियम है; बाप के पहले बेटा मरे, और वह भी बाप माँगे, यह भी कोई बाप हुआ! और बाप कहे कि तू मर जा! ऐसे बाप के लिए कौन मरने को राजी होगा?

बड़े लड़के तो चुप रहे, लेकिन एक छोटा, जिसकी उम्र कुल अट्ठारह-उन्नीस साल की थी-अभी कली खिली भी न थी, अभी जवान ही हो रहा था, अभी मूँछ की रेखाएँ आनी शुरू हुई थीं-वह उठकर पास आ गया और उसने कहा कि मैं तैयार हूँ। ययाति भी चौंका। वह बेटा उसे बहुत

प्यारा था। लेकिन अपने से ज्यादा प्यारा तो बेटा भी नहीं होता। अपनी जान जाती हो तो पति भी प्यारा नहीं, पत्नी भी प्यारी नहीं, बेटा भी प्यारा नहीं। उपनिषद् कहते हैं, आदमी दूसरों को भी अपने लिए प्रेम करता है। यह तो सुविधा होती है, तब की बात है प्रेम। अब यहाँ जहाँ मौत का सवाल हो तो तुम अपने को बचाओगे कि बेटे को बचाओगे?

ययाति को दु:ख हुआ, लेकिन मजबूरी थी। उसने कहा : क्षमा कर। लेकिन मेरा रहना जरूरी है।

मौत हैरान हुई। मौत ने उस बेटे के कान में कहा : नासमझ! तेरा बाप मरने को तैयार नहीं, तू मरने को तैयार है?

उस बेटे ने कहा : बाप को न मरते देखकर ही मैं तैयार हो गया। सोचा कि जब सौ साल में भी इच्छाएँ पूरी नहीं होती तो मैं भी क्या कर लूँगा! अस्सी साल और गँवाने से क्या फायदा है? अस्सी साल बाद तुम आओगे, मृत्यु के देवता! आओगे जरूर, तब अस्सी साल और यहाँ तुम्हारी राह देखने की क्या जरूरत है? निपटारा ही करो। बात खत्म ही करो। और बाप की भी इच्छाएँ अभी पूरी नहीं हुई–इससे साफ है कि इच्छाएँ पूरी नहीं होतीं। नहीं तो मेरे पिता को क्या कमी थी? हजारों रानियाँ हैं, धन-संपत्ति है, बड़ा साम्राज्य है। जगत में कीर्ति है। क्या था उसे, जो उपलब्ध नहीं था, जो भोगने को शेष रह गया हो? सब उसने भोग लिया है, लेकिन लगता है, भोग का कभी अंत नहीं होता। तुम मुझे ले चलो। मैं तो पिता को तैयार न देखकर ही तैयार हो गया हूँ। बात ही खत्म हो गई। अब इसी मूढ़ता में मैं क्यों पड़ूँ?

मौत ने मजबूरी में वचन दे दिया, ययाति के बेटे को ले जाना पड़ा। सौ साल ययाति जिंदा रहा। फिर मौत आई। लेकिन वह सौ साल भूल ही गया, बात ही भूल गया था। सौ साल इतना लंबा वक्त है, कौन याद रखता है। सौ साल बाद मौत आई, फिर गिड़गिड़ाने लगा। कथा बड़ी अदभुत है! फिर रोने लगा और कहने लगा : मैं तो भूल ही गया। भोग नहीं पाया। सब अधूरा रह गया।

ऐसे मौत दस बार आई। हर बार ययाति के एक बेटे को ले गई। ग्यारहवीं बार तब भी ययाति गिड़गिड़ा रहा था। मौत ने कहा : कुछ तो सोचो! तुम्हारी वासनाएँ कभी पूरी होंगी?

तब उसे होश आया। यह भी जल्दी आया, हजार ही साल में आ गया; तुम तो न मालूम कितने हजार साल से जी रहे हो। पर हर बार मौत आती है और तुम भूल जाते हो। एक शरीर ले जाती है, तुम्हें दूसरा शरीर मिल जाता

है, तुम उस शरीर में फिर बेहोश हो जाते हो।

ययाति ने एक वचन लिखा जाते वक्त, आने वाली संतति के लिए कितना ही भोगो, भोग भोगने से नहीं जाते। कितना ही भोगो, भोगों का अंत नहीं है। तृष्णा दुष्पूर है। वासना पूरी नहीं होती। समय का सवाल नहीं है। वासना का स्वभाव पूरा होना नहीं है।

यह ययाति की कथा तो काल्पनिक है, लेकिन इससे ज्यादा सत्य कथा तुम कहाँ पाओगे? यही तो सबकी कथा है।

तो, एक तो रास्ता है जो विज्ञान को, साधारण बुद्धि को समझ में आता है कि जीवन को बढ़ा लो तो वासनाओं को पूरा करने का काफी समय मिल जाएगा। लेकिन धर्म कहता है, कितना ही समय हो, वासना पूरी नहीं होतीं; क्योंकि वासना का स्वभाव पूरा होना नहीं है।

तुमने कभी वासना पर विचार किया? तुम्हारे पास दस हजार रुपए हैं, दस लाख की वासना है। दस लाख हो जाएँगे, तुम सोचते हो तृप्त हो जाएगी वासना?–वासना दस करोड़ की हो जाएगी। दस करोड़ हो जाएँगे, तुम सोचते हो तृप्त हो जाएगी?–वासना दस अरब की हो जाएगी। संख्या तो सदा आगे शेष रहेगी। दस का अनुपात कायम रहेगा। दस रुपए थे तो सौ रुपए की आकांक्षा थी; दस हजार थे तो लाख की थी, लाख थे तो दस लाख की थी–लेकिन दस का अनुपात कायम रहेगा।

तुम जितना आगे बढ़ते हो, वासना क्षितिज की भाँति उतनी ही आगे बढ़ जाती है। जैसे आकाश छूता हुआ दिखाई पड़ता है पृथ्वी को, कहीं छूता नहीं–बढ़ते जाओ, दिखता है यह रहा, दो-चार-दस मील चलने की बात है : पहुँच जाएँगे, उस जगह जहाँ आकाश पृथ्वी को छूता है। तुम कभी न पहुँचोगे, तुम पूरी पृथ्वी के हजारों चक्कर लगा लो। आकाश कहीं छूता नहीं, सिर्फ छूता मालूम होता है। वासना कभी तृप्त नहीं होती, सिर्फ दूर तृप्त होती मालूम देती है। वह मृगमरीचिका है।

विज्ञान कहता है : समय को बढ़ा लो। धर्म कहता है : समझ लो जगा लो। विज्ञान कहता है : उम्र लंबी हो, सब ठीक हो जाएगा। धर्म कहता है : बोध गहरा लो, सब ठीक हो जाएगा। वासना समय की लंबाई से न कटेगी, बोध की गहराई से कटेगी।

पूरब भी मृत्यु पर विचार करता है–कारण बड़े अलग हैं : तुम्हें जगाने को, चौंकाने को, मृत्यु की बात करता है कि तुम होश में आ जाओ। शायद

मृत्यु का खयाल तुम्हें जगा दे, तिलमिला दे। पश्चिम मृत्यु का विचार करता है, ताकि ये बुद्ध, महावीर और फरीदों की बात सुनने की जरूरत ही न रह जाए। सब पागल सिद्ध हो जाएँ! ये चिल्ला-चिल्लाकर कहते हैं : जीवन क्षणभंगुर है। ये चिल्ला-चिल्लाकर कहते हैं कि इस जीवन में वासना तृप्त न होगी। विज्ञान चाहता है सिद्ध कर दे कि हम तुम्हें इतना अनंत जीवन देते हैं कि कैसी भी वासना तृप्त करनी हो कर लो।

विज्ञान की लड़ाई बहुत गहरे में धर्म से है। विज्ञान कभी ऐसा कर न पाएगा। हो सकता है, जीवन लंबा हो जाए–सत्तर साल की जगह आदमी सात सौ साल जीने लगे। मेरे हिसाब में तो ये सात सौ साल जीने से आदमी की वासना पूरी तो होगी नहीं; बुद्ध और फरीद के वचन ज्यादा सही मालूम होने लगेंगे।

इसलिए मैं भयभीत नहीं हूँ इससे कि विज्ञान जो कर रहा है, वह नहीं करना चाहिए। करो, क्योंकि हम मानते हैं कि जितना लंबा समय होगा उतना ही तुम्हें समझ में आएगा कि समय की लंबाई से कुछ भी नहीं होता। ययाति को हजार साल में पता चल गया। हजार साल में पता चल गया। जो बात सौ साल में पता न चली वह हजार साल में धीरे-धीरे उसको भी समझ में आ गई कि यह तो मैं बार-बार माँगता हूँ, मेरी वासना इंच-भर भी समाप्त नहीं होती।

विज्ञान अगर किसी दिन तैयार हो गया, समर्थ-सफल हो गया और आदमी के जीवन को लंबा कर लिया तो मैं नहीं मानता कि इससे धर्म को कोई खतरा है। विज्ञान सोचता होगा; वह गलती में है। इससे तो बुद्ध और फरीद के वचन और भी सही हो जाएँगे। तब उनको तर्क भी देने की जरूरत न रह जाएगी। तुम्हारी जीवन की व्यवस्था ही तुम्हें बता देगी कि कुछ हल नहीं होता। जीवन सात सौ साल का हो तो भी क्षणभंगुर है। सात हजार साल का हो तो भी क्षणभंगुर है। समय ही क्षणभंगुर है। समय के बांहर जाना है शाश्वत को पाने के लिए। समय की लंबाई का नाम शाश्वतता नहीं है। समय के बाहर, अतिक्रमण का नाम शाश्वतता है। समय तो कितना लंबा हो, क्षणभंगुर है। उम्र तो कितनी ही लंबी हो, समाप्त होगी; मौत पर ही समाप्त होगी। बीच का फासला कितना भी कर लो बड़ा–सात साल हो, सत्तर साल हो, सात हजार साल हो, सात लाख साल हो; मगर जीवन अंत होगा मौत पर ही। और जितना लंबा होगा, उतना ही बोध होगा कि यह तो कुछ हल नहीं होता, लंबाई से कुछ हल नहीं होता।

तो, मैं तो मानता हूँ विज्ञान सफल हो जाए तो अच्छा लंबा करने में। उस दिन हमें चीजें और भी साफ दिखाई पड़ने लगेंगी, जैसे किसी ने दूरबीन हाथ में दे दी और दूर के दृश्य दिखाई पड़ने लगे; या जैसे किसी को खुर्दबीन से दिखाई पड़ने लगा। सत्तर साल में चीजें छोटी हैं, सात हजार साल में पूरी फैलकर बड़ी हो जाएँगी, साफ-साफ दिखाई पड़ने लगेंगी।

विज्ञान सोचता हो कि धर्म से मुक्ति हो जाएगी, लेकिन धर्म से मुक्ति असंभव है। धर्म से छुटकारा असंभव है। धर्म का अंत नहीं हो सकता है। क्योंकि धर्म मनुष्य की आत्यंतिक नियति है। वह तुम्हारे भीतर छिपा है। मोक्ष तुम्हारा खोजना ही होगा। जीवन और मृत्यु के पार का दर्शन करना ही होगा। इसलिए धर्म से कोई बचने का उपाय नहीं है। धर्म से तुम अपने को बचाने की चेष्टा कर सकते हो : सभी चेष्टाएँ असफल होती हैं—होंगी।

इसलिए पूरब और पश्चिम की मृत्यु की विचारणा में बड़ा भेद है।

दूसरा प्रश्न : *आप कहते हैं, प्रार्थना माँग नहीं है, मात्र धन्यवाद देना है, अहोभाव प्रकट करना है, लेकिन वेद, उपनिषद् बाइबिल, कुरान आदि अन्य धर्मग्रंथों में सैकड़ों प्रार्थनाएँ माँग-जैसी मिलती हैं। क्या प्रभु से प्रकाश और प्रज्ञा माँगना भी अनुचित है?*

धर्मग्रंथों में सभी कुछ धर्म नहीं है, क्योंकि धर्मग्रंथ प्रज्ञावान पुरुषों का बोध और अप्रज्ञावान संग्राहकों की अबुद्धि, दोनों का जोड़ है।

कृष्ण ने गीता कही। एक तो कहने में ही, जो भीतर जाना है वह पूरा प्रकट नहीं होता, वह बहुत बड़ा है शब्दों से। उपनिषद् कहते हैं, वहाँ से शब्द भी वापस लौट आते हैं, गिर-गिर पड़ते हैं वापस, उतनी उड़ान नहीं भर पाते शब्द। शब्द ऐसे हैं जैसे मुर्गी की उड़ान; वह कोई दूर सूरज तक नहीं पहुँच पाती; ऐसा एकाध दीवाल छलाँग लगानी हो, थोड़ा-बहुत उछलना-कूदना हो—ठीक है। पंख होने से यह मत सोचना कि मुर्गी उड़ सकती है। छलाँग लगा लेती है। शब्दों के पंख भी इतने ही समर्थ हैं कि थोड़ी-सी छलाँग लगा लेते हैं। उनकी कोई ज्यादा सामर्थ्य नहीं है।

तो, पहले तो कृष्ण जब कहते हैं तभी उतना नहीं रह जाता, जितना वे जानते हैं। जो कृष्ण जानते हैं, वह कहने में हजार सीढ़ियाँ नीचे गिर जाता है। फिर अर्जुन सुनता है। जो अर्जुन सुनता है उतना ही समझ नहीं पाता। कान तो सुन लेते हैं जो कहा गया, लेकिन कान में थोड़े ही समझ है, समझ तो

मस्तिष्क में है। फिर अर्जुन उसकी व्याख्या करता है। तो जो अर्जुन समझता है, वह उतना नहीं है जितना सुना, वह सुनने से बहुत कम है। फिर अर्जुन भी लिखता नहीं। संजय, तीसरा ही व्यक्ति, वह अंधे धृतराष्ट्र को सुनाता है।

यह जरा कहानी बहुत अर्थपूर्ण है। अभी धर्मग्रंथों का जन्म इसमें छिपा है। जानने वाले ने कहा, कहने में जानना बहुत छोटा हो गया; न जानने वाले ने सुना, जितना सुना था, समझना उससे बहुत छोटा हो गया। फिर किसी तीसरे ने, जो न कहने वाला था न सुनने वाला था, सिर्फ गवाह था, उसने इकट्ठा किया। उसने जो इकट्ठा किया, वह और भी नीचे गिर गया। और फिर उसने अंधे धृतराष्ट्र को कहा—अंधों को, जो न जानने वाले थे न सुनने वाले थे, न देख सकते थे। ऐसे धर्मग्रंथ नीचे उतरता जाता है। फिर धृतराष्ट्र ने जो समझा, वही तुम्हारी समझ है। फिर हजारों साल बीतते हैं और धृतराष्ट्र धृतराष्ट्रों को सुनाते चले जाते हैं। 'अंधौ अंधा ठेलिया!' फिर अंधे अंधों को मार्गदर्शन देते रहते हैं, व्याख्याएँ-टीकाएँ होती रहती हैं। अगर कृष्ण लौट आएँ तो पहचान भी न सकेंगे कि ये बातें मैंने ही कही थीं। असंभव है।

तो, पहली बात, धर्मग्रंथों में सभी कुछ धर्म नहीं है। यह अड़चन होती है हमें मानने में, लेकिन सचाई ऐसी है। अड़चन हो न हो, कुछ किया नहीं जा सकता। अगर वेदों में धर्म खोजना हो तो एक प्रतिशत भी मिल जाए तो बहुत, निन्यानवे प्रतिशत कचरा है। होना ही चाहिए, क्योंकि वेद सबसे पुरानी किताब है। जितनी पुरानी उतनी ही धूल इकट्ठी हो गई। जितनी पुरानी उतने हाथों में सरक गई। जितनी पुरानी उतनी गंदी हो गई। उतना जुड़ता चला गया, जुड़ता चला गया। कौन रोकेगा, किसको रोकेगा? हजारों साल तक वेद तो सिर्फ कंठस्थ थे, लिखे नहीं गए थे। जब कंठस्थ थे तो बड़ा मजा था। कंठ-कंठ की बात थी, अपना-अपना जोड़ था। इसलिए वेदों की कई प्रतिमाएँ हैं, कई ढंग हैं। कुछ सूत्र एक में मिलते हैं, कुछ सूत्र दूसरे में मिलते हैं, कुछ सूत्र कहीं नहीं मिलते। वेद के कई पाठ हैं। हर घराने का अपना वेद था। उसी तरह तो चतुर्वेदी, त्रिवेदी, द्विवेदी पैदा हुए। जिनको चारों वेद कंठस्थ थे, जिनके परिवार में, वे चतुर्वेदी! जिनके घर में तीन वेद कंठस्थ थे, वे त्रिवेदी। जिनके घर में दो वेद कंठस्थ थे, वे द्विवेदी।

फिर वे लिखे गए।

जो चीज कही जाती है, उसमें और लिखने में बड़ा फर्क पड़ जाता है।

मैं तुमसे यहाँ बोल रहा हूँ : जब मैं बोल रहा हूँ तो मैं शब्द का भी

उपयोग कर रहा हूँ, मेरे हाथ भी इशारा कर रहे हैं, मेरे कंठ की लय में फर्क पड़ता है। अगर किसी शब्द पर मुझे जोर देना है तो मैं ओर ढंग से कहता हूँ। कभी मैं थोड़ा चुप रह जाता हूँ, ताकि शून्य भी शब्द के साथ जुड़ जाए; सीधा-सीधा न हो तो भी कम-से-कम शब्द के आसपास हो। कभी तुम्हारी तरफ देखता हूँ ताकि जो नजर से नहीं कहा जा सकता, हाथ से इशारा नहीं किया जा सकता, उसे आँख से आँख में उंडेल दिया जाए। मेरी पूरी भाव-भंगिमा, मेरा होना, सब उसमें समाहित है। जब तुम इसे लिखोगे, तब कोरे शब्द रह जाएँगे। उन शब्दों में कोई हाथ हिलकर तुम्हें इशारा न करेंगे, कोई आँख उन शब्दों से तुम्हें झाँकेंगी नहीं। उन शब्दों में कोई लयबद्धता न होगी। वे एक-से सपाट होंगे। कभी स्वर ऊँचा, कभी नीचा न होगा। उन शब्दों के बीच शून्य न होगा। वे शब्द बहुत कुछ खो देंगे, मुर्दा हो जाएँगे। अभी जीवित हैं। यही होंगे शब्द, लेकिन मुर्दा हो जाएँगे।

यहाँ जब तुम मुझे सुनते हो, जब यहाँ तुम मेरे निकट हो तो सुनते वक्त तुम चुप हो गए होते हो। जब तुम पढ़ोगे इन्हीं शब्दों को, चुप होने की जरूरत न होगी। कारण? जब तुम मुझे सुन रहे हो, अगर तुम चुप न हुए, एक शब्द भी चूक गया तो दुबारा सुनने का कोई उपाय नहीं है—गया, गया! तुम्हें तत्पर होना होगा। तुम ध्यानस्थ हो जाओगे। तुम एक-एक शब्द को पकड़ोगे कि कहीं कोई चूक न जाए, क्योंकि एक शब्द चूका तो श्रृंखला बिगड़ जाएगी, फिर आगे का तुम न समझ पाओगे। लेकिन किताब पढ़ने में क्या ध्यान देने की जरूरत है? अगर चूक गया पूरा पन्ना फिर से पढ़ लेंगे, पूरी किताब फिर से पढ़ लेंगे। इसलिए किताब पढ़ते वक्त कोई भी ध्यानस्थ नहीं हो पाता। होने की जरूरत नहीं है। जब जरूरत ही नहीं है तो कौन परेशान होता है? सुनते वक्त ध्यान की एक गरिमा उपलब्ध होती है, ध्यान का भाव उपलब्ध होता है।

तो जब सुने गए, कहे गए शब्द लिखे जाते हैं, तब और खो जाता है। फिर जो लिखते हैं, वे अपना जोड़ जाते हैं। शायद हित के लिए ही जोड़ते हों। उनको लगता है, इससे लाभ होगा। कुछ छोड़ देते हैं, उनको लगता है, इससे हानि होगी। शुभेच्छा से ही करते हैं।

जब भारत आजाद होने के करीब हुआ तो गांधी ने एक लेख लिखा कि खजुराहो, कोणार्क और पुरी के मंदिरों को मिट्टी से ढाँककर दबा देना चाहिए, क्योंकि इनमें अश्लील प्रतिमाएँ है। यह गांधी के मन में विचार तो बहुत पुराना था। उन्नीस सौ बीस से यह उनके मन में खयाल था कि जब शक्ति हाथ में

आए तो यह होना चाहिए। वह शुभेच्छा से; यद्यपि अज्ञान-पूर्ण है। क्योंकि जिन्होंने खजुराहों के मंदिर बनाए थे, उन्होंने किसी विज्ञान को मंदिर के पत्थरों में खोदा है, पूरा तंत्र खोदा है। अश्लील नहीं हैं वे मंदिर, अश्लील होने से कोई लेना-देना नहीं है। अगर गांधी को भी अश्लील दिखाई पड़ते हैं तो सिर्फ गांधी के मन की खबर देते हैं, मंदिरों का कुछ लेना-देना नहीं है।

जिन्होंने मंदिर बनाए थे, बड़े पूजा के भाव से बनाए थे और उनके पीछे बड़ा राज़ था। खजुराहो की एक-एक मूर्ति पर ध्यान करने से तुम्हारे मन की कामवासना क्षीण हो जाती है। हाँ, ऐसे ही तुम देखने वाले की तरह पहुँच गए; देखने वालों के लिए वे मंदिर देख डाले, बैठे अपनी बस में और लौट आए, तो तुम्हें तो वे और ज्यादा परेशान कर जाएँगे; तुम्हारे भीतर वासना को जगा देंगे। वे मंदिर थे ध्यानियों के लिए; वे सभी के लिए उपलब्ध न थे। वे उनके लिए थे, जिनको गुरु कहता कि जाओ और मंदिर की इन-इन प्रतिमाओं पर, इन-इन मुद्राओं पर बैठकर चित्त एकाग्र करो। जिस व्यक्ति के मन में कामवासना की जो वृत्ति बहुत प्रबल होती, उसी तरह की प्रतिमा पर उसे ध्यान करने भेजा जाता। उस प्रतिमा पर ध्यान करते-करते जो उसके भीतर अचेतन में दबा है, वह उभरकर चेतन में आ जाता। सारा मनोविश्लेषण इतना ही है कि जो तुम्हारे भीतर दबा है, वह उभरकर बाहर आ जाए। उसी का प्रतिबिंब सामने बनाया गया था।

इसलिए खजुराहों में ऐसी प्रतिमाएँ भी हैं कि जो भरोसे के योग्य नहीं हैं। विचारक, जिनको कुछ पता नहीं है तंत्र का, वे कहते हैं कि ये तो बिलकुल ही अनर्गल हैं, ऐसा तो होता ही नहीं है। जैसे शीर्षासन करते हुए दो स्त्री-पुरुष संभोग कर रहे हैं—ऐसा कहीं होता है? यह कोई आसन है? यह कोई ढंग है? किसके लिए यह बनाया गया होगा? ऐसा होता नहीं है, लेकिन इस तरह के स्वप्न होते हैं। ऐसा वस्तुतः नहीं होता, लेकिन इस तरह के विकार मन में होते हैं। तुमने स्वप्न में तो इस-इस तरह की मुद्राएँ ली हैं कामवासना की, जो कि तुम यथार्थ से पूरा न कर सकोगे। खजुराहो के मंदिर पर तुम्हारा एक-एक स्वप्न खुदा है। उससे ज्यादा मनुष्य के स्वप्न में कभी भी नहीं हुआ। मनुष्यों के सपनों में जो भी हुआ है, उस सबके प्रतीक खजुराहो की मूर्तियों में खुदे हैं। तो वे प्रत्येक व्यक्ति के भीतर छिपी हुई वासनाओं को, विकृतियों को बाहर लाने के उपाय हैं।

गांधी ने कहा : इनको दबा दो। इनको मिट्टी में ढाँक दो। कभी किसी विशेष व्यक्ति को दिखाना हो, कोई सम्राट् आए, कोई राष्ट्रपति आए, तो वह

मिट्टी हटवा दी, साफ करवा दिया; अन्यथा आम जनता की देखने की बात नहीं है। जैसे कि राष्ट्रपति आम जनता नहीं है! आम जनता से भी आम! एक-बीतों से गए-बीते! क्योंकि नेता होने के लिए अनुयायियों से भी बदतर होना जरूरी है; नहीं तो तुमको नेता कौन बनाएगा?

रवींद्रनाथ ने विरोध किया कि इस तरह की कल्पना मत बाँधी जाए; ये मंदिर ढाँके न जाएँ। हालाँकि उनके बचाव का कारण भी दूसरा था; वह भी ज्ञानपूर्ण नहीं था बहुत। उनका कारण यह था कि प्रतिमाएँ बहुत सुंदर हैं, अनूठी हैं, सौंदर्य के प्रतीक हैं : इनको मिट्टी में न दबाया जाए। दबानेवाला भी गलत था, बचानेवाला भी गलत था; क्योंकि न तो इन प्रतिमाओं का सौंदर्य से कुछ लेना-देना है, न इन प्रतिमाओं का अश्लीलता से कुछ लेना-देना है; न तो ये लोगों के लिए सौंदर्यभाव जन्मे, इसलिए बनाई गई थीं और न इसलिए बनाई गई थीं कि लोगों में अश्लीलता जन्मे; ये तो बनाई गई थीं तंत्र की विधियों की तरह ताकि लोग कामवासना से मुक्त हो जाएँ। लेकिन दोनों की शुभेच्छा है।

फिर शास्त्र में से जुड़ना शुरू होता है। शुभेच्छा लोग हेर-फेर करते हैं, बदलाहट करते हैं, कुछ जोड़ते हैं, कुछ घटाते हैं : विकृति इकट्ठी होती चली जाती है।

तो, धर्मशास्त्र में सभी कुछ धर्म नहीं है। अगर धर्मशास्त्रों में एक प्रतिशत धर्म भी मिल जाए तो बड़ी असंभव घटना है; क्योंकि कितने हजारों साल से कितने हजारों लोगों ने जोड़ा है! उसका आज हिसाब लगाना मुश्किल है।

ऐसा ही समझो कि जैसे गंगा निकलती है गंगोत्री से तो जरा-सा झरना निकलता है; फिर तुम उसी गंगा को देखो, सागर में गिरते वक्त कैसी विराट हो जाती है। यह इतनी विराट गंगा नहीं हो गई है; इसमें जो करोड़ों-करोड़ों झरने आकर मिल गए हैं, दूसरी नदियाँ मिल गई हैं, नाले मिल गए हैं, नालियाँ मिल गई हैं—उन सबका परिणाम है।

अगर वेद का मूल खोजा जाए तो गंगोत्री में मिलेगा : जरा-सा झरना होगा; लेकिन शुद्ध स्फटिक होगा। इसलिए तो गंगोत्री की यात्रा का मूल्य है। वह प्रतीक यात्रा है। कोई गंगोत्री जाने की जरूरत नहीं है, लेकिन जब भी किसी शास्त्र में उतरना हो तो गंगोत्री की यात्रा करना। खोजना मूल को। लेकिन उस मूल को तुम खोजोगे कैसे, पहचानोगे कैसे? अगर तुम्हें अपना मूल मिल जाए तो पहचान लोगे, नहीं तो न पहचान सकोगे।

जिसने स्वयं के शास्त्र को पढ़ लिया उसके लिए ही शास्त्र सुगम होता

है। वही शास्त्र में देख पाता है : कितना शास्त्र है, कितना अशास्त्र है; कितना धर्म है, कितना अधर्म है। और कोई उपाय भी नहीं है, और कोई कसौटी भी नहीं है। इसलिए निश्चित प्रश्न ठीक है।

धर्मग्रंथों में भी ऐसी प्रार्थनाएँ हैं, जिनमें माँग है। और माँग का तो प्रार्थना से कोई संबंध नहीं हो सकता। इसलिए जहाँ-जहाँ माँग हो, समझना कि माँगनेवालों ने जोड़ दिया है।

ज्ञानी माँगता नहीं; ज्ञानी धन्यवाद देता है। इतना मिला ही हुआ है पहले से ही कि अब और क्या माँगना? माँगने को कुछ बचा ही नहीं है। जो दिया है वह इतना अनंत है कि उसमें माँगकर और जोड़ने का सवाल नहीं है। बिन माँगे इतना मिला है कि अब माँगकर और अपनी दीनता प्रकट करनी है, अपनी मूढ़ता प्रकट करनी है।

कबीर ने कहा है : बिन माँगे मोती मिलें माँगे मिले न चून। माँग-माँगकर तो रोटी भी नहीं मिलती, आटा भी नहीं मिलता, और बिना माँगे मोतियों की वर्षा होती है, यह प्रार्थना के लिए कहा है।

माँगोगे, कुछ न पाओगे; क्योंकि तुम माँगोगे भी कचरा ही। माँगोगे क्या?—कि दो साल और जिंदा रह जाएँ? —कि जरा लड़की का विवाह हो जाए? माँगोगे क्या? कि तीन लड़कियाँ हैं, एक लड़का और हो जाए? माँगोगे क्या? —कि इंस्पैक्टर हैं, जरा और ऊपर चले जाएँ?—एक रुपए के दो रुपए हो जाएँ?

तुम्हारी माँग भी तो तुम्हारी ही माँग होगी। तुम माँगोगे भी तो क्षुद्र।

नहीं, प्रार्थना माँग नहीं है। प्रार्थना चुप हो जाना है। प्रार्थना उसके द्वार पर अहोभाव से सिर को झुका देना है; उसे धन्यवाद देना है कि तूने बिना माँगे इतना दिया, और हम धन्यवाद देने के योग्य भी नहीं। हम किस मुँह से तुझे धन्यवाद दें, हमारी उतनी भी तो कोई अर्जित संपदा नहीं है। हम बस आनंद से नाच सकें, यही मेरी प्रार्थना हो सकती है।

और बिन माँगे मोती मिलें—और तब तुम्हारे चारों तरफ और भी मोतियों की वर्षा होने लगेगी। तुम्हारा धन्यभाव, तुम्हारा अहोभाव और बढ़ता जाएगा। निश्चित ही माँगना बुरा है।

तब सवाल उठ सकता है कि क्या प्रभु से प्रकाश और प्रज्ञा माँगना भी अनुचित है?

माँगना ही अनुचित है। क्या तुम माँगते हो—यह बड़ा सवाल नहीं है। अगर तुम जाओगे तो पाओगे, प्रज्ञा तो दी हुई है, प्रकाश तो उपलब्ध है; तुम

प्रार्थना कर रहे हो कि हे प्रभु, प्रकाश दो! अगर प्रभु तुम्हारी प्रार्थना सुनता होगा तो उसका सिर अभी तक खराब हो गया होगा कि अब तुम और चाहते क्या हो? प्रकाश है, है; आँख है आँख खोलते ही नहीं, हाथ जोड़े बैठे हैं कि प्रभु प्रकाश दो! और क्या चाहिए? और अगर आँख ऐसी दे दी जाए कि बंद न हो सके तो भी कष्ट पाओगे; क्योंकि तब प्रकाश अतिशय हो जाएगा, विश्राम भी चाहिए। इसलिए पलक है आँख पर फिर जब चाहो बंद करो और अँधेरे का आनंद लो; जब चाहो खोलो और प्रकाश का आनंद लो। क्योंकि अगर प्रकाश ही प्रकाश हो जाए तो तुम प्रार्थना करने लगोगे कि हे परमात्मा, अँधेरा दो, क्योंकि यह प्रकाश जरा ज्यादा हुआ जा रहा है, अब यह सहा नहीं जाता। इसलिए ऐसी आँख दी है, तुम्हें स्वतंत्रता दे दी है कि चाहो तो खोलो, चाहो तो बंद करो! आँख का मतलब ही इतना है कि वह तुम्हारी स्वतंत्रता है।

जो तुम माँगते हो, वह सब मौजूद है। वह तुम्हारे माँगने के पहले तुम्हारे भीतर छिपा दिया गया है। अब तुम व्यर्थ शोरगुल मत मचाओ। तुम जरा शांत होकर बैठो और अनुभव करो, क्या तुम्हें मिला है।

इसलिए मैं कहता हूँ, तुम जरा पहले यह खोज लो कि क्या-क्या तुम्हें मिला ही हुआ है। छोड़ो परमात्मा की भी फिक्र थोड़ी देर को; अपने भीतर ही जरा देखो कि क्या-क्या मुझे मिला है। तुम धीरे-धीरे पाओगे कि यहाँ तो कुछ भी कमी नहीं है; सभी पाया हुआ है। उस दिन तुम्हारे मन से एक अहोभाव उठेगा; तुम झुकोगे प्रार्थना में। तुम कहोगे : धन्यवाद तेरा! माँगा नहीं और तूने दिया। बिन माँगे दिया।

और जो माँगकर मिले, उसमें मिलने का मजा भी चला जाता है। उसमें देनेवाले का भी गौरव नहीं है, लेनेवाले का भी गौरव नहीं है। जो बिन माँगे मिल जाए, माँगनेवाले को पता भी न चले कि कब मैंने माँगा था और मिल जाए, वही गरिमापूर्ण है।

इसलिए परमात्मा ने तुम्हें बिना खबर दिए दिया है। अब तुम्हारा काम कुल इतना है कि जरा खोज लो। वीणा तुम्हारे सामने रखी है, अँगुलियाँ तुम्हारी तैयार हैं : जरा तारों को छेड़ो। अब तुम कहते हो : हे परमात्मा, संगीत दे। वीणा रखी है, हाथ रखे बैठे हैं वीणा पर, हो सकता है तकिया ही लगाए हों वीणा पर ही, सिर टेके बैठे हैं : हे परमात्मा, संगीत दे! थोड़ा छेड़ो। थोड़ा खोजो। जिसने तुम्हें संगीत की आकांक्षा दी है, उसने संगीत का उपाय भी दे ही दिया होगा।

इसे मैं एक बुनियादी बात कहता हूँ–जिसने तुम्हें प्यास दी है, उसने पानी पहले दे दिया होगा, अन्यथा प्यास का क्या मतलब था। तुम्हें तड़पाना है? वह कोई दुष्ट प्रकृति का, कोई दुखवादी है? वह कोई सेडिस्ट है कि तुम्हें सताना है कि प्यास दे दी और पानी नहीं दिया? भूख दी है तो भोजन है।

अगर यह खयाल दिया है कि प्रज्ञा मिलनी चाहिए तो प्रज्ञा दी ही होगी। अगर आनंद पाने की आकांक्षा दी है तो आनंद दिया ही होगा। इसके पहले कि आकांक्षा हो, उसके पहले, उससे भी पहले तुम्हें संपदा दे दी गई है।

मैं तुमसे माँगने को नहीं कहता; मैं तुमसे जागने को कहता हूँ, ताकि तुम्हारे जीवन में प्रार्थना का जन्म हो सके। कुछ भी मत माँगना। सब माँग भूल होगी। माँगोगे, पछताओगे। क्योंकि माँगने में गलती हो गई शुरू में ही। दिया ही हुआ था, उसी को माँगने बैठ गए। इस व्यर्थ की यात्रा से बचो।

तीसरा प्रश्न : *परमात्मा के प्रति प्रेमानुभूति से भरना, उसका वियोग अनुभव करना और अंततः उससे मिलन के लिए बावला हो जाना–ये सब शायद उन्नत, श्रेष्ठ आत्माओं की सँभावनाएँ हैं। कृपया बताएँ कि पिछड़ी आत्माएँ भक्ति की यात्रा आरंभ कैसे करें?*

श्रेष्ठ और पिछड़ी आत्माएँ, ऐसा कोई विभाजन है नहीं। एक विभाजन जरूर है : जागी और सोई। श्रेष्ठ अश्रेष्ठ, ऐसा कोई विभाजन नहीं है। वे गलत, वे कोटियाँ ही गलत हैं। वे अहंकारियों ने बनाई हैं कोटियाँ। श्रेष्ठ आत्माएँ! श्रेष्ट आत्माएँ यानी उनकी आत्माएँ! और अश्रेष्ठ आत्माएँ, पिछड़ी– यानी दूसरों की आत्माएँ! पुण्यात्माओं की आत्माएँ श्रेष्ठ, क्योंकि उन्होंने धर्मशाला बनाई, मंदिर को दान दिया, अस्पताल खोला! और उनकी आत्माएँ अश्रेष्ठ, जो अस्पतालों में भरती हैं, बीमारों की तरह पड़े हैं : स्कूलों में पढ़ रहे हैं, जिनको उन्होंने दान दिया; मंदिरों में पूजा कर रहे हैं, जिनको उन्होंने बनाया!

अहंकारी का विभाजन है–श्रेष्ठ और अश्रेष्ठ। आत्माएँ तो सभी श्रेष्ठ हैं। आत्मा का स्वभाव श्रेष्ठता है। कोई आत्मा निकृष्ट तो होती नहीं। कृत्य भला निकृष्ट हो तो भी आत्मा निकृष्ट नहीं होती। किसी आदमी ने बेईमानी की तो उसका वह कृत्य निकृष्ट हुआ, उसकी आत्मा निकृष्ट नहीं होती। इसलिए तो हम कहते हैं–कर्म से मुक्त हो गए कि तुम श्रेष्ठ हो; क्योंकि कर्म ही निकृष्ट होते हैं, तुम निकृष्ट नहीं होते। तुम्हारा होना तो सदा परिशुद्ध है।

जैसे दर्पण पर धूल जम जाए, तो धूल जम गई तो दर्पण में प्रतिबिंब

नहीं बनता; लेकिन दर्पण निकृष्ट नहीं हो गया। जरा हवा का झोंका, जरा पोंछ दो, पानी की फुहार—और दर्पण ताजा है।

तुम्हारे ऊपर कृत्यों की धूल भले जम जाए, लेकिन तुम दर्पण ही हो। धूल में भी दबे तुम बिलकुल शुद्ध हो। जैसे हीरा गिर जाए कीचड़ में, कीचड़ में दब जाए, चारों तरफ कीचड़ लिपट जाए, तो भी क्या फर्क पड़ता है? हीरा निकृष्ट नहीं होता। हीरा फिर भी हीरा है। कबीर ने कहा है—हीरा हेराइल कीचड़ में। तो भी हीरा तो हीरा ही है। कीचड़ नहीं हो सकता। कीचड़ कीचड़ है, हीरा हीरा है। दोनों कितने ही निकट हो जाएँ तो भी हीरा हीरा है, कीचड़ कीचड़ है। कीचड़ हीरे पर जम जाए, पर्त-पर्त बैठ जाए, हीरा हजार मील नीचे जमीन में खो जाए, तो भी हीरा हीरा है; हीरे में कण भर भी कीचड़ नहीं प्रविष्ट हो जाएगी। किसी भी दिन तुम खोज लोगे, धो लोगे नदी में; हीरा मुक्त है!

श्रेष्ठता आत्मा का स्वभाव है। इसलिए मैं श्रेष्ठ और अश्रेष्ठ, इस तरह की आत्माएँ नहीं बाँटता। पापी और पुण्यात्मा अहंकारियों का विभाजन है। नर्क और स्वर्ग शरारतियों का विभाजन है। पर एक विभाजन, जो कि स्वभावगत है, अहंकारगत नहीं, वह है—सोया और जागा। सोए में भी आत्मा श्रेष्ठ है; जागे में भी उतनी ही श्रेष्ठ है। जागे हुए आदमी की आत्मा सोए हुए आदमी से ज्यादा श्रेष्ठ नहीं है, उतनी ही श्रेष्ठ है। फर्क क्या है फिर? फर्क इतना है कि जागा हुआ जानता है कि मैं कौन हूँ; खजाना दोनों के पास बराबर है—एक को पता चल गया, एक को अभी पता नहीं है; खजाने में जरा भी फर्क नहीं है।

बुद्ध के पास जितना बड़ा खजाना है उतना ही बड़ा खजाना तुम्हारे पास है। फर्क क्या है? खजाने में कोई भी फर्क नहीं है, कोड़ी का फर्क नहीं है, फर्क इतना है कि बुद्ध को अपना खजाना दिखाई पड़ गया, तुम आँखें बंद किए खड़े हो। तुम भिखमंगे बने हो; खजाना भीतर लिए हो; हाथ बाहर फैलाए खोज रहे हो।

श्रेष्ठ-अश्रेष्ठ नहीं। श्रेष्ठता सभी का स्वभाव है। लेकिन तुम सोए हो सकते हो। जागना है! और जो जाग गया वह वही पा लेता है जो सोए में भी मिला था; लेकिन अब होश से पा लेना है। बस इतना ही फर्क है। बड़ा छोटा फर्क है; बड़ा भारी फर्क भी है।

तो, यह तो पूछो ही मत कि कौन श्रेष्ठ, कौन अश्रेष्ठ, और पिछड़ी आत्माएँ क्या करें? कोई पिछड़ी आत्मा नहीं है। बस दो तरह की आत्मा है—बुद्ध और अबुद्ध, सोई हुई, जागी हुई। सोई हुई आत्माएँ जागें, और तो कुछ

करने को नहीं है।

जागने के मैंने तुमसे दो उपाय कहे। एक तो है ध्यान, जो जागने की सीधी प्रक्रिया है। और एक है प्रेम, जो जागने की परोक्ष प्रक्रिया है। ध्यान प्रत्यक्ष उपाय है, प्रेम परोक्ष उपाय है। अगर सीधे जाग सको, सीधे जाग जाओ। कान को सीधा पकड़ना हो—ध्यान। कान को हाथ से घुमाकर सिर के पीछे से लाकर पकड़ना हो— प्रेम, प्रेम जरा लंबी यात्रा है; ध्यान सीधे चोट है। अगर जल्दी हो तो ध्यान; अगर जल्दी न हो तो प्रेम। अगर यात्रा का भी मजा लेना हो तो प्रेम; अगर सिर्फ पहुँचना ही हो तो ध्यान।

ऐसा ही समझो कि एक आदमी हवाई जहाज में बैठता है। यात्रा का कोई मजा नहीं है। बंबई से बैठा और लंदन उतर जाता है। यात्रा का क्या मजा है? न पहाड़, न हरियाली, न झरने, न पक्षी—न, यात्रा का कोई मजा नहीं है। यात्रा हो जाती है : एक बिंदु पर छलाँग ली, दूसरे बिंदु पर पहुँच जाता है—सीधी! कभी वायुयान और भी तीव्रगति के हो जाएँगे, तो तुम बैठ भी न पाओगे कि उतरने का वक्त आ जाएगा। तुम सम्हाल कर बैल्ट-पट्टी बाँधोगे और परिचारिकाएँ घोषणाएँ करेंगी कि अब बस बैल्ट-पट्टी खोलिए, उतरने का वक्त आ गया। यह तो समय जल्दी कम हो जाएगा।

लेकिन फिर एक ट्रेन से सफर है—दोनों तरफ के पहाड़ हैं, झरने हैं, नदियाँ हैं; पर ट्रेन भी बड़ी गति से जा रही है। फिर एक बैलगाड़ी का सफर है, पर बैलगाड़ी थोड़ी तो जल्दी जाएगी। फिर एक पैदल आदमी की यात्रा है। इसलिए तो तीर्थयात्रा को हम पैदल करते थे कि वह मंजिल का थोड़े ही मजा है, मार्ग का भी मजा है। जल्दी पहुँच जाने की क्या है? देखते हुए पहुँचना है; आँख को खूब हरियाली से भर लेना है; हृदय को खूब पक्षियों के गीत से भर लेना है; पहुँचते-पहुँचते खुद भी तीर्थ बन जाना है—तब पहुँचना है।

ध्यान तो सीधी त्वरित प्रक्रिया है। प्रेम जरा लंबी यात्रा है। इसलिए मैंने कहा कि ध्यान प्रत्यक्ष; प्रेम परोक्ष। मगर प्रेम जल्दी में भी नहीं है; क्योंकि प्रेम कहता है, जो मजा इंतजारी में है, जो मजा प्रतीक्षा में है, वह मिलन में भी कहाँ! जो मजा विरह में है, वह मिलन में भी कहाँ! प्रेम की कीमिया अलग है, वह कहती है, चलेंगे, नाचते हुए चलेंगे, थोड़ी देर से पहुँचेंगे माना, लेकिन जो मजा नाचते हुए चलने में है, वह पहुँच जाने में कहाँ! और एकदम से पहुँच भी गए, उसका भी क्या अर्थ है? नाचते हुए पहुँचेंगे!

प्रेम मार्ग को भी मूल्य देता है। ध्यान सिर्फ सिद्धि है। वह मार्ग की

बिलकुल फिक्र नहीं है। वह एक छलाँग है। प्रेम बड़ा क्रमिक है। ध्यान बड़ा त्वरित है।

जागने के दो उपाय हैं, जो जिसको रुचे, जिसको जैसा रुचे। वह रुचि की बात है। उसमें भी ध्यान रखना कि कोई श्रेष्ठ और अश्रेष्ठ नहीं है; रुचि की बात है। किसी को गुलाब का फूल रुचता है, तो इसमें कोई अश्रेष्ठ नहीं हो गया है, श्रेष्ठ भी नहीं हो गया है। किसी को चमेली में ही मजा आता है, तो इसमें कोई अश्रेष्ठ-श्रेष्ठ नहीं है। कोई कमल का दीवाना है। यह रुझान है। ये रुचियाँ हैं। इसमें कोई नीचा-ऊँचा नहीं होता। तुम यह नहीं कह सकते कि अरे, तुम गुलाब के, मैं कमल का भक्त हूँ-कमल कितना बड़ा, गुलाब इतना-सा! तुम अभी गुलाब में ही अटके हो?

गुलाब और कमल से कोई लेना-देना नहीं है। वह गुलाब वाला कहेगा कि तुमने क्या बकवास लगा रखी है? कहाँ गुलाब की कोमलता, कहाँ गुलाब की गंध! होगा कमल बड़ा लेकिन विस्तार से क्या लेना-देना है! कहाँ गुलाब की कोमलता, कहाँ गुलाब की गंध! कहाँ गुलाब की गहराई! राजा तो गुलाब है।

मगर इसमें कोई झगड़ा नहीं है। जब भी हम कहते हैं रुझान, तो उसका मतलब यह है कि व्यक्तिगत रुचि की बात है। तो दो रुचियाँ हो सकती हैं। ध्यान-किसी को जल्दी पहुँचना है; यात्रा का कोई प्रयोजन नहीं है, मंजिल। ठीक! किसी को धीरे-धीरे जाना है, पदयात्रा करनी है-बिलकुल ठीक! नदी-नालों में स्नान करना है, झरनों से मुलाकात करनी है, पर्वतों से मिलना है-पहुँचेंगे! उसके लिए प्रेम।

जागने के ये दो उपाय हैं। और आत्माएँ दो तरह की हैं-जागी हुई, गैर-जागी हुई। न तो गैर-जागी हुई आत्मा जागी हुई आत्मा से निकृष्ट है, न श्रेष्ठ है; दोनों बिलकुल समान हैं। एक को पता है, एक को पता नहीं है। लेकिन यह भी तुम्हारी मौज है। अगर तुमको अपना खजाना खोए रखना है, विस्मरण रखना है, अगर यही तुमने तय किया है तो कुछ हर्जा नहीं है। कौन ऊपर तुम्हें थोपने को है कि तुम जागो ही? पर इतना ही मेरा कहना है कि अगर सोते भी हो तो मर्जी से सोओ। फिर सोने की पीड़ा मत लो। फिर चिल्लाओ मत, दु:खी मत होओ कि मैं सो क्यों रहा हूँ, फिर सोने का ही आनंद लो। विस्मरण का भी सुख हो सकता है। लेकिन वह भी होशपूर्वक हो। अगर खजाने को नहीं देखना है तो वह भी होशपूर्वक हो कि अभी जल्दी नहीं है, अभी नहीं देखना है; पता तो है कि यह रहा खजाना पीछे, पर अभी थोड़े

दिन भीख माँगने का मजा लेना है। कोई हर्जा नहीं है।

मैं किसी की निंदा नहीं करता हूँ। मेरे लिए सभी स्वीकार है। बस जो भी वे कर रहे हैं, उससे उन्हें आनंद मिले, इतना पर्याप्त है। आनंद पुण्य है और दुःख पाप है। तुम दुःखी हो तो तुम पापी हो। तुमसे पुराने धर्म-गुरुओं ने कहा है कि तुम दुःखी इसलिए हो कि तुम पापी हो। मैं तुमने कहता हूँ कि तुम पापी इसलिए हो कि तुम दुःखी हो। बड़ा क्रांतिकारी फर्क है। मैं तुम्हारे पाप के विरोध में नहीं हूँ, तुम्हारे दुःख के विरोध में हूँ। मैं तुम्हें पुण्यात्मा नहीं बनाना चाहता हूँ; मैं तुम्हें आनंदित, अहोभाव से भरा हुआ बनाना चाहता हूँ।

चौथा प्रश्न : *आपने कहा कि झुकने का भाव ही परमात्मा तक पहुँचा देता है, लेकिन अंधविश्वास और शोषण पर खड़े मंदिरों और शोषण पर खड़े मंदिरों और धर्माचार्यों के चरणों में कैसे झुका जाए? स्वामी नारायण, श्रीनाथजी, राधास्वामी, जलाराम, सत्यसाईं बाबा आदि के प्रति झुकने का क्या प्रयोजन होगा? मैं एक ऐसे वैष्णव आचार्य के कुटुंब से परिचित हूँ, जो सभी तरह के व्यसन और अतिचारों में गर्त है, फिर भी हजारों लोग रोज उनके चरणों में गिरते हैं और लाखों का धन चढ़ाते हैं। क्या ऐसे स्थानों पर भी झुकना शुभ हो सकता है?*

यह प्रश्न है चंद्रकांत का। चंद्रकांत भाव से तो समाजवादी हैं, प्रेम से मेरे साथ जुड़ गए हैं। इसलिए उनकी अड़चन साफ है।

जब मैं कहता हूँ, झुकने में आनंद है तब यह सवाल उठना स्वाभाविक है कि क्या ऐसे लोगों के चरणों में भी झुका जाए, जो गलत हैं; या उन चरणों में झुका जाए जो सही हैं? जटिल सवाल है; क्योंकि तुम कैसे तय करोगे कि कौन-से चरण सही हैं और कौन-से गलत हैं? जो हजारों लोग कहीं झुक रहे हैं, वे सही मानकर ही झुक रहे हैं, नहीं तो वे भी न झुकते। तुम्हें गलत दिख रहा है, इसलिए झुकने में अड़चन मालूम हो रही है। तुम मेरे पास झुक गए हो; लेकिन हजारों लोग तुम्हें मिल जाएँगे, जो मुझे गलत मानते हैं और मेरे चरणों में नहीं झुक सकते हैं।

तो, क्या ऐसा कोई मापदंड है, जिस पर तराजू हो, तुल जाए और तय हो जाए कि कौन सही है; एक दफे तय हो जाए, सब वहीं झुक जाएँ; या तय हो जाए कि कौन गलत है? यह तो असंभव है। यह तय हो नहीं सकता। इसके तय होने का कोई उपाय नहीं है। मनुष्य इतना रहस्यपूर्ण है कि कोई कसौटी उसे कस नहीं पाती; वह सोने की तरह उथला नहीं है कि कस लिया और पता चल गया।

फिर एक को जो व्यसन मालूम पड़ता है, दूसरे को व्यसन न मालूम पड़े। मैं एक अघोरपंथी संन्यासी को जानता हूँ, जो शराब पीने में अतिकुशल हैं और जिनकी जिंदगी करीब-करीब प्रार्थना में नहीं, वेश्याओं के नृत्य देखने में गुजरी। लेकिन वह ब्रह्मचारी हैं, यह भी मैं जानता हूँ और उन-जैसा ब्रह्मचारी मैंने देखा नहीं। और वेश्याओं का नृत्य वह इसलिए देखते रहे हैं—वह उनकी साधना का हिस्सा है। शराब वे पीते हैं और डटकर पीते हैं; लेकिन उनको कभी किसी ने बेहोश नहीं देखा। वह उनकी साधना का अंग हैं कि शराब प्रभावित न करे; ध्यान इतना गहन हो जाए कि शराब शरीर को भले डुबा दे, ध्यान को न डुबा पाए, ध्यान शराब के सागर के ऊपर भी पृथक् खड़ा रहे, अतिक्रमण करता रहे। ये पुराने तंत्र के प्रयोग हैं। साधारणत: ऊपर से देखने में बड़ी कठिनाई होगी।

बनारस में वे रहते हैं। मैं एक मित्र के घर मेहमान था। मैंने उनसे कहा कि उनके पास मुझे ले चलो, या उन्हें खबर कर दो तो वे चले आएँगे। उन्होंने कहा—यह तो आप कृपा करें। उनको यहाँ तो हम न बुला सकेंगे। मुहल्ले-पड़ोस में...। हम गृहस्थ आदमी हैं; और उनका नाम आप जानते हैं, किस तरह बदनाम है! और इधर हमारे घर में आएँगे तो आपकी भी बदनामी होगी।, हमारी भी बदनामी होगी। और हम तो सलाह देते हैं कि आप भी वहाँ न जाएँ। फिर भी आपको जाना हो तो ड्राइवर आपको ले जाएगा, मैं साथ नहीं आ सकता।

मुझे तो जाना था, उनसे मिलना था, बहुत वर्ष हुए मिला नहीं था—तो गया। मगर उस दिन से जिनके घर में रुका था, उनसे मेरा संबंध टूट गया, क्योंकि मैं गलत हो गया! जब गलत आदमी के पास मैं गया और उनके चेताने पर गया तो सारा फर्क हो गया। लौटकर घर आया, उस घर में मेरा कोई सम्मान न रहा।

कैसे तय करोगे? तय करने का क्या उपाय है? किसी को एक बात ठीक लगती है, किसी को ठीक नहीं लगती।

जैन मुनि हैं! दिगंबर मुनि के पास तुम बैठ न सकोगे; शरीर से बदबू आती है, क्योंकि वह स्नान नहीं करता; मुँह से बास आती है, क्योंकि दतवन नहीं करता। दिगंबर जैन इसको बड़े अहोभाव से स्वीकार करते हैं। अगर उनको अपने मुनि के मुँह से बास न आए तो उनकी श्रद्धा टूट. जाएगी कि इसने दिखता है दतवन कर ली है। दतवन करने का तो मतलब है कि वह अपने मुँह को सुंदर बनाना चाहता है; लोगों के लिए रुचिकर प्रीतिकर बनाना

चाहता है; यह शरीरवादी है। अगर मुनि के शरीर से बास न आती हो, दुर्गंध न आती हो तो उसका मतलब है कि इसने या तो स्नान कर लिया, या कम से कम गीले कपड़े से शरीर पर स्पंज कर लिया होगा। यह तो बात गलत है। यह तो शरीर को सजाना हो गया। तो दिगंबर की तो यह परीक्षा है कि उसमें जितनी बदबू आए उतना ही वह महात्यागी है। अब दूसरा अगर जाएगा तो उसको घबड़ाहट होगी; उसे लगेगा कि इस गंदगी के पास कहाँ जाना है! यह गंदगी भी कोई त्याग है? इस गंदगी को तुम संन्यास कहते हो? संन्यास तो स्वच्छता है। और साधु तो स्वच्छ होना चाहिए। यह कोई स्वच्छता है? यह तो हद हो गई। यह तो असाधुओं से गई-बीती बात हो गई।

कैसे तय करोगे?

महावीर नग्न खड़े हो गए। निश्चित ही अशोभन रहा होगा। गाँव-गाँव से भगाए गए; क्योंकि लोगों ने कहा-यह क्या पागलपन है? घर में स्त्रियाँ हैं, बच्चे हैं, लड़कियाँ हैं। यह तो सब अनाचार फैल जाएगा। आदमी नग्न खड़ा है। लेकिन बहुतों ने उनकी पूजा की, क्योंकि उनकी नग्नता में बच्चों का निर्दोष भाव पाया।

करोगे क्या? कौन निर्णायक है कि बच्चों का निर्दोष भाव था कि एक नग्न उन्मत्त आदमी की दशा थी? कौन तय करेगा?

महावीर अपने बाल उखाड़ लेते थे हर वर्ष, ताकि कोई जूँ पड़ गए हों तो छुरा या उस्तरा चलाने से तो वे मर जाएँएगे, वे न मर जाएँ तो अपने बाल नोच लेते थे। अनेक ने उनकी पूजा की कि ऐसा तपस्वी...! लेकिन मनोवैज्ञानिक कहते हैं कि बाल उखाड़ने की वृत्ति एक खास तरह के पागलपन में पैदा होती है। जब आदमी में खास तरह का पागलपन होता है तो वह बाल उखाड़ता है। पागलखानों में तुम जाकर देखो। तुम्हें भी कभी-कभी सनक आई होगी बड़े क्रोध में कि उखाड़ लो बाल। कम-से-कम स्त्रियों को तो आती है। और अपने उखाड़ने की न आई होगी तो कम-से-कम पत्नी के उखाड़ लो, इसकी तो आई ही होगी। पर बाल उखाड़ने की सनक आती है पागलपन में; एक मौका आता है क्रोध का, जब नोच डालो बाल!

महावीर केश-लुंच करते थे। यह उनके पागलपन का हिस्सा था या उनकी अहिंसा का-कौन निर्णय करेगा? कैसे होगा निर्णय?

बुद्ध ने छह वर्ष तक तपश्चर्या की, फिर भोजन स्वीकार कर लिया। जो भक्त थे उनके, वे इस बीच में छोड़कर चले गए तत्क्षण कि यह आदमी

भ्रष्ट हो गया; इतने दिन तक उपवास किया और अब भोजन कर लिया। और भोजन भी साधारण न था, खीर थी! यह तपस्वी को शोभा नहीं देता। और खीर भी एक शूद्र की बनाई हुई थी। यह ज्ञानी को कहीं शोभा देता है कि शूद्र स्त्री के हाथ से बनाई गई खीर और बुद्ध ने स्वीकार कर ली। और खीर भी दिन में नहीं ली गई थी, रात में खाई गई, जो कि बिलकुल बात गलत है। रात्रि-भोजन! जो पाँच उनके अनन्य भक्त थे, उन्होंने उसी रात त्याग कर दिया कि यह आदमी भ्रष्ट हो गया। यह गौतम भ्रष्ट हो गया। वे भाग गए।

और उसी रात बुद्ध को ज्ञान हुआ!

अब बड़ा मुश्किल है ये जो पाँच छोड़कर चले गए, इनका भाव ठीक था? बुद्ध को उसी रात ज्ञान हुआ तो बुद्ध इतने निर्मल और सरल हो गए कि न रात का फर्क रहा, न दिन का फर्क रहा; न खीर का पता रहा, न रुखी-सूखी रोटी का पता रहा; न ब्राह्मण का बोध रहा, न शूद्र का बोध रहा। उसी रात ज्ञान उत्पन्न हुआ, और उसी रात शिष्य छोड़कर चले गए, जो सालों से पीछा कर रहे थे। बहुत मुश्किल है। कौन निर्णय करेगा?

तो, मैं तुमसे न कहूँगा कि तुम निर्णय करो। अगर तुम निर्णय करने में लगे कि जहाँ हमें ठीक लगेगा वहीं झुकेंगे तो एक बात समझ लेना कि तुम अपने ही सामने झुक रहे हो; क्योंकि तुम्हें ठीक लगा, इसलिए झुक रहे हो। ठीक किसको लगा? ठीक तुम्हें लगा, तुम्हारी धारणा को जमा। तुम अपनी ही धारणा के सामने झुक रहे हो। अगर मैं तुम्हें ठीक लगता हूँ, इसलिए तुम झुकते हो तो तुम झुके ही नहीं हो। ठीक के सामने कोई भी झुकता है। तुम अपने ही अहंकार की पूजा कर रहे हो मेरे माध्यम से।

नहीं। तो क्या मैं तुमसे यह कह रहा हूँ कि जहाँ-जहाँ तुम्हें गलत लगे, वहाँ झुक जाना? यह भी नहीं कह रहा हूँ। क्योंकि गलत लगेगा तो तुम झुकोगे कैसे? और अगर जबरदस्ती झुक भी गए तो खोपड़ी झुक जाएगी, अहंकार तो नहीं झुकेगा। तुम्हारे भीतर तो कोई कहता रहेगा-कहाँ झुक रहे हो? बिलकुल गलत है। लेकिन चूँकि मैंने कहा कि झुको, इसलिए झुक रहे हैं। मगर वह भी कोई झुकना न होगा; क्योंकि जो झुकना सरल न हो, सहज न हो, वह कोई झुकना है? तो फिर मैं क्या कह रहा हूँ? मैं यह कह रहा हूँ कि तुम इसकी फिक्र छोड़ दो कि तुम किसके सामने झुक रहे हो; मैं तुमसे यह कह रहा हूँ कि तुम झुकने की कला सीखो।

वृक्ष के सामने झुक जाओ अगर आदमियों के सामने झुकने में तुम्हें

अड़चन आती हो। पत्थरों के सामने झुक जाओ, पहाड़ों के सामने झुक जाओ। मैं तुमसे यह कह रहा हूँ कि तुम झुकने की कला सीखो। और अगर तुमने झुकने की कला सीख ली तो तुम हैरान होओगे; सत्यसांई बाबा में भी तुम्हें थोड़ा परमात्मा तो मिल ही जाएगा। झुकने के लिए काफी सहारा होगा। मदारी भी है वहाँ, उसके सामने मत झुकना, मगर मदारी के भीतर भी परमात्मा तो है ही, तुम परमात्मा के सामने ही झुकना। असल में अगर तुम मेरी बात ठीक से समझो तो मैं यह नहीं कह रहा हूँ कि तुम परमात्मा के सामने झुको; मैं यह कह रहा हूँ कि अगर तुमने झुकने की कला सीख ली तो तुम्हें हर जगह परमात्मा दिख जाएगा।

झुकने की कला आँख है। तुम सत्यसांई बाबा में भी परमात्मा देख लोगे। तुम यह भी देख लोगे कि परमात्मा जरा भटका हुआ है : राख वगैरह निकालता है हाथ से, निकालने दो, इससे अपना क्या लेना-देना है। राख ही निकाल रहा है, किसी का कोई नुकसान भी नहीं है इसमें। तुम राख निकलने के सामने न झुकोगे। उससे कोई लेना-देना नहीं है। परमात्मा थोड़ा मदारी का व्यवहार का रहा है : लीला बहुत ढंग की है, यह भी एक हिस्सा है, करने दो।

तुम झुकोगे, झुकने के रस के लिए। मैं तुमसे यह कह रहा हूँ कि झुकने में सार है। किसके सामने झुके, इसका सवाल ही नहीं है; झुकना असली गणित है। और अगर तुम झुक गए तो बुरे-से-बुरे शुभ को देख लोगे; तुम अँधेरे-से-अँधेरे में प्रकाश की किरण देख लोगे। तुम व्यसन से व्यसन में डूबे हुए में भी परमात्मा की छवि देख लोगे। वह असंभव है फिर। वह तुम्हें दिखाई पड़ेगी ही। वह तुम झुके, उसमें ही दिखाई पड़ जाती है। और शेष सबसे तुम्हें क्या लेना है? प्रयोजन नहीं है।

तो मेरा जोर तुम्हारे झुकने पर है; किसके सामने झुकना, इस पर नहीं है। वह तुम विचार ही मत करो। अगर वह तुमने विचार किया तो तुम कभी न झुक पाओगे। क्योंकि तुम शुभ-से-शुभ के भीतर भी खोज ही लोगे कुछ-न-कुछ गलत; अगर खोज जारी ही रखी तो मिल ही जाएगा कुछ-न-कुछ गलत। क्यों? क्योंकि अहंकार झुकना नहीं चाहता है और झुकने के लिए वह बहाने खोज लेता है। निरहंकार झुकना चाहता है। वह बहानों की फिक्र ही नहीं करता। वह कहता है, इतना ही काफी है कि तुम हो, हम झुकते हैं।

और फिर मजा यह है कि तुम किसके सामने झुके, इससे तुम्हें उपलब्धि नहीं होती; तुम झुके, इससे उपलब्धि होती है। इसलिए तो पत्थरों के

सामने झुकने वालों ने भी पा लिया; वृक्षों के सामने झुकने वालों ने भी पा लिया; नदियों के सामने झुकने वालों ने भी पा लिया। नदियाँ क्या देंगी—खाक? गंगा क्या दे सकती है? पहाड़-पत्थर क्या देंगे? काशी-काबा क्या देंगे? लेकिन मिला है बहुत लोगों को इसमें कोई शक नहीं है। वह जो मिला है, यह उनको झुकने से मिला है।

ये तो बहाने हैं, खूँटियाँ हैं। कोई भी खूँटी काम दे जाती है। तुम्हें कोट टाँगना हो तो तुम इसकी बहुत फिकर नहीं करते कि खूँटी सोने की है कि लकड़ी की है; खूँटी नहीं भी मिलती तो कीली पर टाँग देते हो; कीली नहीं मिलती तो दरवाजे पर ही टाँग देते हो। कोट टाँगना है तो सोने की और लोहे की कौन फिक्र करता है!

तुम झुकना सीखो। मैं तुमसे यह थोड़े ही कह रहा हूँ कि तुम खोज-खोजकर सत्यसाई बाबा, जलाराम इत्यादि को जाकर झुको; मैं तुमसे कह रहा हूँ कि तुम झुकने की कला सीखो। इतने सत्यसांई बाबा घूम रहे हैं, इन्हीं के सामने झुकने लगो।

राह पर चलते अजनबी के सामने झुको। घर आए मेहमान के सामने झुको। अपने बच्चे के सामने झुको, अपनी पत्नी के सामने झुको। झुकना सीखो। तुम झुकने में पारंगत हो जाओ और तुम पाओगे कि तुम्हें सब तरफ से परमात्मा की झलक आने लगी। तब सत्यसांई बाबा भी ज्यादा अड़चन न दे सकेंगे, उनमें भी तुम्हें परमात्मा दिखाई पड़ जाएगा। परमात्मा तो है ही; थोड़े उलटे-सीधे खेल में लगा होगा। यह परमात्मा जाने, तुम्हें क्या लेना है? तुम तो धन्यवाद दोगे कि तुमने हमें एक मौका दिया झुकने का—धन्यवाद! हम अपनी राह चले। अब तुमने विचार करना छोड़ दिया कि कौन ठीक है, कौन गलत है; अब तो तुमने यही सोचा कि जहाँ-जहाँ अहंकार को उतारकर रखने में सहारा मिल जाता है, उन-उन सभी को धन्यवाद।

ऐसी दशा है भक्त के भाव की। भक्त भगवान के सामने नहीं झुकता, झुकना सीख जाता है, सब जगह भगवान को पा लेता है।

आज इतना ही।

साई मेरे चंगा कीता

पाँच

सूत्र

किझु न बूझै किझु न सूझै, दुनिया गुझी भाहि।
साई मेरै चंगा कीता, नाहीं न हंभी दझां आहि।
फरीदा जे तू अकलि लतीफ, काले लिखु न लेख।
आपनड़े गिरीबान महि, सिरु नीवाँ करि देख।
फरीदा जो तै मारनि मुकीआँ, तिंहा न मारे घुंमि।
आपनड़े घरि जाईए, पैर तिंहादे चुंमि।।
फरीदा जा तउ खट्टण बेल तां तू रत्ता दुनि सिउ।
मरग सवाई नीति, जाँ भरिआँ ताँ लदिआ।।
देखु फरीदा जु थीआ, दाड़ी होई भूर।
अगहु नेड़ा आइआ, पिछा रहिआ दूर।।
देखु फरीदा जु थीआ, सकर होई विसु।
साई बाझहु आपणे, वेदणु कहीऐ किसु।।
फरीदा काली जिन्हीं न राविआ धउली रावै कोइ।
करी साई सिउ पिरहरी, रंगु नवेला होइ।।

एक तिब्बती कहावत है—जो जानते हैं कि जानते हैं और जानते नहीं, वे मूढ़ हैं; उनकी छाया से भी दूर रहो। जो जानते हैं कि नहीं जानते और नहीं जानते हैं, वे शिक्षा के योग्य नहीं; उन्हें सिखाओ। जो जानते हैं कि जानते हैं और जानते हैं, वे गुरुजन हैं; उनसे सीखो। और जो जानते हैं कि नहीं जानते, फिर भी जानते हैं, वे संतजन हैं; उनकी छाया का सत्संग भी अमृत है।

ज्ञान बड़ी पहेली है। सिर्फ जानने से जो जान लिया ज़ाता है, वह बहुत गहरा नहीं है। जिसे जानने से ऐसा खयाल पैदा हो जाता है कि जान लिया, वह अज्ञात है, अज्ञेय नहीं है। जिसे जानने से ऐसी मन की धारणा बन जाती है कि पहचान लिया, जान लिया, वह सीमित है, असीम नहीं है। जिसे तुमने जान लिया, वह असीम कैसे होगा? वह तुम्हारी मुट्ठी में आ गया। वह विराट् आकाश न रहा; वह तुम्हारे हाथ में बंद आकाश है, घटाकाश है, घड़े में बंद आकाश है। घड़े में बंद भी जो है वह आकाश है; लेकिन उसमें पक्षी उड़ न सकेंगे, उससे मुक्ति न मिलेगी। घड़े में बंद जो है, वह भी आकाश है; लेकिन उस घड़े में सूर्य का उदय न होगा। वह आकाश से टूट गया आकाश है; एक पतली मिट्टी की दीवाल दोनों के बीच आ गई है। कोई बहुत बड़ी दीवाल नहीं है : टूट सकती है; लेकिन दीवाल है।

घड़े का आकश भी आकाश है; लेकिन उसमें आषाढ़ के बादल न उठ सकेंगे, बिजलियाँ न कड़केंगी, वर्षा न होगी, उत्तप्त भूमि की प्यास न बुझेगी, मोर न नाचेंगे, पक्षी गीत न गाएँगे, वृक्ष हरे न होंगे। घड़े का आकाश रूखा-सूखा आकाश है। उसमें जीवन नाममात्र को है। नाममात्र को ही वह आकाश है।

जिसने जान लिया कि मैंने जान लिया, उसका ज्ञान घड़े में बंद ज्ञान हो गया। लेकिन जिसने जांना और जाना कि नहीं जाना, उसका ज्ञान मुक्त आकाश की तरह है; कोई सीमा नहीं है उसके ज्ञान की। इसलिए जिन्होंने

जाना है, जो परम ज्ञानी हैं, उन्होंने जानने का दावा नहीं किया। जिन्होंने दावा किया वे ज्ञानी होंगे, लेकिन परम ज्ञानी नहीं हैं। उनसे तुम कुछ थोड़ा-बहुत सीख सकते हो। उनके साथ थोड़ी दूर तक यात्रा हो सकती है; लेकिन उनके साथ तुम परमात्मा के मंदिर तक न पहुँच पाओगे। परमात्मा के मंदिर तक तुम उनके साथ पहुँचोगे, जिन्होंने जाना भी है और यह भी जाना है कि क्या खाक जाना! सब जानना दो कौड़ी का है। जिन्होंने जानने की सीमा जान ली, उन्होंने ही असीम को जाना है। जिन्होंने जानने की परिधि पहचान ली, उन्होंने जो परिधि के पार है, उससे सत्संग किया है।

जिनके भीतर जानने का अहंकार नहीं, उनका ज्ञान ही मुक्तिदाई होगा।

फरीद कहता है : मैं कुछ जानता नहीं!

'किझु न बूझे किझु न सूझै'—न कुछ जानता हूँ, न कुछ दिखाई पड़ता है। अंधा हूँ बिलकुल। समझ नाममात्र को नहीं है।

यह परम ज्ञानी का लक्षण है। इससे छोटे पर राजी मत होना। इससे छोटे पर राजी हुए तो खेल-खिलौनों में भटक जाओगे। बहुत ढंग के खेल-खिलौने हैं। जिन्हें तुम शास्त्र कहते हो, वे भी खेल-खिलौने हैं। उनमें भी तुम डूब सकते हो। उनसे भी तुम्हारी परिधि बन जाएगी। उनसे भी तुम क्षुद्र हो जाओगे, विराट् न हो सकोगे।

शास्त्र के पार जाना, क्योंकि ज्ञान शास्त्र के पार है। शब्द के पार जाना, क्योंकि बोध शब्द के पार है। जो कहा जा सके उस पर मत रुकना; जो कहा ही न जा सके, उसी को खोजना; क्योंकि शून्य में ही पूर्ण विराजमान है।

किझु न बूझै किझु न सूझै—न मुझे कुछ सूझता है, न मुझे कुछ दिखाई पड़ता है।

ऐसे ही व्यक्ति को सूझता है और ऐसे ही व्यक्ति को दिखाई पड़ता है।

फरीद परम ज्ञानी की भाषा बोल रहे हैं।

बड़ी मीठी कथा है! फरीद यात्रा पर थे। शिष्यों के साथ तीर्थयात्रा को निकले थे। रास्ते में काशी के करीब से गुजरते थे तो किसी शिष्य ने कहा—कबीर का आश्रम करीब है। हम वहाँ दो दिन रुकें। तुम दो ज्ञानियों की बातें होंगी, हम पर तो अमृत की वर्षा हो जाएगी। तुम्हारे दो शब्द हम सुन लेंगे आपस में बोलते हुए, हमें तो हीरे मिल जाएँगे, और विश्राम भी हो जाएगा।

फरीद हँसे। फरीद ने कहा—बात तो ठीक ही है, रुकें। ऐसी ही खबर कबीर आश्रम के वासियों को भी लग गई थी कि फरीद आता है; उन्होंने ही

कबीर को कहा कि फरीद को रोक ही लें। दो दिन साथ आपका हो जाए। तुम्हारे सत्संग में हमें परमात्मा का दर्शन होगा। तुम दोनों मिलोगे, उस मिलन में द्वार खुल जाएँगे। हम कुछ सुन लेंगे। रूखा-सूखा भी अगर हमारे हाथ लग गया तो हमारे लिए जीवनदायी हो जाएगा। दो ज्ञानियों की वार्ता अनूठी घटना होगी।

कबीर हँसे। उन्होंने कहा—बात तो ठीक ही है। रोको।

कबीर लेने आए फरीद को गाँव के बाहर। दोनों गले मिले। एक-दूसरे की आँखों में झाँका, मुस्कुराए, लेकिन बोले कुछ भी नहीं। दोनों के शिष्य थोड़े बेचैन होने लगे। आश्रम भी आ गया। सोचा था कि चलो, रास्ते पर न बोलते होंगे। आश्रम में दोनों आकर बैठ भी गए, विश्राम भी हो गया; पर वे दोनों हैं कि बैठे ही हैं; न बोले सो न बोले। दो दिन बीत गए। दोनों के शिष्य घबड़ा गए और ऊब गए। क्योंकि शब्द को ही हम पहचानते हैं, शून्य को तो पहचानते नहीं हैं। बोलने में जो आ जाए—वही हमें ज्ञान है। बोलने में जो न आए, वह तो हमारे लिए है ही नहीं; उसका तो होना न होने के बराबर है।

कबीर और फरीद के बीच बहुत कुछ बहा, बड़ा लेन-देन हुआ—होगा ही—लेकिन दिखाई न पड़ा, पकड़ में न आया; क्योंकि वह निःशब्द का लेन-देन था। वह शास्त्र का लेन-देन नहीं था। दो पंडित होते तो खूब चर्चा होती, बड़ी गंभीर चर्चा होती, बड़े सिद्धांतों की बाल की खाल निकाली जाती। लेकिन यह दो शून्यों का मिलन था। जब दो शन्य मिलते हैं तो एक ही शून्य हो जाता है—वार्तालाप कैसे होगा? दो शून्य दो तो हो ही नहीं सकते; मिलते ही, पास आते ही एक हो जाते हैं—जैसे पानी की दो बूँदें सरकते-सरकते पास आती हैं, फिर एक ही बूँद हो जाती है। नदी सागर में गिरती है। एक नदी दूसरी नदी में गिरती है, एक ही नदी हो जाती है।

पर मैं समझ सकता हूँ, तुम भी समझ सकते हो कि अगर दो दिन तुम्हें यहाँ मेरे पास चुपचाप बैठे रहना पड़े और उस चुप्पी में बड़ी अपेक्षा होगी कि अब, अब कुछ होता है, और कुछ न हो, सारी अपेक्षा खाली चली जाए, तो तुम ऊब ही जाओगे, घबड़ा ही जाओगे।

वे दो दिन बड़े लंबे मालूम हुए। वे कटते ही न थे। सोचा था बड़ा आनंद होगा, लेकिन बड़ी पीड़ा हुई।

ऐसी अंधों की कथा है। अंधे आदमी की यह मुसीबत है। उसे दिखाई नहीं पड़ता, जो दिखाई पड़ना चाहिए। उसे सुनाई नहीं पड़ता, जो सुनाई पड़ना

चाहिए। उसे वही दिखाई पड़ता है, जो देखने योग्य ही न था। उसे वही सुनाई पड़ता है, जो न भी सुनते तो चल जाता।

पर दोनों गुरुओं के सामने भी कुछ कहना मुश्किल था। दो दिन बाद फिर गले मिले, आँखों से आँसुओं की धाराएँ बहीं। बड़े प्रेम से और गद्‌गद् भाव से विदा। जैसे ही दोनों अलग हुए, अब शिष्टाचार की कोई जरूरत भी न थी, जैसे अपना ही गुरु बचा–फरीद के शिष्यों ने कहा–यह क्या पागलपन है? दो दिन खराब हुए। ऐसा ही था तो पहले कह देते तो दो दिन यात्रा और हो जाती। कहीं आगे पहुँच गए होते। दो दिन ऐसे ही गए, नाहक खराब हुए। आप कुछ बोले क्यों नहीं?

फरीद ने कहा–जो सामने था, वह बिना बोले समझ सकता था। तुमसे मैं बोलता हूँ, क्योंकि तुम बिना बोले न समझोगे। कबीर से बोलता तो मैं नासमझ सिद्ध होता। इसलिए चुप रहा। और बड़ा लेन-देन हुआ, नसमझो, तुम्हें दिखाई न पड़ा? कितनी किरणें यहाँ से वहाँ आईं, वहाँ से यहाँ आईं! कितना हम एक-दूसरे में डूबे!

उन्होंने कहा–हमें कुछ दिखाई न पड़ा, कुछ सुनाई न पड़ा। हम तो थक गए। दो दिन काटे न कटे।

कबीर के शिष्यों ने भी पूछा कि यह क्या हुआ? ऐसा तो कभी नहीं होता। और भी पंडितों को हमने आते देखा है, बड़ी बात होती है।

तो कबीर ने कहा–दो अज्ञानी मिलें तो खूब बात हो सकती है; हालाँकि उस बात में कुछ अर्थ नहीं होता। दो ज्ञानी मिलें, बात बिलकुल नहीं हो सकती, लेकिन उस बेबात में बड़ा अर्थ होता है। एक ज्ञानी और अज्ञानी मिले तो बात थोड़ी होती है, उसमें थोड़ा अर्थ भी होता है। दो अज्ञानी मिलें, खूब चर्चा होती है; चुप रह ही नहीं सकते दो अज्ञानी, बोले ही चले जाते हैं; हालाँकि बोलने को कुछ नहीं होता; बिना बात के बात चलती है, बात में से बात चलती है। न बोलते तो कुछ हर्ज न था, बोले तो कुछ लाभ नहीं है। दो ज्ञानी मिलें, चुप रह जाते हैं। शून्य में ही संवाद होता है। हाँ, एक अज्ञानी मिले और एक ज्ञानी मिले तो थोड़ी बात चलती है। वह बात ज्ञानी इसलिए चलाता है ताकि तुम भी शून्य हो जाओ। वह तुम्हें शून्य की तरफ शब्दों से इशारा देता है। अज्ञानी इसलिए चलाता है ताकि उसे कुछ शब्द पकड़ में आ जाएँ, ताकि वह और थोड़ा ज्ञानी हो जाए।

जब अज्ञानी और ज्ञानी मिलता है तो दोनों के मतलब अलग-अलग

होते हैं। जब गुरु और शिष्य का मिलन होता है तो तुम यह मत सोचना कि शिष्य उसी लिए मिलता है गुरु से जिस लिए गुरु शिष्य से मिलता है। दोनों के मिलन का अलग अर्थ होता है। शिष्य चाहता है कुछ सीख ले; गुरु चाहता है कुछ सीखा है इसने, वह भी इसका छीन लिया जाए, छुड़ा दिया जाए। शिष्य आया है कुछ ज्ञान बटोरने; गुरु कोशिश करता है इसका ज्ञान बिखर जाए तो इसका खुला आकाश इसे उपलब्ध हो जाए। शिष्य कुछ कूड़ा-कर्कट बीनने आया है; गुरु इससे छीन लेगा।

गुरु वही है, जो तुम्हारे ज्ञान को मिटा दे, क्योंकि तभी परमज्ञान का जन्म होता है। गुरु वही है, जो तुम्हारी दीए की टिमटिमाती पीली-सी ज्योति को फूँक दे, बुझा दे; क्योंकि उसके बुझते ही तुम्हारी आँखें महासूर्य की तरफ उठती हैं। उस टिमटिमाती ज्योति में अटके रहे, छोटे-से क्षुद्र ज्ञान में उलझे रहे तो विराट् तुम्हारे द्वार पर नहीं आ पाता।

और ध्यान रखना, एक छोटी-सी किरकिरी, एक छोटा-सा रेत का टुकड़ा आँखों में चला जाए तो विराट् आकाश दिखाई पड़ना बंद हो जाता है, क्योंकि आँख बंद हो जाती है। उतनी-सी किरकिरी हटाते ही आँख खुल जाती है, विराट् आकाश फिर से उपलब्ध हो जाता है। तुम्हारा ज्ञान आँख की किरकिरी है। इसलिए तुम सोचते हो कि किरकिरी तुम्हारा ज्ञान है। उसके कारण तुम अंधे हो। जिन्होंने जाना है उन्होंने कहा है—हमने कुछ जाना नहीं है।

किझु न बूझै किझु न सूझै—न मैं कुछ जानता न मैं कुछ देखता।

दुनिया यह गोया धधकती हुई आग है—'दुनिया गुझी भाहि।'

मेरे साई ने अच्छा किया कि मुझे चेता दिया, नहीं तो मैं इसमें जल-बल गया होता।

'साईं मेरे चंगा कीता, नाहीं त हंभी दझा आहि।'

न मुझे कुछ दिखता, न मुझे कुछ सूझता; न मैं कुछ जानता हूँ, और यह दुनिया धधकती हुई आग है। अंधे की तरह चलूँगा, बिना सूझे-बूझे गिरूँगा। अगर नहीं गिर पाया हूँ तो इसमें मेरी कोई कृतार्थता नहीं है। अगर नहीं गिर पाया हूँ तो यह कोई मेरा कृत्य नहीं है।

यह भक्त की भाव-दशा है। इसे समझने की कोशिश करें। यह बहुत नाजुक, कोमल, फूल की तरह कोमल है। इसे तर्क से नहीं समझा जा सकता; इसे बहुत हार्दिकता में ही भीतर उतारेंगे, बड़ी गहन सहानुभूति में, तो ही समझ

में आएगा।

मेरे साईं ने अच्छा किया कि मुझे चेता दिया।

अज्ञानी को जब कुछ लग जाता है हाथ तो वह कहता है—मैंने पाया। ज्ञानी को जब कुछ हाथ लगता है तो वह कहता है—साईं ने अच्छा किया। अज्ञानी को कुछ भी मिल जाए, उससे उसका अहंकार ही बढ़ता है। ज्ञानी को परम भी मिल जाए, परम धन मिल जाए, परम पद मिल जाए, परमात्मा हो जाए, तो भी ऐसा भाव नहीं उठता कि मैंने कुछ किया, मैंने कुछ पाया। वह तो जानता है कि मेरे रहते तो न कुछ पा सकता था, न कुछ कर सकता था।

किझु न बूझै किझु न सूझै—न तो मुझे कुछ सूझता है, न मुझे कुछ दिखाई पड़ता है। कर्त्ता मैं हो ही कैसे सकता हूँ? हाँ, जितनी बार गिरा, मैं गिरा; और जितनी बार उठाया, तूने उठाया।

इसे थोड़ा समझ लें।

जितनी बार भूला, मैं भूला। जितनी बार चेताया, तूने चेताया। जितने काँटे गड़े मेरे कारण; जितने फूल मिले, तेरी कृपा से! सब पाप मेरे, सब पुण्य तेरा।

यह भक्त की भाव-दशा है। और अगर तुम्हारा पुण्य भी तुम्हारा ही हो तो जानना कि अभी भक्ति के द्वार पर तुम नहीं आए। अगर तुम कहते हो कि मैंने इतनी पूजा की है, इतने त्याग, इतनी तपश्चर्या, इतने मंदिर बनाए, तो तुम समझना कि तुमने पुण्य के नाम पर भी पाप ही किए। क्योंकि एक पाप है, सब पापों का मूल एक-एक ही पाप है, वह है—मेरेपन का भाव, मैंने किया!

बुद्ध का एक बड़ा अनुयाई बोधिधर्म चीन गया। चीन का सम्राट् उसका स्वागत करने आया। चीन के सम्राट् ने स्वभावत: सम्राट् की भाषा में बात की। उसने आकर बोधिधर्म को कहा कि आप आए, स्वागत! मैंने हजारों बुद्ध-बिहार बनवाए; लाखों छायादार वृक्ष रास्तों पर खड़े किए ताकि राहगीरों को विश्राम मिले, छाया मिले; अनेक भोजनालय खोल दिए हैं, हजारों लोग मुफ्त भोजन लेते हैं; हजारों भिक्षु राज्य से पोषण पाते हैं; स्कूल खोले; आश्रम बनवाए; हजारों शास्त्रों को छपवाया, बँटवाया। इस सब पुण्य का अंतिम क्या फल होगा?

बोधिधर्म ने नीचे से ऊपर देखा और कहा—क्षमा करें। सीधे नरक जाएँगे आप। सम्राट् तो चौंक गया। ऐसी बात तो कभी किसी ने कही न थी। शिष्टाचार भी ध्यान में रखता है कोई। सीधे नरक!

उसने कहा—तुम पागल तो नहीं हो? मैंने इतने पुण्य किए और मैं नरक जाऊँगा।

बोधिधर्म ने कहा—क्या तुमने किया, इससे कोई नरक नहीं जाता; क्या तुमने किया, इससे कोई स्वर्ग नहीं जाता; जब तक कर्त्ता मौजूद है, तब तक तुम नरक जाते हो। तुमने क्या किया, यह बात असंगत है। उसकी तो चर्चा ही मत छेड़ो। तुमने किया, बस इतना काफी है। इतना मैंने जान लिया कि तुमने बनवाए! परमात्मा ने तुम्हारे भीतर से कुछ नहीं किया; तुमने किया! तुम उपकरण न बने, तुम उसके हाथ न बने। तुम अपनी अहमता में घिर गए। तुम नरक जाओगे।

सम्राट् वू ने—चीनी सम्राट ने—फिर कोशिश की, क्योंकि उसका मन मानने को तैयार नहीं होता था। क्योंकि अब तक तो जो भिक्षु आए थे, उन सबने यही समझाया था कि पुण्य करो, पुण्य करो, दान करो : करोड़ गुना पाओगे। उसने कहा—छोड़ो, स्वर्ग-नरक की बात छोड़ो, क्योंकि कौन देख आया है; न तुम गए, न मैं गया। इतना कहो मुझे कि मैंने जो किया वह पवित्र कार्य है या नहीं?

बोधिधर्म ने कहा : पवित्र? इससे ज्यादा अपवित्र और क्या होगा? क्योंकि क्या तुमने किया, इससे कोई संबंध नहीं है। तुमने किया : पवित्र नहीं रहा। उसने किया : पवित्र हो गया।

इसलिए तो बहुत अनूठी बात गीता में कृष्ण अर्जुन से कह सके हैं कि अगर तू निमित्त हो जा, इन सारे लोगों को काट भी डाले तो भी कोई पाप न लगेगा, क्योंकि करनेवाला तू नहीं है। और तू भाग खड़ा हो, संन्यास ले ले, जंगल में चला जा, जटाजूट बढ़ा ले, बैठ जा वहाँ, पक्षी तेरे जटाजूट में घोंसले बना लें; ऐसा तू अपरिग्रही हो जा, और ऐसा विरागी हो जा; लेकिन अगर तुझे खयाल है कि तूने छोड़ दिया संसार, तूने युद्ध न किया, तो सारे कर्मों का फल तेरे ऊपर है।

कर्म किसी को नहीं दबाता, कर्त्ता का भाव दबाता है। कर्म नहीं छोड़ने हैं। और जिन्होंने भी तुम्हें सिखाया है कि कर्म छोड़ने हैं, उन्होंने नासमझी की बात सिखाई है, उन्हें कुछ पता न होगा। जानने वालों ने कहा है : कर्त्ता का भाव छोड़ना है। फिर करने दो उसे कर्म। इतना विराट् कर्म परमात्मा कर रहा है। तुमने कितनी बड़ी दुकान की है, चल रही है। अगर तुम छोटी-सी दुकान के कर्म में उलझ के नरक भोगते हो तो परमात्मा तो महानरकों में पड़ेगा।

तुमने किया ही क्या है? एक छोटा-मोटा मकान बना लिया होगा। अगर मकान बनाने से पाप हुआ है तो इस पूरी सृष्टि को बनाने से तो महापाप हुआ है। तुम्हारे मकान की सीमा क्या है, सामर्थ्य क्या है? एक तरफ तुम कहते हो : परमात्मा ने सृजन किया सारे जगत् का; कभी तुमने सोचा कि इतना सृजन करने के बाद परमात्मा होगा कहाँ? नरक में ही होगा। इतना उपद्रव, इतना उत्पात, इतना कृत्य!

नहीं, लेकिन इस तरफ तुमने कभी सोचा नहीं है कि इतने बड़े कृत्य के बाद भी परमात्मा परमात्मा है; क्योंकि वह कर्त्ता नहीं है। वहाँ कोई करने वाला नहीं है।

इसलिए मैं कभी नहीं कहता कि परमात्मा सृष्टा है। मैं कहता हूँ : परमात्मा सृजन की ऊर्जा है; एक क्रिएटिव फोर्स है, क्रिएटर नहीं। बनाया है उसने, ऐसा कुछ बनानेवाला नहीं बैठा है—बन रहा है उससे! जैसे पक्षी गीत गा रहे हैं, वृक्षों में फूल खिल रहे हैं; कोई वृक्ष यह थोड़े ही दावा करता है कि मैंने फूल लगाए; कोई पक्षी जाकर राष्ट्रपति से प्रार्थना थोड़े करता है कि पद्मभूषण कब दोगे? इतने दिन से गीत गा रहा हूँ...! टटपूँजिए गायक पद्मभूषण हुए जा रहे हैं। फिल्म अभिनेता पद्मभूषण हुए जा रहे हैं और मैं गा रहा हूँ।

कोई कोयल नहीं कहती; कोई मोर नाचता हुआ नहीं जाता कि यह क्या अन्याय हो रहा है! हम कबसे नाच रहे हैं! टटपूँजिए नाचनेवाले पद पा रहे हैं, हमारी कोई फिक्र नहीं।

मोर को मतलब नहीं है। राष्ट्रपति पद्मभूषण लेकर भी जाएँ तो वह चौंकेगा, वह हँसेगा। वह कहेगा : इस कागज का हम क्या करेंगे? तुम्हीं सँभालो। इसका बोझ और लेकर कहाँ जाएँगे? नाचने में अड़चन आएगी।

कृत्य का भाव नहीं है। आदमी को हटा दो, फिर तुम खोजने जाओ, तुम्हें कर्त्ता न मिलेगा कहीं भी, कर्म तो विराट् मिलेगा। चाँद-तारे चल रहे हैं, सूरज घूम रहा है। मौसम आते हैं, जाते हैं। सृष्टि होती है, प्रलय होती है। बनता है, मिटता है। अनंत काल तक सब चलता रहता है! उसका कोई अंत ही नहीं आता। लेकिन कर्त्ता को तुम कहीं न पाओगे।

और तुम्हारी एक बुनियादी भूल भी तुम्हें खयाल में दिला दूँ कि चूँकि तुम परमात्मा को भी कर्त्ता की तरह देखते हो, इसलिए तुम्हें परमात्मा कहीं नहीं मिलता और कहीं मिलेगा भी नहीं। और परमात्मा को तुम कर्त्ता की तरह क्यों देखते हो, क्योंकि तुम अपने को कर्त्ता की तरह मानते हो। तो तुम

परमात्मा को भी अपनी ही एक विराट् प्रतिमा समझते हो; जैसे तुम करनेवाले हो, वह बड़ा करनेवाला होगा। मात्रा का भेद है, गुण का कोई भेद नहीं है। तुम छोटे करनेवाले, तो वह होगा बड़ा करनेवाला। हमारी दुकान जरा छोटी है, तुम बड़े पंसारी हो। तुम्हारी दुकान बीच बाजार में है, हमारी बाजार के कोने पर है। हम छोटी पान-सिगरेट-चाय की दुकान लगाए हुए हैं; तुमने सोने-चाँदी, हीरे-जवाहरात बेचे। बाकी हैं हम भी दुकानदार!

ऐसा हुआ, अमरीका का एक बहुत बड़ा अरबपति ऐंडरू कारनेगी एक दिन घूमने निकला। एक छोटी-सी दुकान लोहे-लंगड़ की—उस पर तख्ती लगी है : कारनेगी ब्रदर्स! कारनेगी बंधु। और नीचे कोष्ठक में लिखा है—ऐंडरू कारनेगी के रिश्तेदार। ऐंडरू कारनेगी बहुत बड़ा अरबपति—अमरीका का सबसे बड़ा धनपति! उसको बड़ी नाराजगी आई कि यह क्या मामला है! उसने फौरन जाकर अपने वकील से कहा कि नोटिस दो, मेरा कोई रिश्तेदार नहीं है। और यह तो मेरा अपमान है। यह कबाड़ी की दुकान और उस पर तख्ती लगा दी है! कारनेगी होगा उसका सरनेम; लेकिन मेरा कोई रिश्तेदार नहीं है।

वकील ने नोटिस दिया। आठ-पंद्रह दिन बाद कारनेगी फिर वहाँ से निकलता था। उसने गौर से देखा कि तख्ती बदल दी गई है। वही : कारनेगी बंधु! और नीचे कोष्ठक में लिखा है : ऐंडरू कारनेगी के कोई रिश्तेदार नहीं। मगर क्या फर्क पड़ता है? वे ऐंडरू कारनेगी को घुसाए ही हुए हैं। पहले रिश्तेदार थे, अब नीचे लिख दिया कि कोई रिश्तेदार नहीं हैं—बात खत्म; बाकी ऐंडरू कारनेगी की याद वे दिला ही रहे हैं। उसको बड़ा गुस्सा आया। वह अंदर गया और उसने दुकानदार को कहा कि तुम्हें समझ नहीं आती? वकील ने नोटिस दिया है।

उसने कहा—सब समझ में आती है। तुम होओगे बड़े दुकानदार, हम छोटे दुकानदार! हम लोहा-लंगड़, कबाड़ बेचते हैं; लेकिन तुम जो चीजें बनाते हो उनसे ही यह कबाड़ बनता है। तुम बड़े-बड़े कारखाने चलाते हो, हम छोटा चलाते हैं; बाकी रिश्तेदार तो हम हैं ही। दुकानदार हम भी, तुम भी दुकानदार। वह तो झंझट है कि अदालत में हम जाना नहीं चाहते, इसलिए लिख दिया कि कोई रिश्तेदार नहीं।

तुम्हारे मन में भी जो परमात्मा की धारणा है, वह अपने ही को कई गुणित बड़ा करके बना दी गई है। तुम ही हो बहुत बड़े होकर। अगर तुम गौर

से देखोगे तो तुम अपने को ही अपनी परमात्मा की प्रतिमा में पाओगे। मात्रा का भेद होगा, गुण का भेद न होगा। इसलिए तुम कर्त्ता हो, तुम अहंकारी हो तो तुम्हारा परमात्मा भी अहंकारी और कर्त्ता है। तुम सीमित हो, तुम्हारा परमात्मा भी सीमित है। तुम्हारी देह है, तुम्हारे परमात्मा की भी देह है। तुम जैसे अपने को देखते हो ऐसे ही तुम परमात्मा को खोजने चले जाते हो।

मेरे पास भी लोग आ जाते हैं। वे कहते हैं : परमात्मा को पाना है; कहाँ खोजें? मैं उनसे पूछता हूँ कि तुमने कोई ऐसी जगह देखी है जहाँ वह न हो? बजाए परमात्मा को खोजने के तुम यह खोजो कि वह कहाँ नहीं है, ज्यादा ठीक होगा।

नानक मक्का गए, मदीना गए। वे मक्का में सो गए काबा के पत्थर की तरफ पैर करके। पुजारी नाराज हुए। क्रोध में आकर उन्होंने नानक को कहा कि हमने तो सुना है, तुम एक ज्ञानीपुरुष हो और तुम परमात्मा के मंदिर की तरफ पैर करके सो रहे हो? नानक ने कहा कि मैं भी बड़ी चिंता में पड़ा था, जब सोने को गया। मैंने सब तरफ पैर करके देखे, पाया, सभी जगह वही है। तो तुम ऐसा करो कि तुम वहाँ मेरे पैर कर दो, जहाँ वह न हो। ये पैर रहे, मैं कोई बाधा न डालूँगा; तुम पैर उठाओ और कर दो।

मैं मानता हूँ कि कहानी इतनी ही है, लेकिन और थोड़ी आगे बढ़ गई; वह कविता मालूम होती है, लेकिन अर्थपूर्ण है। कहते हैं पुजारियों ने उनके पैर जहाँ-जहाँ किए, वहीं काबा का पत्थर घूम गया। यह बात थोड़ी अतिशय हो गई है। कविता तक ठीक है। लेकिन मतलब तो सही है। मतलब इतना ही है कि कहीं भी पैर करो, वहीं काबा का पत्थर है। सभी पत्थर काबा के हैं, क्योंकि सभी पत्थरों में परमात्मा है। वह जिन मूर्तियों को तुमने खोद लिया है, उनमें ही नहीं है; अनगढ़ पत्थरों में भी वही है। अभी खुदा न होगा, कभी कोई कारीगर मिल जाएगा, खोद देगा; लेकिन है तो मौजूद।

एक बहुत बड़े चित्रकार और मूर्तिकार माइकल ऐंजिलो से किसी ने पूछा कि तुम इतने अद्‌भुत हो कि अनगढ़ पत्थरों में से चीजें निकाल देते हो! उसने कहा : मैं निकालता नहीं, वे तो वहाँ मौजूद है। मैं तो सिर्फ जो बेकार पत्थर है उसको झाड़ देता हूँ; छैनी उठाकर, जो-जो नहीं चाहिए उस पत्थर को अलग कर देता हूँ। मूर्ति तो वहाँ मौजूद थी ही सदा से, सिर्फ चाहती थी कि कोई आकर कचरे को अलग कर दे, सार्थक प्रकट हो जाएगा।

परमात्मा सब जगह है। परमात्मा ही है। परमात्मा सबमें है, ऐसा नहीं

है; सब ही परमात्मा है। उसके अतिरिक्त कुछ भी नहीं है।

ज्ञानी को जिस दिन समझ में आता है कि न मेरा कोई ज्ञांन, न मेरा कोई कर्त्तव्य है, उस दिन परम घटना घटती है।

न मैं कुछ जानता हूँ, न देखता हूँ। दुनिया धधकती हुई आग है। अपने से चलता तो जरूर गिरता। और जब-जब अपने से चला तो बराबर गिरा। अपने से चलना ही गिरना है।

मेरे साई ने अच्छा किया कि मुझे चेता दिया।

चेतावनी उसकी है, अज्ञान मेरा है। रात मेरी है, दिन उसका है। अंधकार मेरा है, सूरज उसका है।

यह भाव की दशा है! और यह भाव की दशा बड़ी महत्त्वपूर्ण है, बड़ी गहरी है। जिसने इस दशा को ठीक से पकड़ लिया, उसे कहीं जाने को जरूरत नहीं है; परमात्मा स्वयं उसके पास चला आएगा। जैसे-जैसे यह भाव-दशा गहरी होगी, वैसे-वैसे परमात्मा तुम पाओगे कि पास ही था, उघाड़ना था। और परदा भी उसने नहीं डाला था, तुम्हारी ही नासमझी का परदा था उसके ऊपर। अच्छा हो कहना कि उसके ऊपर परदा था ही नहीं; तुम्हारी नासमझी का परदा तुम्हारे ही ऊपर था।

मेरे साई ने अच्छा किया, मुझे चेता दिया; नहीं तो मैं इसमें कभी का जल-बल गया होता।

साई मेरे चंगा कीता...।

यहाँ एक बात और समझ लेनी चाहिए कि भक्त परमात्मा से बड़े निजी संबंध जोड़ता है। मेरे साई! वे सिर्फ इतना ही कह सकते हैं कि फरीद, साई ने अच्छा किया कि मुझे चेता दिया। लेकिन वे कहते हैं : मेरे साई।

इसे थोड़ा समझ लेना चाहिए। क्योंकि परमात्मा से दो तरह के संबंध हो सकते हैं, जैसा मैंने बार-बार कहा। एक ध्यान का संबंध है और एक प्रेम का संबंध है। प्रेम में परमात्मा मेरा है। ध्यान में परमात्मा परमात्मा नहीं, सिर्फ सत्य मात्र है। ध्यानी का जो शब्द है परमात्मा के लिए, वह सत्य है। सत्य रूखा-सूखा शब्द है, गणित और तर्क का है; उसमें कहीं कोई रसधार नहीं है। सत्य शब्द को तुम कहीं से भी खोजो, उसमें तुम कहीं फूल खिलते न पाओगे; क्योंकि उससे कोई मेरे हृदय का नाता ही नहीं जुड़ता। सत्य शब्द को ही सोचने बैठो तो तुम कविता पैदा होते न देखोगे, कोई नाच पैदा न होगा, कोई धुन न बजेगी, कोई बाँसुरी न बजेगी। सत्य कोरा-कोरा है। उससे कोई

संबंध जोड़ना असंभव है। तुम कितने ही पास आ जाओ, तुम सत्य में डूब न पाओगे, उसमें डुबाने की सामर्थ्य नहीं है। सत्य सिद्धांत बन जाएगा, लेकिन सत्य कभी तुम्हारी आंतरिक सिद्धि न बनेगा। जैसे ही मेरे का संबंध जुड़ता है, सत्य नहीं रह जाता, परमात्मा प्रकट होता है। परमात्मा यानी प्रीतम, साई।

भक्त अपने को तोड़ देता है और परमात्मा से जोड़ लेता है। वह कहता है—मैं तो नहीं हूँ, तुम्हीं हो। तुम्हीं मेरे मैं हो। तुम्हारे अतिरिक्त मेरा कुछ भी नहीं है। सब गँवा देता है, परमात्मा को पकड़ लेता है।

मेरे साई ने अच्छा किया कि मुझे चेता दिया।

'फरीदा, अगर तू तेज अकल रखता है, तब दूसरे के खिलाफ काले अंक मत लिख। अपना सिर झुका और अपने ही गरेबाँ की तरफ देख।'

'फरीदा जे तू अकलि लतीफ, काले लिखु न लेख।
आपनड़े गिरीबान महि, सिरु नीवाँ करि देख।।'

फरीदा, अगर तू तेज अकल रखता है ...।

अब यह जरा सोचने-जैसा है। कृष्णमूर्ति निरंतर लोगों से कहते हैं : माइंड इज मिडिऑकर। जिसको तुम बुद्धिमानी कहते हो, वह बड़ी साधारण है, मध्यमवर्गीय है, करीब-करीब मूढ़ता-जैसी है। तुम्हारे बुद्धिमानों को भी तुम वहीं पाओगे, जहाँ तुम अपने मूढ़ों को पाते हो। हो सकता है, मूढ़ पहली सीढ़ी पर बैठा हो, बुद्धिमान आखिरी सीढ़ी पर बैठा हो; लेकिन तुम उनकी मंजिल में फर्क न पाओगे। तुम्हारे मूढ़ और तुम्हारे बुद्धिमान एक ही सीढ़ी के पायदान हैं; अलग-अलग नहीं हैं। तुम्हारा मूढ़ थोड़ा कम बुद्धिमान है, तुम्हारा बुद्धिमान थोड़ा कम मूढ़ है; पर इतना ही फर्क है—डिग्री का। उन दोनों के बीच एक तारतम्य है; शृंखला कहीं टूटती नहीं, सिलसिला एक ही है। तुम्हारा मूढ़ और तुम्हारा पंडित एक ही लकीर के दो छोर हैं। इसलिए जिसको तुम पांडित्य कहते हो, बुद्धिमत्ता कहते हो, वह कोई बुद्धिमत्ता नहीं है, वह केवल मूढ़ता को छिपा लेने की कुशलता है।

मूढ़ता को छिपा लेना बहुत आसान है, मिटाना बहुत कठिन है। छिपा लेने का मतलब ऐसा ही है जैसे एक घाव है, उस पर मलहमपट्टी कर ली, ऊपर से सुंदर कपड़े पहन लिए, छिप गया। दूसरों को दिखाई न पड़ेगा, लेकिन तुम्हारे भीतर तो संड़ाध बढ़ती ही रहेगी। दूसरों को पता भी न चलेगा, लेकिन तुम्हें कैसे पता होना बंद हो जाएगा? और छिपाया हुआ घाव सूखता भी नहीं है, क्योंकि सूखने के लिए भी खुली सूरज की रोशनी चाहिए, हवा

का प्रवाह चाहिए; और भी सड़ता है, नासूर हो जाएगा, कैंसर बनेगा, तुम्हारे तन-प्राण में सब तरफ फैल जाएगा, मवाद ही मवाद हो जाएगी। देर लगेगी, आज कुछ आज नहीं हो जाएगी, बरसों लगेंगे, शायद तुम इतना छिपाओगे कि किसी को कभी पता न चले, लेकिन तुम एक घाव की तरह ही जीवित रहोगे, घाव की तरह ही मरोगे। तुम्हें तो पता ही होगा। अपने को तुम कैसे धोखा दोगे?

कहावत है– अगर कोई व्यक्ति दूसरों को धोखा देना चाहे, थोड़े दिन तक दे सकता है, सदा के लिए नहीं। मैं मानता हूँ कि कोई अगर दूसरों को धोखा देना चाहे, सदा के लिए दे सकता है; क्योंकि जो थोड़े दिन संभव है, वह सदा संभव क्यों नहीं है? थोड़ी और कुशलता चाहिए तो मैं कहावत को बदल दिया हूँ। मैं कहता हूँ– दूसरों को धोखा देना हो, तुम सदा के लिए दे सकते हो; लेकिन अपने को धोखा तुम एक क्षण के लिए भी नहीं दे सकते हो। कैसे दोगे अपने को धोखा? कौन देगा धोखा और किसको देगा? वहाँ भीतर तुम एक हो।

मूढ़ता छिपाई जा सकती है। शास्त्रों को लपेट लो अपने चारों तरफ, मूढ़ता छिप जाएगी। वेद को कंठस्थ कर लो, मूढ़ता छिप जाएगी। गीता दोहराने लगो, रोज पाठ करने लगो, मूढ़ता छिप जाएगी। लंबे शब्द सीख लो, तर्क की थोड़ी व्यवस्था सीख लो, विश्लेषण की कला सीख लो–मूढ़ता छिप जाएगी।

तुर्गनेव की एक छोटी-सी कहानी है। एक गाँव में एक महामूर्ख था। गाँव-भर उस पर हँसता था। वह जो भी कुछ कहता, लोग फौरन हँस देते–बिना ही सुने कि वह क्या कह रहा है, क्योंकि लोगों को पक्का ही था कि वह महामूर्ख है, वह कहेगा ही मूर्खता की बात। वह खड़ा ही होता कि लोग हँसने लगते, अभी उसने कुछ कहा ही नहीं था। वह बड़ा परेशान था। एक फकीर गाँव में आया था। उससे उसने जाकर कहा कि आप एक अकेले आदमी मैंने जीवन में पाए, जो मेरी बात सुनकर हँसते नहीं, बल्कि गंभीर हो जाते हैं, सोचने लगते हैं। पूरा गाँव हँसता है। मैं घबड़ा गया हूँ। मेरा बड़ा अपमान होता रहता है। आप कोई तरकीब बताएँ।

उस फकीर ने कहा : तरकीब आसान है। अब तू एक काम कर–कोई भी कुछ बोल रहा हो, तू खिलखिलाकर हँसना, और वह पूछे कि क्यों, क्या बात है, तो वह कुछ भी कर रहा हो ... वह कह रहा हो कि बाइबिल में बड़ी

अद्भुत बात लिखी है। तो तुम कहना—क्या अद्भुत बात लिखी है हजारों शास्त्र हैं, जिनमें वही बात लिखी है। कौन-सी नई बात कही है, बोलो? कोई कहे, सूरज बहुत सुंदर है, तो कहना, बताओ, क्या सुंदर है? आग का गोला है। सौंदर्य कहाँ है? कोई कहे, चाँद देखो, कैसा सुंदरी के मुख-जैसा। तो फौरन खड़े हो जाना, कहना, यह जरा जरूरत से ज्यादा बात हो रही है। कहाँ सुंदरी का मुख और कहाँ चाँद! इनमें कोई संबंध है? चाँद कितना बड़ा, सुंदरी का मुख कितना छोटा! बस तू खंडन कर सात दिन तक, फिर मेरे पास आना। तू किसी चीज में हाँ तो भरना ही मत; ना करना।

उसने सात दिन तक यही किया। गाँव में खबर फैल गई कि यह महामूर्ख तो महाज्ञानी हो गया! इसके सामने कुछ भी कहो, फौरन खंडित कर देता है! तुम कहो यह कविता सुंदर है, वह कहता है : इसमें क्या रखा है? यह सब शब्दों की बकवास है। शब्द जोड़कर रख दिए, इनमें रखा क्या है?

ध्यान रखना, जीवन में अगर कोई खंडन करने लग जाए तो तुम भी सिद्ध न कर सकोगे। खंडन करना बहुत आसान है। सिद्ध करना करीब-करीब असंभव है। इसलिए तो नास्तिक को कोई आस्तिक कभी भी राजी नहीं कर पाता, क्योंकि नास्तिक को कुछ खंडित करना है, आस्तिक को कुछ सिद्ध करना है। सिद्ध करना बहुत कठिन है—ऐसे ही जैसे बनाना बहुत कठिन है, मिटाने में कितनी देर लगती है? ताजमहल बनाने में कितनी देर लगी? मिटाने में कितनी देर लगेगी? एक बम पटक दो और मिट जाएगा। एक आदमी मिटा देगा, एक क्षण भर में मिटा देगा। बनाने में कहते हैं चालीस वर्ष लगे। हजारों मजदूर काम करते रहे। लाखों लोग संयुक्त रहे। हजारों कारीगर रहे। वर्षों लगे। कहते हैं, तीन पीढ़ियाँ लग गईं लोगों की। पहली पीढ़ी काम करने आई थी, वह खत्म हो गई। दूसरी पीढ़ी काम में लग गई, वह बूढ़ी हो गई। तीसरी पीढ़ी काम में संलग्न हो गई, तब कहीं बनकर तैयार हो पाया। मगर मिटाने में कितनी देर लगेगी?

खंडन मिटाना है। इसलिए तुम पंडितों को हमेशा खंडन करते हुए पाओगे। संतों को सदा सिद्ध करते पाओगे, पंडितों को सदा खंडन करते पाओगे। पंडितों को सदा मिटाते पाओगे। वह सरल काम है। उससे मूढ़ता बड़ी आसानी से छिप जाती है, और कोई भी तुम्हें सिद्ध नहीं करके बता सकता। अगर तुम कह दो कि कमल के फूल में कौन-सा सौंदर्य है, सिद्ध करो, तो कोई सिद्ध करेगा? या तो सौंदर्य दिखाई पड़ता है या नहीं दिखाई पड़ता; सिद्ध

करने का क्या उपाय है? क्या रास्ता है, कैसे सिद्ध करोगे?

सौंदर्य तो एक अनुभूति है। कोई हाथ निकालकर बताया नहीं जा सकता कि यह रहा सौंदर्य। सौंदर्य है; लेकिन तुम अगर देखने को राजी हो तो ही है। अगर तुम देखने को राजी नहीं तो दुनिया-भर की आँखें भी इकट्ठी हो जाएँ, तो भी तुम्हें दिखाया नहीं जा सकता।

परमात्मा है, अगर तुम उसको देखने को राजी हो। इसलिए तो संत कहते हैं, श्रद्धा के बिना उससे कोई संबंध नहीं जुड़ता। लेकिन नास्तिक कहता है, पहले दिखा दो तो श्रद्धा करने को हम तैयार हैं। और बिना श्रद्धा के वह दिखाई नहीं पड़ता। सौंदर्य का बोध हो तो सौंदर्य दिखाई पड़ता है चाँद में, फूल में; सौंदर्य का बोध ही न हो तो नहीं दिखाई पड़ता।

तो, एक तो है मूढ़ता को छिपा लेना। शास्त्र बड़ी सुगमता से उपलब्ध हैं। उनको पढ़ डालो, उनके शब्द सीख लो, सिद्धांत सीख लो—तुम्हारा अज्ञान दब जाएगा, मिटेगा नहीं। हाँ, दूसरे के सामने तुम अपने को ज्ञानी सिद्ध कर सकते हो।

मैंने सुना है कि रामतीर्थ अमरीका से लौटे। अमरीका में उनका बड़ा स्वागत हुआ था। लोग पागल हो गए थे। रामतीर्थ की वाणी में कुछ खूबी थी। हृदय के स्वर थे। ऐसे बुद्धि से न आए थे, प्राणों से जन्मे थे। रामतीर्थ की मस्ती एक ताजगी लिए हुई थी। बोलते थे तो फूल झरते थे, चलते थे तो फूल झरते थे। और जीवन तर्क का नहीं था, बड़े गहन काव्य का था।

एक बगीचे में बैठे थे तो किसी ने पूछ लिया आकर कि हमने सुना है कि कृष्ण ने जब बाँसुरी बजाई तो दूर-दूर से गोपियाँ और गोप भागे चले जाते थे : एकाध दफा हो सकता है, लेकिन हमें इसमें कोई कारण नहीं दिखाई पड़ता कि कोई बाँसुरी इतनी सुंदर बज सकती है!

वे बैठे थे। एक चादर ओढ़ रखी थी, वह फेंक दी, नग्न हो गए और भागे। वे जितने लोग थे बगीचे में, इधर-उधर खड़े थे, वे सब उनके पीछे भागे। वे जाकर एक टीले पर खड़े हो गए। भीड़ वहाँ लग गई। उन्होंने कहा : समझ में आया? एक नंगे आदमी को देखकर लोग भागे चले आते हैं। मेरी नग्नता में क्या रखा है? कृष्ण की बाँसुरी की बात ही क्या कहनी! जब वह बजेगी, तब तुम जानोगे। जब तक नहीं बजी, तब तक तुम न जानोगे।

लोग पागल थे।

अमरीका का प्रेसीडेंट रामतीर्थ को मिलने आया था और बड़ा आनंदित

हुआ था, क्योंकि रामतीर्थ अपने को कहते ही बादशाह थे। वे कहते थे : बादशाह राम! उन्होंने एक किताब लिखी थी, उसका नाम है : बादशाह राम के छह हुक्मनामे। वे अपने को बोलते ही नहीं थे, मैं तो कहते ही नहीं थे। वे यह कहते थे कि राम बादशाह! सम्राट् अपने को कहते थे। था कुछ भी नहीं पास में—एक लँगोटी, एक भिक्षापात्र! अमरीका के प्रेसीडेंट ने कहा : और सब तो मेरी समझ में आता है, लेकिन अपने को बादशाह क्यों कहते हैं? आपके पास है तो कुछ भी नहीं।

रामतीर्थ ने कहा : इसीलिए! जिसके पास कुछ है, अभी उसकी बादशाहत में कमी है। जो कुछ पकड़े हुए है, वह गरीब है। पकड़ता गरीब है। सारी दुनिया मेरी है। चाँद–तारे मैंने बनाए; इनको मैं ही चलाता हूँ। पकड़ना क्या है? मेरी कोई चाह नहीं है, इसलिए बादशाह हूँ।

वे लौटे अमरीका से। बड़े गहरे आनंद में थे। स्वभावत: उनको लगा काशी जाऊँ; जो अमरीका में घटना घटी है, काशी के समझदार उसे समझ पाएँगे। और तो कौन समझेगा भारत में? जो घटा है, जो अपूर्व घटा है, लाखों लोगों के हृदय में जो एक धुन बज गई है, काशी में लोग समझ पाएँगे। काशी के पंडित...।

उनसे भूल हो गई। वे जब काशी गए और उन्होंने अपना पहला प्रवचन दिया, कोई परिणाम न हुआ, बल्कि लोग बेचैन मालूम पड़े। और जब वे बोल चुके तो एक पंडित ने खड़े होकर कहा—जो काशी का उस समय का सबसे बड़ा पंडित था—उसने कहा कि संस्कृत आती है? रामतीर्थ ने कहा कि नहीं, संस्कृत तो नहीं आती। वह हँसने लगा। उसने कहा : क्या खाक ब्रह्मज्ञान आएगा, जब संस्कृत ही नहीं आती? पहले संस्कृत की व्याकरण सीखो।

इतना कुल परिणाम काशी में हुआ! जहाँ कोई कुछ न जानता था, वहाँ लोगों ने इतना प्रेम और इतना अहोभाव दिया! काशी में, जहाँ उनको खयाल था, जानने वाले हैं, वहाँ उन्होंने मूढ़ पाए, जो भाषा और व्याकरण से उलझे हैं। उन्होंने काशी छोड़ दी।

पांडित्य मूढ़ता को छिपाने का ढंग है। व्याकरण, भाषा, शास्त्र बड़ा आसान है। ज्ञान बड़ा कठिन है। ज्ञान बाहर से भीतर नहीं आता, पांडित्य बाहर से भीतर आता है। ज्ञान भीतर से बाहर आता है। उनकी यात्राएँ अलग हैं।

फरीद कहते हैं : फरीदा जे तू अकलि लतीफ—अगर सच में ही तेरे पास बुद्धि है, सच में ही अगर तू अक्ल–लतीफ है—क्योंकि झूठी बुद्धियाँ तो

चारों तरफ दिखाई पड़ रही हैं, उनकी बात ही मत करो, झूठी बुद्धियों ने तो इतनी ही बुद्धिमत्ता जुड़ाई है कि अज्ञान को छिपा लिया है—लेकिन अगर तू सच में ही बुद्धिमान है तो फिर पहला काम बुद्धिमानी का यह है कि तू दूसरे के खिलाफ काले अंक मत लिख, तू दूसरे की बुराई मत देख।

यह बुद्धिमान का पहला लक्षण है; क्योंकि दूसरे की बुराई देखने से क्या होगा? और थोड़ा सोचना कि हम दूसरे की बुराई देखने में इतनी आतुरता, इतनी उत्सुकता क्यों लेते हैं? दूसरे की बुराई देखना स्वयं की बुराई छिपाने का ढंग है। उसके पीछे बड़ा आयोजन है। दूसरे की बुराई देखकर तुम्हें राहत मिलती है।

रोज सुबह तुम अखबार पढ़ लेते हो : देख लेते हो, इतने डाके पड़े, इतनी हत्याएँ की गईं। तुम्हारे मन में बड़ा भाव पैदा होता है कि हम ही भले, न डाका डालते हैं, न हत्या करते हैं। कभी किसी की थोड़ी जेब काट ली, इतना छोटा-मोटा तो करना ही पड़ेगा, जब दुनिया में इतना सब हो रहा है। जब दुनिया में इतना सब हो रहा है ... ! बुराई देखकर तुम्हें राहत मिलती है कि मेरी बुराई क्या है, कुछ भी नहीं है : चलने दो, कोई हर्जा नहीं है। इस दुनिया में जीना है तो इतना तो चलाना ही पड़ेगा, नहीं तो मारे जाओगे। यह तो व्यावहारिक है। हम कोई बहुत बड़े काम नहीं कर रहे हैं—न तो मुजीबुर्रहमान की हत्या कर रहे हैं, न फोर्ड को मारने की कोशिश कर रहे हैं, कुछ भी नहीं कर पा रहे हैं। अब छोटा-मोटा तो चलेगा कि ग्राहक से पाँच रुपए की जगह साढ़े पाँच रुपए ले लिए; आठ आने के पीछे क्या हमको नरक भेजोगे! और अगर यह सब दुनिया में चल रहा है तो नरक में सबको जगह ही कहाँ मिलेगी? सब लोग नरक में होंगे। हमारा क्यू में नंबर आने वाला भी नहीं है।

दूसरे की बुराई को देखकर खुद की बुराई छोटी हो जाती है। इसलिए तुम दूसरे की बुराई भी देखते हो और दूसरे की बुराई को बड़ा करके भी देखते हो। वह तरकीब है सांत्वना की। फिर क्रांति की कोई जरूरत नहीं, तुम्हें बदलने की कोई जरूरत नहीं; जब दुनिया बदलेगी तब ...! इस बुरी दुनिया में तो थोड़ा बुरा होना ही पड़ेगा। यहाँ शुद्ध होने का उपाय नहीं है। यहाँ संत हो गए तो मूढ़ सिद्ध होओगे, लोग लूट लेंगे। इतनी व्यवहार-कुशलता तो चाहिए ही।

तो अपनी बुराई व्यवहार-कुशलता मालूम होने लगती है, जब सबकी बुराई दिखाई पड़ती है।

संत अगस्तीन एक ईसाई फकीर हुआ। उसने कहा है : हे परमात्मा, जब मैं दूसरों की बुराई देखता हूँ तो मुझ–से बड़ा पुण्यात्मा कोई जगत् में नहीं दिखाई पड़ता। और जब मैं अपनी बुराई देखता हूँ तो मुझ–से बड़ा पापी कोई दिखाई नहीं पड़ता। अब मैं क्या करूँ? मैं किस तरफ देखूँ?

मूढ़ दूसरे की तरफ देखेगा; क्योंकि वह मुफ्त में पुण्यात्मा हो जाने का मजा है; बिना पुण्यात्मा हुए पुण्यात्मा हो जाने की सुविधा है उसमें–दूसरे का पाप देखो...!

तुमने कहानी सुनी है, अकबर ने एक लकीर खींच दी अपने दरबार में और कहा अपने दरबारियों को, इस लकीर को बिना छुए छोटी कर दो। अब लकीर बिना छुए छोटी कैसे हो? दरबारियों ने बहुत सिर पचाया, वह न कर सके। बीरबल उठा और उसने एक बड़ी लकीर उसके नीचे खींच दी। उस लकीर को छुआ भी नहीं, बड़ी लकीर नीचे खिंचते ही वह छोटी हो गई।

जो बीरबल ने किया, वही तुम कर रहे हो, वही पूरा संसार कर रहा है। अपनी लकीर को छोटा दिखाने के लिए दूसरे की लकीर को बड़ा खींच दो–इतना बड़ा खींच दो : सारे दुनिया के पापों का पता लगा लो, फिर तुम्हें अपने पाप दिखाई ही न पड़ेंगे; तुम तो करीब–करीब शुद्ध–बुद्ध मालूम होने लगोगे, क्योंकि पाप या पुण्य तुलनात्मक हैं। अगर सारा जगत् अंधकार में डूबा है, तो तुम्हारा टिमटिमाता मिट्टी का दीया भी काफी प्रकाश है। अगर सारा जगत् सूर्य के प्रकाश में है, तुम्हारा मिट्टी का टिमटिमाता दीया प्रकाश नहीं है, अंधकार है। तुलना की बात है।

फरीद कहता है–उसने ठीक सूत्र दे दिया है–वह बुद्धिमान आदमी के लिए असली सूत्र है। जो यह न कर रहे हों, वे बुद्धू हैं।

'फरीदा जे तू अकलि तलीफ'–अगर तू सच में ही बुद्धिमान है, अगर तू तेज अक्ल रखता है, तो दूसरे के खिलाफ काले अंक मत लिख; क्योंकि वह अपने को धोखा देने के अतिरिक्त और कुछ भी नहीं है। और फिर जितना ही हम दूसरे के खिलाफ काले अंक लिखते हैं, उतना ही धीरे–धीरे ऐसा अहसास होता है कि मेरी कमियों के लिए भी दूसरे जिम्मेवार हैं; मेरी भूलों के लिए भी सारा संसार जिम्मेवार है; मैं अकेला बदलना भी चाहूँ तो कैसे बदलूँगा?

पश्चिम में इन सौ वर्षों में एक बहुत महत्त्वपूर्ण घटना घटी है। वह घटना यह है कि मार्क्स ने एक यात्रा शुरू की, विचार का एक नया दर्शन

शुरू किया। वह बहुत नया नहीं है, नया दिखाई पड़ता है। ऐसे तो प्रत्येक मनुष्य के भीतर मूढ़ता का वही दर्शन है। मार्क्स ने यह कहा कि अगर तुम दु:खी हो, परेशान हो, चिंतित हो, तो समाज की आर्थिक स्थिति और व्यवस्था जिम्मेवार है, तुम जिम्मेवार नहीं हो। अगर तुम चोर हो, बेईमान हो, भ्रष्टाचारी हो तो समाज की आर्थिक व्यवस्था जिम्मेवार है, तुम जिम्मेवार नहीं हो। क्या करोगे तुम? जहाँ शोषण चल रहा है, वहाँ तुम्हें चोर होना ही पड़ेगा। मार्क्स ने चोरों के मन को बड़ी राहत दे दी। ईर्ष्या तो स्वाभाविक है। जहाँ कुछ लोगों के पास ज्यादा है और कुछ लोगों के पास कम है, वहाँ ईर्ष्या तो होगी ही। इसलिए ईर्ष्या से छुटकारे का कोई उपाय नहीं है, जब तक कि संपत्ति का समान वितरण न हो जाए।

मार्क्स ने मनुष्य के मन की बहुत-सी बीमारियों को सुरक्षा दे दी, सहारा दे दिया।

बुद्ध कहते हैं : महत्त्वाकांक्षा छोड़ो। मार्क्स कहता है : महत्त्वाकांक्षा छूट कैसे सकती है, जहाँ और शेष सारा जगत् महत्त्वाकांक्षी है; तुम ही पिट जाओगे। बुद्ध कहते हैं : ईर्ष्या न करो। मार्क्स कहता है : ईर्ष्या तो होगी ही, जब तक कि संपत्ति का समान विभाजन नहीं हो जाता। तब तक किसी के पास ज्यादा है तब तक कैसे मैं शांत हो सकता हूँ? अशांति तो रहेगी।

फिर मार्क्स ने जो किया, उससे भी बड़ा काम फ्रायड ने किया। फ्रायड ने लोगों को बताया कि तुम क्या कर सकते हो; तुम्हारे माँ-बाप ने जन्म के साथ ही तुम्हारे मन को संस्कारित कर दिया है, जिम्मेवारी उनकी है। अगर तुम हत्यारे बन गए तो इसका कारण जरूर तुम्हारे माँ और पिता के संस्कारों में है। हो सकता है, माँ ने तुम्हें भरपूर दूध नहीं दिया, तुम्हें क्रोध पैदा करवा दिया। हो सकता है, माँ-बाप ने तुम्हें बचपन में प्रेम नहीं दिया; और जिस बच्चे को प्रेम नहीं मिलता उसमें विध्वंस की आकांक्षा पैदा हो जाती है। तो कसूर तो तुम्हारे माँ-बाप का है। और माँ-बाप से भी पूछो तो उनका भी क्या कसूर है, वह उनके माँ-बाप का है, और उनके माँ-बाप का, उनके माँ-बाप का। कसूर किसी का भी नहीं है। अगर इसको ठीक से समझो तो अगर परमात्मा ने संसार बनाया है तो उसी का कसूर है, क्योंकि वही पहला बाप है।

मार्क्स ने कहा कि अगर किसी बच्चे को बदलना हो तो उसके परदादाओं को बदलना जरूरी है। अब यह हो ही नहीं सकता। तो किसी बच्चे

को बदलना हो तो तुम्हारे बाप के बाप और उनकी माँ और माँ के बाप और माँ की माँ–उनको बदलना पड़ेगा। वे तो कब्र में होंगे। अगर उनको कब्र से भी निकाल लो तो बदलने को राजी न हों। अगर जिंदा भी हों तो वे आखिरी घड़ी में होंगे, जहाँ कि बदलाहट नहीं होती। और मार्क्स ने कहा कि सात साल की उम्र तक तो सब संस्कार तय हो जाते हैं, फिर कुछ किया नहीं जा सकता। इसलिए फ्रायड ने और भी सहारा दे दिया। उन्होंने कहा : तुम चोर हो तो तुम चोर ही हो सकते थे। तुम बेईमान हो, बेईमान ही हो सकते थे। हत्यारे हो, हत्यारे ही हो सकते थे।

इन दो व्यक्तियों ने पिछले सौ साल में पश्चिम का मनोविज्ञान निर्मित किया और वही मनोविज्ञान अब सारी दुनिया पर फैल गया है। इसका परिणाम यह हुआ कि कोई आदमी अपनी बुराई के लिए स्वयं को जिम्मेवार नहीं समझता है।

और जिस व्यक्ति के जीवन में यह खयाल न हो कि मैं जिम्मेवार हूँ, उसके जीवन में रूपांतरण नहीं हो सकता। रूपांतरण होगा ही कैसे? तब तो सारी दुनिया बदलेगी, तब मैं बदलूँगा। यह कभी होने वाला नहीं है; और अगर कभी होगा भी तो मैं न रहूँगा।

'फरीदा जे तू अकलि तलीफ'–अगर तू सच में ही बुद्धिमान है फरीद तो एक काम कर। यह बुद्धिमान का पहला लक्षण है : तू दूसरे के ख़िलाफ काले अंक मत लिख; क्योंकि तूने वे अंक लिखे कि तेरे जीवन में परमात्मा से मिलने का उपाय बंद हो जाएगा। तू दायित्व अपना समझ। तू अपने को ही उत्तरदायी समझ। क्योंकि जिसने अपने को उत्तरदायी समझा, उसके पास अपने बदलने की कुंजी हाथ में आ गई।

अगर मेरे दुःख के लिए मैं ही जिम्मेवार हूँ तो मेरे सुख के लिए भी मैं रास्ता बना सकता हूँ। अगर मैं आज दुःखी हूँ, मैंने ही अपने दुःख के बीज बोए हैं तो कल मैं सुखी हो सकता हूँ; मैं सुख के बीज बो सकता हूँ। लेकिन अगर तुमने बीज बोए हैं और फसल मुझे काटनी पड़ती है तो फिर मेरे हाथ के बाहर की बात है। फिर तुम ही जब सुख की फसल बोओगे तभी मैं काट सकूँगा। तब तो यह बात अंधकार में पड़ गई, मेरे हाथ में न रही।

धर्म और अधर्म के चिंतन में यही फर्क है। धर्म कहता है : व्यक्ति जिम्मेवार है। अधर्म कहता है; कोई और जिम्मेवार हो–अर्थशास्त्र जिम्मेवार हो, राजनीति जिम्मेवार हो, मनोविज्ञान जिम्मेवार हो, लोग, समाज, संस्कृति,

भूलोग, इतिहास जिम्मेवार हो—व्यक्ति-भर जिम्मेवार नहीं है। और जैसे ही व्यक्ति जिम्मेवार नहीं, वैसे ही व्यक्ति की आत्मा खो जाती है।

तुम्हारा उत्तरदायित्व तुम्हारी आत्मा है। तुम्हारा उत्तरदायित्व तुम्हारी स्वतंत्रता है। तुम्हारा उत्तरदायित्व तुम्हारा मोक्ष है, मुक्ति है। यद्यपि यह मैं जानता हूँ कि जब कोई अपना उत्तरदायित्व समझता है तो पहले बड़ी पीड़ा होती है, इसलिए तो हम दूसरे पर टालते हैं। हम दूसरे पर इसीलिए टालते हैं कि अपना उत्तरदायित्व मानने से बड़ी पीड़ा होती है कि मैंने ही अपना दुःख बनाया, यह कैसे हो सकता है?

छोटा बच्चा टकरा जाता है फर्नीचर से घर में आकर, वह कुर्सी को मारता है, टेबल पर गुस्सा निकालता है कि यह टेबल मुझसे टकरा गई। क्योंकि छोटे बच्चे के अहंकार को भी यह ठीक नहीं लगता कि मैं इससे टकराया : तब तो फिर जिम्मेवारी मेरी है, तब तो चाँटा मुझ ही पर पड़ना चाहिए। टेबल ने मारा, वह तो ठीक ही है; माँ भी मारे, लेकिन बच्चा टेबल को मारता है। और बच्चे को राजी करने के लिए माँ को भी टेबल को अभिशाप देना पड़ता है। लेकिन यह बचपन जिंदगी-भर जारी रहता है। जब भी तुम्हें कोई गाली देता है, तुम निश्चित मानते हो, उसकी जिम्मेवारी है। तुमने कुछ भी नहीं किया था, तुम तो बिलकुल भोले-भाले हो।

एक घर में मैं मेहमान था। एक छोटा बच्चा रोता हुआ आया। वह पड़ोस में किसी से लड़कर आया है। उसकी माँ ने कहा कि फिर झंझट हुई? किसने शुरू की? झगड़ा किसने शुरू किया? उस लड़के ने कहा : मैंने शुरू नहीं किया। जब उस लड़के ने मेरे चाँटे का उत्तर दिया, तभी शुरू हुआ।

कोई शुरू नहीं करता। जब कोई तुम्हारे चाँटे का उत्तर देता है तब झंझट शुरू होती है। सदा ही ऐसा होता है। ऐसा ही दूसरा भी मानता है। इसलिए दो लड़ने वालों में कभी भी तय करना असंभव है, किसने शुरू किया। और यह कोई छोटे-छोटे लोगों की बात नहीं है बड़े-बड़े राष्ट्र भी यही करते हैं। कभी तय नहीं हो पाता कि किसने झगड़ा शुरू किया—चीन ने, कि हिंदुस्तान ने, कि पाकिस्तान ने—कभी तय नहीं हो पाता। तुम्हारे छोटे बच्चे और तुम्हारे बड़े राजनीतिज्ञ एक-से मूढ़ हैं, कोई फर्क नहीं है।

मूढ़ता का लक्षण है कि वह कहती है दूसरा जिम्मेवार है—वह कोई भी हो, मैं जिम्मेवार नहीं हूँ। और इसलिए मूढ़ आदमी सदा के लिए मूढ़ रह जाता है। जब अपनी जिम्मेवारी ही नहीं, तो अपने हाथ में कुछ न रहा; तुमने अपने

हाथ से अपनी स्वतंत्रता खो दी।

धार्मिक व्यक्ति कहता है : अगर किसी ने गाली दी हो, उसकी फिक्र छोड़ो; तुमने किस तरह चाँटा शुरू किया था, तुम अपनी फिक्र कर लो। तुम इतना ही देख लो कि तुमने कौन-सी भूल की थी, उसे तुम हटा लो। अगर नहीं हटाना है, गाली स्वीकार कर लो—कि स्वाभाविक है। लेकिन इस बात के स्मरण में आते ही कि मैं जिम्मेवार जरूर हूँ, हर हालत में कुछ-न-कुछ मेरी जिम्मेवारी होगी, तुम्हारे जीवन में एक मुक्ति की संभावना शुरू हो जाएगी तुम हलके हो जाओगे। पहले पीड़ा होगी, अहंकार को चोट लगेगी; लेकिन उसी पीड़ा से आनंद का जन्म होता है। वह प्रसव-पीड़ा है।

फरीद ने ठीक सूत्र दे दिया है।

'फरीद जे तू अकलि लतीफ, काले लिखु न लेख।'

किसी के संबंध में काले लेख मत लिख। अपना सिर झुकाकर तू अपने गरेबाँ की तरफ देख। 'आपनड़े गिरीबान महि'—झुककर अपने ही भीतर झाँक। जब भी जीवन में दु:ख हो, अपने भीतर कारण को खोज। जब भी जीवन में अशांति हो, अपने भीतर कारण को देख।

एक सज्जन मेरे पास आए। कहने लगे—बड़ा अशांत हूँ, कोई शांति का उपाय बताएँ। मैं अरविंद आश्रम गया, रमण आश्रम गया, ऋषिकेश गया, यहाँ गया, वहाँ गया—सब बेकार है। सब ढोंग है, कहीं शांति नहीं है।

मैंने उनसे पूछा—अशांति सीखने कहाँ गए थे?

वे थोड़े चौंके। शांति सीखने अरविंद आश्रम गए, रमण आश्रम गए, वह सब ढोंग साबित हुआ; क्योंकि वे कोई भी शांति न दे पाए। अशांति सीखने कहाँ गए थे?

उसने कहा—मैं अशांति सीखने कहीं भी नहीं गया था।

तो मैंने कहा—तुम खुद ही अशांति सीख लिए। तो जब तुमने खुद अशांति सीखी, तुम्हें शांति कौन सिखाएगा? अब इसमें तुम आश्रमों को जिम्मेवार मत समझो कि सब धोखाधड़ी है, सब फिजूल है, बकवास है, सब पाखंड है, कोई शांत नहीं कर पाया। तुम अपने अशांत होने के कारण को समझो। शांत तुम्हें कौन कर पाएगा, अगर तुम्हारे कारण जारी रहे? तुम अगर ईंधन डालते गए चूल्हे में और आग की लपटें उठ रही हैं और तुम दूसरे से कह रहे हो कि बुझाओ, और तुम ईंधन लगाए जा रहे हो, तुम घी डाले जा रहे हो आग में और किसी दूसरे से कह रहे हो, पढ़ो मंत्र, बुझाओ आग; अगर

न बुझा पाए तो तुम्हारा मंत्र ढौंग-धतूरा है, सब पाखंड हैं।

मैंने कहा कि अगर तुम यही धारणा लेकर यहाँ भी आए तो अभी नमस्कार कर लेता हूँ तुम आग में घी डाले जा रहे हो। तुमने मूल बात तो समझी ही नही। कोई दुनिया में शांत होने का थोड़े ही उपाय है; सिर्फ अशांति को समझने का उपाय है। और जो अशांति को समझ लेता है, वह अपने हाथ खींच लेता है; वह अशांति को पैदा नहीं करता, बात खत्म हो गई। शांति को पाने के लिए कुछ भी करने की जरूरत नहीं है; सिर्फ अशांति मत पैदा करो।

शांति तो अभाव है। सिर्फ संसार में मत उलझो। परमात्मा को पकड़ने का कोई उपाय नहीं है; सिर्फ संसार में मत उलझो, परमात्मा तो मिला ही हुआ है।

जिसे तुमने कभी नहीं खोया, वही परमात्मा है। जो तुम्हारा आंतरिक स्वभाव है, वही शांति है। उसे पाने की कोई जरूरत नहीं है। मगर हम अजीब पागल हैं : अशांति को पैदा करते हैं, फिर हम सोचते हैं, अब शांति पैदा करनी है।

शांति लेकर ही तुम आए थे। शांति तुमने कभी खोई नहीं हे। वह तुम्हारे भीतर अभी भी बज रही है। लेकिन तुमने चारों तरफ अशांति इकट्ठी कर रखी है।

मैंने पूछा : तुम मुझे अशांति का कारण कहो। उसने कहा कि वह तो लंबी कथा है। उसमें क्या सार है? आप शांति का उपाय बता दें।

मैं कोई शांति का उपाय जानता नहीं; एक ही उपाय जानता हूँ, और वह यह कि तुमने अशांति पैदा की है, उसे ठीक से समझना होगा। और अब आगे पैदा मत करो।

अशांति ऐसे ही है जैसे आदमी साइकिल चलाता है, पैडल मारता है; पैडल मारो तो साइकिल चलती है, मत मारो तो रुक जाती है, अपने-आप गिर जाएगी। अशांति को भी पैडल मारने पड़ते हैं।

एक बात ठीक से खयाल में आ जाए कि मैं ही मेरे होने का जिम्मेवार हूँ, तुम्हारे जीवन में क्रांति का पहला कदम उठ गया। फिर तुम्हें कोई बदलने से रोक नहीं सकता।

अपनी तरफ देखना जरूरी है। आँखों को खर्च मत कर डालो दूसरों को देखने में। आँखों को अपने गरेबाँ की तरफ लगाओ। अपने को पहचानो। आँख का पहला उपयोग अपने को पहचानना है। अपने को जिसने पहचान लिया वह

सभी को पहचान लेगा; और जो अपने को पहचान न पाया, वह किसी को भी न पहचान पाएगा।

अभी, हमारी सारी चेष्टा क्या है? सारी चेष्टा यह है कि दूसरे की बुराई को देखें और अपनी भलाई को दिखाएँ। जो भलाई नहीं है वह दिखाएँ, और जो बुराई नहीं है उसको भी देखें—अब हमारी चेष्टा यह है। बड़ी मूढ़तापूर्ण स्थिति है।

'फरीदा जे तू अकलि लतीफ, काले लिखु न लेख।
आपनड़े गिरीबान महि, सिरु नीवाँ करि देख।
फरीदा जो तैं मारनि मुकीआँ, तिन्हा न मारे घुंमि।'

फरीद, लोग अगर तुझे मुक्कों से मारे तो बदले में तू उन्हें मत मार। तू तो उनके कदमों को चूमकर अपने घर चला जा।

आपनड़े घरि जाईए, पैर तिंहादे चुंमि।'

जीसस हों कि बुद्ध कि फरीद, सभी सयानों का एक मत है। सबै सयाने एक मत। और वह है कि अगर दूसरा तुम्हें मारे पहले तो तुम यह समझ ही लेना कि जाने-अनजाने तुमने उसे मार दिया होगा। तुम्हें शायद पता भी न हो कि किस ढंग से तुमने उसे मारा, लेकिन मार दिया होगा; अन्यथा किसको फुर्सत है तुम्हें मारने की, किसको जरूरत है? कई बार तो ऐसा होता है कि तुम किसी की भलाई भी करते हो और उसमें भी तुम मार देते हो।

एक मित्र मेरे पास आते हैं। मैं मध्यप्रदेश में वर्षों तक था। वे वहाँ के सबसे बड़े करोड़पति हैं—उस प्रदेश के। उन्होंने मुझसे कहा कि मेरी समझ में नहीं आता, मैं सबके साथ भलाई करता हूँ—और वे आदमी भले हैं— मेरे जितने रिश्तेदार हैं, सबको मैंने धनापति बना दिया। रिश्तेदारों के रिश्तेदार को भी मैंने कभी रुकावट नहीं डाली; जो भी सहायता मैं कर सकता हूँ मैंने की है। लेकिन मुझे कोई धन्यवाद देता नहीं मालूम पड़ता। उलटे, पता नहीं लोग क्यों मेरे विरोध में हैं? मेरे अपने लोग, जिनको मैंने सब सहारा दिया है, जिनको मैंने खड़ा किया है, जिनके लिए मैंने अपनी तिजोड़ी कभी बंद नहीं की हैं, वे भी मुझसे नाराज हैं!

मैंने उनसे कहा—एक बात मैं आपसे पूछता हूँ, कभी आपने किसी दूसरे को भी मौका दिया है कि आपकी सहायता कर सके?

उन्होंने कहा—इसकी जरूरत ही नहीं है। मौके का क्या सवाल है? इसकी जरूरत ही नहीं है। मेरे पास सब है। मैंने कभी किसी के सामने हाथ

नहीं फैलाए।

तो मैंने कहा—मैं समझ गया, अड़चन कहाँ है। जब भी तुमने किसी को दिया होगा, तब तुम्हारी यह अकड़ कि मैंने कभी किसी के सामने हाथ नहीं फैलाए; मैं सदा देनेवाला हूँ, लेनेवाला नहीं—यह अकड़ मार गई। उस आदमी के मन में इतनी पीड़ा तुम छोड़ दिए हो। दिया तुमने बहुत है, इसमें कोई शक नहीं है। मुझे भी पता है। तुम्हारे रिश्तेदारों को भी मैंने कहा, मैं जानता हूँ। उनको तुमने दिया है, यह वे भी स्वीकार करते हैं; लेकिन तुम्हारे देने में इतनी अकड़ थी और अहंकार था; तुम्हारे देने में तुम इतने ऊँचे थे और तुमने उनको कीड़े-मकोड़े कर दिया! तुमने कभी उन्हें अवसर न दिया कि वे भी कभी ऊपर हाथ उठाकर तुम्हें कुछ दे पाते। कोई छोटी चीज कि तुम बीमार पड़े होते और तुमने उन्हें कहा होता कि आओ, दो घड़ी मेरे पास बैठ जाओ, तुम्हारे बैठने से मुझे राहत मिलती है; कि तुम्हें कोई काम होता, छोटा-मोटा काम कि तुम मेरे लिए कर देना, कोई दूसरा न कर सकेगा, मुझसे नहीं होता। तुमने कभी छोटे-छोटे मौके उन्हें दिए होते कि वे सहायता कर सकते। तुमने उन्हें भिखारी बना दिया है। दिया तुमने बहुत है; लेकिन देने के माध्यम से तुमने उन्हें भिखारी बना दिया। वे उसका बदला लेते हैं तुमसे। वे बदला लेकर रहेंगे। तुम उनके दुश्मन हो।

कहावत है—नेकी कर कुएँ में डाल। उसका मतलब इतना ही है कि भलाई करना, लेकिन याद मत रखना कि भलाई की। भलाई करना, करते वक्त खयाल भी मत लाना कि भलाई कर रहे हो। वस्तुतः भलाई करना, लेकिन यह भी अपेक्षा मत करना कि दूसरा धन्यवाद दे। और भी अगर तुम ठीक से समझो तो भलाई करना और उसको धन्यवाद देना कि तेरी बड़ी कृपा है कि तूने सेवा का मौका दिया। और यह बातचीत की बातचीत न हो, यह हार्दिक हो। नहीं तो भलाई भी चाँटा मार जाती है। उसका भी बदला मिलेगा।

जिंदगी बड़ी उलझी है और आदमी बड़ा अंधा है। सभी बुद्धपुरुषों ने यह कहा है।

फरीदा जो तैं मारनि मुकीआं, तिन्हा न मारे घुंमि।

जो तुम्हें मारें, उन्हें घूमकर जवाब मत देना, उन्हें मारना मत। क्यों? क्योंकि वे तुझे मार ही रहे हैं इसलिए कि तूने किसी जाने-अनजाने क्षण में उन्हें कभी मारा होगा—इस जन्म में, किसी और जन्म में। कथा लंबी है। हम यहाँ नए नहीं है, बहुत बार यहाँ रहे हैं। जिनसे हम संबंधित हैं। उनसे हमने

बहुत तरह के संबंध बनाए और मिटाए। उनको कभी तूने मारा होगा।

बुद्ध बैठे हैं एक शिलाखंड के पास और देवदत्त ने—उनके चचेरे भाई ने—उन्हें मारने की व्यवस्था की है। उसको बड़ी पीड़ा थी। वह सोचता था, मैं खुद बुद्धपुरुष हूँ। और उसे बड़ी अड़चन थी, क्योंकि बड़ा चचेरा भाई था, बुद्ध से उम्र ज्यादा थी। और बुद्ध अचानक गुरु हो गया, हमारे देखते-देखते गुरु हो गया! और इसको क्या पता है, जो हमको पता नहीं है?

और वह पंडित था। और अगर दोनों परीक्षा देते तो शायद बुद्ध हारते और वह जीतता। शस्त्र का उसे ज्ञान था। बुद्ध का शास्त्र का ज्ञान न के बराबर है; अपना परम ज्ञान है, शास्त्र का ज्ञान कुछ खास नहीं है। उसकी कोई जरूरत नहीं है। जिसके पास हीरे हैं, वे कंकड़-पत्थर क्यों इकट्ठा करे? लेकिन देवदत्त को बड़ा शास्त्रीय ज्ञान था। वह चाहता था, बुद्ध को मिटा दे, तो वह एकछत्र गुरु हो जाए। उसके भी कुछ शिष्य मिल गए थे उसको। दुनिया में इतने मूढ़ हैं कि मूढ़-से-मूढ़ आदमी को भी शिष्य मिल जाते हैं। इसलिए उसमें कुछ परेशान होने की बात नहीं है। कुछ बड़ा ज्ञानी होने की जरूरत नहीं है, शिष्य पाने को। सच तो यह है कि अगर तुम ज्ञानी हो तो शिष्य मिलना थोड़ा मुश्किल हो जाएगा; क्योंकि शिष्य को भी तुम्हारी तरफ यात्रा करनी पड़ेगी। अगर तुम मूढ़ हो, तुम उनके साथ ही खड़े हो; कहीं यात्रा नहीं करनी है। अगर तुम मूढ़ हो, तो मूढ़ शिष्यों से तुम्हारा ठीक संबंध बैठ जाएगा; क्योंकि तुम्हारे कृत्यों में और उनकी समझ में तालमेल होगा।

देवदत्त को भी शिष्य मिल गए थे। उसने आकर एक पत्थर ऊपर से सरका दिया पहाड़ से। बड़ी चट्टान थी। करीब-करीब बुद्ध के करीब से पत्थर गुजर गया; दो इंच ओर इस तरफ कि बुद्ध समाप्त हो जाते। शिष्यों ने बुद्ध से कहा—अब यह जरा अति हो गई। अब कुछ करना पड़ेगा।

बुद्ध ने कहा—चुप! करने की बात ही मत सोचना, पहले मैंने किया था, उसका फल भोग रहा हूँ। अब और आगे करने का हिसाब मत रखो, नहीं तो फिर आना पड़ेगा। यह निपटारा हुआ। मेरा मन हलका हुआ। कभी मैंने इस देवदत्त को बहुत दु:ख दिया था। यह तो सिर्फ हिसाब-किताब पूरा हो रहा है।

बुद्ध न मरे तो उसने एक पागल हाथी बुद्ध के खिलाफ छोड़ दिया। वह पागल हाथी बिलकुल पागल था। उसको बस में करना मुश्किल था। वृक्षों को उखाड़कर फेंक देता, लोगों को कुचल डालता। उसको छोड़ दिया। लेकिन वह पागल हाथी बुद्ध के सामने आकर झुककर खड़ा हो गया। बुद्ध के शिष्यों

ने कहा—यह तो बड़ा चमत्कार है!

बुद्ध ने कहा—कुछ चमत्कार नहीं है। इस हाथी के साथ मैंने भला किया था। किन्हीं अतीत जन्मों की बात है। यह भी चुकता हो गया; क्योंकि बुरा भी बाँधता है, भला भी बाँधता है। जब तक इसी हाथी से लेन-देन पूरा न हो जाता, तब तक फिर मुझे रहना पड़ता। इस जिंदगी में सबसे निपटारा कर लेना है ताकि फिर आने की कोई जरूरत न रह जाए।

फरीदा जो तैं मारनि मुकीआँ, तिन्हा न मारे घुंमि।

लौटकर मत मारना; क्योंकि पहले ही तूने मारा है, उसका ही तो यह बदला है।

लोग तुझे मारें तो बदले में मत मार। तू उनके कदमों का चूमकर अपने घर चला जा।

तू उन्हें धन्यवाद दे। हिसाब-किताब पूरा हो गया। अब तुम भी मुक्त, मैं भी मुक्त। तू चूमकर उनके पैरों को अपने घर चला जा। हिसाब-किताब को समाप्त करते वक्त बड़े प्रेमपूर्ण ढंग से समाप्त कर दे। क्योंकि जरा भी तूने प्रतिक्रिया की तो फिर सिलसिला शुरू हो जाता है।

यह बड़ा गहरा गणित है, जीवन के शास्त्र का गणित है। अगर कोई तुम्हें दुःख दे रहा है, तुमने दिया होगा। अब चुपचाप निपटारा कर लो। अब नई श्रृंखला मत बनाओ। उसे धन्यवाद दो कि निपटारा हो गया। हमने तेरे साथ किया, तूने हमारे साथ किया, बात पूरी हो गई। अब विदा हो सकते हैं। अब हमारे बीच कोई धागा नहीं बँधा हुआ है।

फरीद, जब तेरे कमाने के दिन थे, तब तो तू दुनिया के रंग में रँगा हुआ था। मौत की नींव लेकिन मजबूत है। खेप के भरते ही वह लादनहार लेकर चल देगा।

'फरीद जा तउ खट्टण बेल'—जब तू जवान था, युवा था, शक्ति से भरा था, जब तेरे कमाने के दिन थे—कौन-सी कमाई? परमात्मा को कमाने की कमाई—परमात्मा को कमाने के जब तेरे दिन थे, वे तो तूने दुनिया के रंग में गँवा दिए। अब बहुत थोड़े पल बचे हैं, अब इनको लड़ने-झगड़ने में मत उलझा। अब कोई गाली नहीं देता है, इसके कारण तू अपनी प्रार्थना में बाधा मत डाल! इसके कारण तू प्रार्थना को व्यथित मत होने दे। अब कोई पत्थर मारता है, इस कारण तू अपनी आत्मा को डुबाने में मत लग जा। अब इन छोटी बातों में उलझने का समय न रहा। जब दिन थे, समय था, शक्ति थी,

तब तो तू दुनिया के रंग में रँगा रहा। अब तो विदाई का वक्त आ गया। मौत मजबूत है। वह करीब आ रही है।

खेप के भरते ही वह लादनहार लेकर चल देगा।

खेप भरने के करीब है, किसी भी क्षण यात्रा शुरू हो जाएगी। अब वक्त नहीं है कि गालियों के जवाब गालियों से दिए जाएँ, काँटों के जवाब काँटों से दिए जाएँ, ईटों के जवाब पत्थरों से दिए जाएँ। अब वक्त नहीं है। मौत करीब आ गई है। ऐसे तो जिंदगी राग-रंग में बिता दी है, परमात्मा को न कमा पाया; अब इन आखिरी क्षणों को व्यर्थ के लेन-देन के उलझाव में मत लगा। कोई गाली दे, कोई मारे, तू पैर चूमकर अपने घर आजा।

'फरीदा जा तउ खट्टण बेल ताँ तू रत्ता दुनि सिउ'

तब तू सारी दुनिया में रहता रहा, उलझा रहा।

'मरग सवाइ नीहि'—अब मौत करीब आती है। और मौत बड़ी मजबूत है! उससे बचने का उपाय नहीं है।

'जाँ भरिआँ ताँ लदिआ'—और जब लदना पूरा हो जाएगा, मौत की नाव भर जाएगी—यात्रा शुरू हो जाएगी।

'देखु फरीदा जु थीआ, दाड़ी होई भूर।'

फरीदा देख तो जरा, यह क्या हुआ? तेरी दाढ़ी सफेद हो गई है।

'अगहु नेड़ा आइआ, पिछा रहिआ दूर।'

आगा नजदीक आ गया, पीछा बहुत पीछे छूट गया। जन्म तो बहुत पीछे छूट गया, मौत करीब आ गई।

देख फरीदा, क्या हुआ? तेरी दाढ़ी सफेद हो गई! फल पक गए। जीवन पूरा होने के करीब आ गया। अब समय नहीं है छोटी-छोटी बातों में उलझाव करने का। अब गालियों के उत्तर देने का मौका नहीं है, न घूमकर मारने की सुविधा है। वह सब हो गया। अब तू जाग!

'देखु, फरीदा जु थीआ, दाड़ी होई भूर!
अगहु नेड़ा आइआ, पिछा रहिआ दूर।'

'फरीदा, देख तो जरा यह क्या हुआ? शक्कर भी विष हो गई। अपने स्वामी को छोड़कर अब मैं और किसे अपना दुखड़ा सुनाऊँ?'

'देख फरीदा जु थीआ सकर होई विसु।
साई बाझहु आपने, वेदणु कहीऐ किसु।'

जिस-जिस को भी अमृत समझा जीवन में, वह सब विष हो गया।

जहाँ-जहाँ मिठास पाई, वहाँ-वहाँ जहर हो गया, जिन-जिनको सुख जाना, वहाँ-वहाँ दु:ख के सिवाय कुछ भी न मिला। जहाँ स्वर्ग समझकर दरवाजे खटकाए, वहाँ नरक पाया।

देख फरीदा, यह क्या हुआ? शक्कर भी विष हो गई। अब अपने स्वामी को छोड़कर और किसे अपना दुखड़ा सुनाऊँ!

यहाँ तो कोई दुखड़े को समझेगा भी नहीं। यहाँ तो किससे कहना? यहाँ तो अंधों से प्रकाश की चर्चा हो जाएगी। यहाँ तो मैं दुखड़ा रोऊँगा तो लोग हँसेंगे कि पागल हुआ है। यहाँ तो लोग कहेंगे : खाओ-पीओ, मौज करो—यही तो जीवन है। और परमात्मा कहाँ है? किस दु:ख के लिए रो रहे हो? यहाँ कोई तीर्थ नहीं है। चार दिन की जिंदगी है, जितनी जल्दी भोग लो, जितना ज्यादा भोग लो, उतना उचित है। ये सपनों की बातें मत करो।

फरीद जैसे लोग सदा ही सांसारिकों को पागल मालूम पड़ते हैं। स्वाभाविक भी है! क्योंकि वे जिस सुख की बात करते हैं, उसका हमें कोई स्वाद नहीं है। वे जिसको दु:ख कहते हैं, उसको ही हम सुख मानकर अभी जी रहे हैं। जब हमें होश आएगा, तब शायद हमको भी समझ में आए। लेकिन तब तुम भी पागल की हालत में हो जाओगे। अपनों को भी समझाओगे, वे भी न सुनेंगे।

बाप बेटे को समझाता है, कुछ सार नहीं है इन बातों में! लेकिन बेटा समझ नहीं पाता। क्योंकि बेटे को भी जब अनुभव होगा, तभी समझ आएगी। बल्कि बेटा मन में यह सोचता है, खुद तो खूब भोगकर बैठ गए, अब दूसरों को समझा रहे हो कि सार नहीं है! बाप को भी इसके बाप ने समझाया था कि कुछ सार नहीं है! यह भी ऐसे सी बेरुखे मन से सुना था।

जवानों को बूढ़ों की शिक्षा ठीक नहीं मालूम पड़ती। ठीक तो दूर, अरुचिकर मालूम पड़ती है! अरुचिकर भी दूर, बड़ी अपमानज़नक मालूम पड़ती है। जवान बूढ़ों से बात नहीं करना चाहते! क्योंकि जवानी की भाषा और; आँखों में इंद्रधनुष समाए हैं। मन में बड़े सपने हैं! रोआँ-रोआँ पागल है वासना से! और तुम परमात्मा की बात करो, प्रार्थना की बात करो, मंदिर, मस्जिद, गुरुद्वारे की बात करो, जँचती नहीं है। अभी दुनिया से मन भरा नहीं है।

तो फरीद कहता है—जो हालत हमारी हो गई है, वह यह है कि जीवन तो ऐसे ही गँवा दिया, यह दाढ़ी सफेद हो गई, करने का वक्त करीब आ

गया। कब लड़ाई पूरी हो जाएगी, लादनहार चल पड़ेगा—कुछ कहा नहीं जा सकता; किसी भी क्षण यह घटना घट सकती है। एक बात निश्चित है—वह मौत है। जीवन में सब अनिश्चित है मृत्यु के अतिरिक्त। और सब हो भी, न भी हो; मगर मौत तो होगी ही।

अब ऐसी घड़ी में—'देखु फरीदा जु थीआ, सकर होई बिसु। साई बाझहु आपणे, वेदणु कहीऐ किसु।'

यह वेदना किससे कहें, सिवाय अपने स्वामी के? वही समझ सकेगा।

जब तुम्हारे जीवन में समझ आती है तो सिवाय परमात्मा को छोड़कर और किसी से बात करने में अर्थ नहीं रह जाता।

प्रार्थना का यही अर्थ है—तुम अपने परमात्मा से बात करते हो, वह समझेगा। अगर वह न समझेगा, फिर तो कोई भी न समझेगा।

भक्त जब भगवान के सामने बैठता है, तब वह अपनी सब बातें हृदय खोलकर कहता है। तब वह दुःख रोता है उसका, जो बीत गया। पछताता है उस सबके लिए, जो जा चुका। उस सबकी बात करता है, जो आ रहा है। वह अपने जीवन के सपनों की बात कहता है, जो झूठे सिद्ध हुए; और उन सत्यों की बात कहता है, जिनकी झलक अब मिलनी शुरू हुई है। परमात्मा के अतिरिक्त ये बातें किसी से कही नहीं जा सकतीं।

धन्यभागी हैं वे लोग, जिन्हें कोई गुरु मिल जाए। गुरु का अर्थ है—मनष्य के रूप में परमात्मा। वह मनुष्य भी है—वह तुम्हारी भूलों और तुम्हारे दुःख को भी समझ पाएगा; और वह परमात्मा भी है—वह तुम्हारे दुःख और भूलों को केवल समझ ही पाएगा, केवल तुमसे सहानुभूति ही न कर पाएगा, बल्कि तुम्हें मार्गदर्शन भी दे सकेगा। लेकिन अगर गुरु न मिले, जो कि आसान नहीं है; क्योंकि सौ गुरुओं के द्वार खटखटाओगे, निन्यानवे गलत सिद्ध होंगे। बिलकुल स्वाभाविक है। संसार में जहाँ असली सिक्के होते हैं, खोटे सिक्के भी चलते हैं, और खोटा ज्यादा चलता है। तुम्हारे खीसे में भी अगर एक असली सिक्का हो और एक खोटा, तो तुम पहले खोटे को चलाने की कोशिश करते हो। असली तो कभी भी चल जाएगा। इसलिए अर्थशास्त्री कहते हैं, खोटे सिक्कों को चलने की बड़ी धुन होती है, वे पहले चलते हैं। असली तो तिजोड़ी में छिप जाते हैं, नकली बाजार में चले जाते हैं। वही हालत सभी असली चीजों की है, असली गुरु की भी वही हालत है। तुम उसे बाजार में न पा सकोगे; वह तो हट जाता है। बाजार में तुम्हें वह मिल जाएगा,

जो तुम्हारी राह ही देख रहा था। वह तुम्हारे दरवाजे के सामने ही बैठा मिल जाएगा। उसे पाने के लिए तुम्हें कोई भी चेष्टा न करनी होगी, कुछ भी खर्च न करना पड़ेगा; उलटे, वह तुम्हें प्रसाद भी देगा, ताकि प्रसाद के लोभ से आ जाओ। वह सब तरह से तुम्हें उलझाएगा।

गुरु खोजना बड़ी कठिन बात है। मिल जाए, सौभाग्य। तब उसके सामने रोया जा सकता है। वह तुम्हारे आँसुओं को समझेगा। तुम्हारे आँसुओं का बहते देखकर वह यह न समझेगा कि तुम दीन-हीन हो; तुम्हारी आँसू की गरिमा उसे समझ में आएगी। तुम्हारे आँसू उसके लिए बड़े .पवित्र होंगे। तुम रोकर उसके सामन छोटे न होओगे; तुम रोकर उसके सामने बड़े हो जाओगे। तुम्हारे आँसू तुम्हारी महिमा की खबर देंगे। तुम्हारे पछतावे तुम्हें दीन न करेंगे। तुम अपने पछतावों की बात करके पछतावों से मुक्त हो जाओगे। उससे तुम अपने दुःख कहकर हलके हो जाओगे।

लेकिन अगर यह न हो सके, जोकि होना कठिन है कि गुरु मिल जाए, तो परमात्मा तो सब तरफ उपलब्ध है; उसे तो खोजने कहीं नहीं जाना है। तुम एक वृक्ष के पास बैठकर वृक्ष को ही उसका संदेशवाहक बना सकते हो। आकाश में चलते बादलों को देखकर तुम मेघदूत बना सकते हो उसी बादल को। तुम उससे ही कह दे सकते हो अपना रोना कि जा रहे हो परमात्मा की तरफ, कह देना मेरी खबर।

गुरु न मिले तो परमात्मा तो सब तरफ उपलब्ध है। लेकिन यह भी कठिन बात है कि गुरु न मिले तो कौन तुम्हें जगाए, कौन तुम्हें कहे कि परमात्मा चारों तरफ है? गुरु मिल जाए तो सुगम हो जाती है बात। क्योंकि गुरु तुम्हारे जैसा ही होता है-एक अर्थ में; और एक अर्थ में तुमसे बिलकुल भिन्न होता है। गुरु तुम्हारे और परमात्मा के बीच में लगे द्वार की भाँति होता है।

मगर जीवन बहुत जटिल है-जटिल ऐसा है जैसे कोई अगर पूछे कि मुर्गी पहले या अंडा पहले, ऐसा जटिल है। अगर तुम कहो, मुर्गी पहले तो मुसीबत है, क्योंकि तत्क्षण मन कहता है-मुर्गी आएगी कहाँ से? अंडा चाहिए।

तुम कहो, अंडा पहले, तो मुसीबत। मन तत्क्षण कहेगा-अंडा आएगा कहां से? मुर्गी रखेगी तभी न?

परमात्मा और गुरु का मामला भी मुर्गी-अंडे जैसा है। अगर गुरु मिल जाए तो परमात्मा मिल जाए। अगर परमात्मा मिल जाए तो गुरु मिल जाए। कौन पहले है? बहुत मुश्किल है। जो पहले मिल जाए, तुम उसी को पहले

मानकर चल पड़ना। वस्तुतः दोनों करीब-करीब साथ-साथ मिलते हैं, युगपत मिलते हैं। क्योंकि मुर्गी है क्या? सिर्फ अंडे के लिए एक मार्ग है। अंडा क्या है, मुर्गी के लिए एक मार्ग है। अंडा मुर्गी होने के रास्ते पर है। वे दोनों संयुक्त हैं।

गुरु परमात्मा के लिए मार्ग है। परमात्मा गुरु के लिए मार्ग है। जो मिल जाए, जो पहले मिल जाए, जिसकी समझ तुम्हें पहले आ जाए, वहीं से चल पड़ना। वहीं तुम अपने को हलका कर पाओगे। इस संसार में तुम लोगों के सामने दुखड़ा मत रोना—जो तुम रोज करते हो।

तुम कभी सोचते भी नहीं। तुम अकल के दुश्मन हो। तुम उन लोगों से दुःख रो रहे हो, जो खुद ही तुमसे ज्यादा दुःखी हैं। और वे अगर तुम्हारी बात भी सुनते हैं तो सिर्फ इसलिए कि तुम्हारे दुःख सुनकर उनको अपने दुःख छोटे मालूम पड़ते हैं। और वे अगर तुम्हारी बात सुनते हैं तो भी इसीलिए कि तुम चुप हो जाओ तो वे अपना दुखड़ा तुम पर रो दें। लेन-देन है।

लेकिन दुःख एक-दूसरे को सुनाकर क्या होगा? इससे भी थोड़ा-सा हलकापन तो मिलता है कि किसी ने भी सहानुभूति से सुन लिया। पश्चिम में तो किसी के भी पास इतना समय नहीं कि दुःख सुने, तो एक नया व्यवसाय पैदा हो रहा है—मनोचिकित्सक का, साइकोएनालिस्ट का। उसका कुल धंधा इतना है कि वह तुम्हारे दुःख सुनता है, उसके पैसे लेता है। क्योंकि अब किसी के पास फुर्सत नहीं है—न पति के पास फुर्सत है कि पत्नी का रोना सुने, क्योंकि दिन-भर का थका-माँदा भागा-दौड़ा किसी तरह घर आता है, और यह दिन-भर का राग लिए बैठी है। न पत्नी को फुर्सत है कि पति की सुने...तो एक पेशेवर सुनने वाला है।

मनोवैज्ञानिक जो है वह कुछ नहीं करता, वह तुम्हें लिटा देता है एक काँच पर, पीछे बैठ जाता है, तुमसे कहता है—जो दिल में आए, कहो। लोग सालों तक मनोचिकित्सा करवाते हैं और उससे उन्हें हलकापन लगता है; कम-से-कम कोई इतनी गंभीरता से तो सुन रहा है; कोई इतने ध्यान से सुन रहा है। हालाँकि सुन नहीं रहा मनोवैज्ञानिक; उसको क्या लेना-देना है?

मैंने फ्रायड के संबंध में सुना है कि वह सुबह नौ बजे से लेकर रात नौ बजे तक पच्चीसों मरीजों को मिलता था, सुनता था; बूढ़ा हो गया, तब भी। एक जवान मनोवैज्ञानिक जो उसके पास शिक्षण ले रहा था, उसने एक दिन कहा कि हम तो दो-तीन मरीजों के बाद थक जाते हैं, क्योंकि वही रोना, वही

गम—कहाँ का गंदा कचरा सब निकालते हैं! आप नौ बजे रात भी ताजे रहते हैं।

फ्रायंड ने कहा—सुन। सुनता कौन है? वह अपनी सुना रहा है, हम अपनी भीतर सुनते हैं। उसको सुनाने से सुख मिलता है, सुना ले। सुना-सुनाकर लोग हलके हो जाते हैं।

बड़ा महँगा धंधा है। मनोवैज्ञानिक इस समय सबसे ज्यादा तनख्वाह और रुपए कमाता है पश्चिम में, क्योंकि लोगों के मन में इतनी तकलीफ हो गई है, कोई सुनने वाला नहीं है। कोई आत्मीयता से सुनने वाला नहीं है। रास्ते पर लोग नमस्कार करने में डरते हैं कि कोई कुछ सुनाने न लगे। किसी के घर जाना हो तो ऐसा नहीं कि जैसा हिंदुस्तान में पहुँच गए बोरिया-बिस्तर लेकर, मेहमान बन गए, महीनों टिके रहे। कहीं जाना हो तो खबर देकर जाना पड़ता है, पूछकर जाना पड़ता है; फिर भी जहाँ तक संभावना है, वह होटल में ठहरवाएगा, घर नहीं ठहरवाएगा। क्योंकि कौन तुमसे खोपड़ी पचाएगा? होटल में ठहरो, कभी खाने पर बुला लेगा, ठीक है।

रवींद्रनाथ टैगौर ने लिखा है कि एक मित्र ने—वे इंगलैंड में थे—अपनी शादी के लिए उन्हें बुलाया, खुद की शादी के लिए बुलाया। वे बड़े प्रसन्न हुए। उनको पता नहीं था, पहली-पहली दफा इंग्लैंड गए थे। तो वे निकले उसकी शादी के लिए जाने को। लंदन से कोई घंटे-भर का फासला था। नए-नए थे, ठीक जगह न खोज पाए। तो पहुँचना था दस बजे रात, पहुँचे बारह बजे। वहाँ तो सब काम समाप्त हो चुका था, शादी-वादी हो चुकी थी, पार्टी-वार्टी हो चुकी थी। जब दरवाजा खटकाया, मित्र बाहर आया। उसने कहा—आप तो बहुत देर से आए।

तो उन्होंने कहा—तो अब क्या करूँ? मैं तो परिचित नहीं हूँ। मुझे तो खोजने में देर लग गई है।

तो उस मित्र ने कहा—यह होटल का नाम है, आप वहाँ जाकर खोज लें। अगर कोई जगह हो तो रुक जाएँ।

उससे यह भी नहीं कहा कि यहाँ रुक जाएँ रात-भर। आए उसकी ही शादी के लिए थे। उसने कहा—आप रुक जाएँ होटल में और सुबह आप, वहीं से स्टेशन करीब है, गाड़ी पकड़ लेना।

उन्होंने लिखा है कि मेरा पहला अनुभव पश्चिम का हुआ यह कि पश्चिम में किसी को फुर्सत नहीं है, न सुविधा है, न इतना बोझ किसी के

लिए लेता है। अपना ही बोझ काफी है। अपना ही रोना काफी है।

दूसरे के सामने रोना रोना भी मत; उसका रोना बहुत है, उसको बढ़ाओ मत। और उसको कुछ समझ भी नहीं है तुम्हारे रोने की; वह भी तुम जैसा ही है। वह ऐसे ही है जैसे एक बीमार दूसरे बीमार की चिकित्सा कर रहा हो।

मैंने सुना है कि एक आदमी को दमे की तकलीफ थी। कई इलाज करवाए, ठीक न हुआ। फिर किसी ने कहा कि एक हकीम है यूनानी, वह ठीक कर देगा। बड़ा गहरा खोजी है और जीवन-भर बड़े अध्ययन किए हैं उसने। तो यह आदमी गया। इसने कहा कि मैं थक मरा हूँ दमा से। हजारों चिकित्सक देख लिए, इलाज करवा लिए, सब तरह की दवा-दारू कर ली, कुछ फायदा नहीं होता, हालत बिगड़ती जा रही है। क्या मैं पूछ सकता हूँ, आपको कोई अनुभव है इस बीमारी का?

उसने कहा—अनुभव? चालीस साल से हम खुद ही मरीज हैं दमा के। तुम बिलकुल बेफिक्र रहो। चालीस साल से हम खुद ही मरीज है दमा के। अनुभव की क्या बात कर रहे हो?

अब दमा का मरीज दमे के मरीज को ठीक कर रहा है। और यह अनुभव है उसके चालीस साल का। वह कह रहा है, इसलिए बिलकुल बेफिक्र रहो; तुम किसी गैर-अनुभवी के हाथ नहीं पड़ गए हो।

दु:खी के सामने दु:ख रोना व्यर्थ है। अगर रोना हो तो परमात्मा के सामने रोना और अगर तुम परमात्मा के सामने रोना सीख जाओ तो तुम्हें प्रार्थना आ जाएगी। सच तो यह है कि परमात्मा से धीरे-धीरे कहने को कुछ भी नहीं रह जाता, सिर्फ आँसू रह जाते हैं।

प्रार्थना की तीन सीढ़ियाँ हैं। पहली सीढ़ी : जब तुम अपने परमात्मा से अपना दु:ख रोते हो। फिर दु:ख हलका हो जाता है, वह जाता है, निकल जाता है, निकास हो जाता है। फिर दूसरी सीढ़ी: जब तुम परमात्मा के सामने सिर्फ रोते हो, लेकिन आँसुओं में अब दु:ख नहीं होता, एक हलकापन होता है। आँसू अब पीड़ा के प्रतीक नहीं होते, एक शांति की खबर लाते हैं। फिर एक तीसरी दशा है : जब आँसू भी विदा हो जाते हैं। अब तुम सिर्फ परमात्मा के सामने होते हो, न तो कुछ कहते हो, न कुछ करते हो। आँसू तक नहीं बहते, अब तुम सिर्फ होते हो। इस तीसरी दशा में प्रार्थना पूरी होती है। इसमें वहाँ परमात्मा यहाँ तुम; दोनों के बीच कोई शब्द, कोई कृत्य नहीं रह जाता। न तो तुम घंटी बजाते हो, न पूजा के फूल चढ़ाते हो—ये सब बच्चों की बातें

हो गई हैं। अब परमात्मा के समक्ष तुम नग्न खड़े होते हो; बस तुम्हारा होना होता है। इस होने में ही अवतरण होता है। इतनी शून्यता में ही उस पूर्ण का आगमन होता है।

फरीद, देख तो जरा, यह क्या हुआ? शक्कर भी विष हो गई। अपने स्वामी को छोड़कर अब मैं और किसे अपना दुखड़ा सुनाऊँ?

देखु फरीदा जु थीआ सकर होई विसु।
साई बाझहु आपणे, वेदणु कहीऐ किसु।
फरीदा कालीं जिन्हीं न राविआ, धउली रावै कोइ।
करी साई सिउ पिरहरी, रंगु नवेला होइ।

'फरीदा, क्या किसी स्त्री ने, जब उसके केश काले थे, स्वामी के साथ रमण न कर, तब रमण किया जब उसके केश पककर श्वेत हो गए?'

फरीदा कहता है : चूक तो गए हैं, इसलिए बहुत हिम्मत से तेरे द्वारे पर दस्तक भी नहीं दे सकते; क्योंकि वह वक्त गया जब बाल काले थे, शरीर सुंदर था। तब प्रीतम के द्वार जाते तो चलने में एक मस्ती होती, चलने में एक नृत्य होता, चलने में एक शान होती; कुछ लेकर आ रहे थे; अब तो खाली हाथ हैं; अब तो सूखी हड्डियाँ रह गई हैं। अब तो एक भिक्षापात्र की तरह तेरे द्वार पर आते हैं। किस शान से आएँ? द्वार खटखटाने में भी डर लगता है। यह भी कोई वक्त है मिलने का? लेकिन मजबूरी है, अब कोई उपाय भी नहीं है।

'फरीदा कालीं जिन्हीं न राविआ—जब बाल काले थे, तब प्यारे को न खोजा।

'धउलि रावै कोइ'—और कभी इतने कुरूप होकर, एक खंडहर की भाँति, किसी प्रेयसी ने अपने प्रेमी को खोजा है? लेकिन तू जानने वाला है, तू क्षमा कर सकेगा। नासमझी में हमने जो गँवाया है, उसे तू हमारी परीक्षा मत बनाना। हम समय पर नहीं आए, देर हो गई—यह हमारी भूल है। लेकिन तुझ पर हमें भरोसा है, तेरी करुणा का भरोसा है।

खैर, साई से तू अब भी प्रीति कर, जिससे कि तेरे केशों का रंग भी फिर नया हो जाए।

हम जानते हैं कि तेरी कृपा की दृष्टि हुई तो केश क्या, आत्मा का रंग फिर नया हो जाएगा।

'करी साई सिउ पिरहरी, रंगु नवेला होइ।'

तू हमें पुनर्जन्म दे देगा। हम तेरे भीतर से फिर पैदा हो जाएँगे। एक नए रूप में अविर्भाव होगा। तुझ पर भरोसा है। अपने तो पैर डगमगाते हैं। कुछ संपदा लेकर नहीं आ रहे हैं, कुछ दान करने को नहीं है, कुछ भेंट करने को नहीं है। मन कँपता है, पैर डगमागाते हैं, योग्यता कोई नहीं है, पात्रता कोई नहीं।

मैं एक यहूदी फकीर मजीद के वचन पढ़ रहा था। उसके हर वचन में वह परमात्मा से कहता है कि आज मेरे सिर में दर्द है, यही तुझे भेंट करता हूँ, और तो मेरे पास कुछ नहीं है; आज मेरे पैर में तकलीफ है, यही तुझे भेट करता हूँ, और तो मेरे पास कुछ नहीं है; आज बूढ़ा हो गया हूँ, देह जर्जर है, आज यह जर्जर देह तुझे भेंट करता हूँ, और तो मेरे पास कुछ नहीं है।

जिस दिन तुम समझोगे कि तुम्हारे पास कुछ नहीं है, उसी दिन तुम्हारे पास जो भी है, वह भेंट स्वीकार हो जाएगी। जब तक तुमने समझा है कि तुम्हारे पास कुछ है, अकड़ बाकी रही; रस्सी जल गई, अकड़ बाकी रही—तब तक तुम चाहे दुनिया का साम्राज्य लेकर भी जाओ, वह भेंट स्वीकार न हो सकेगी। अहंकार जिस भेंट के साथ जुड़ा है, वह अपवित्र हो गई। निरहंकार-भाव से तुम खाली हाथ लेकर जाना, वह स्वीकार हो जाएगी।

बुद्ध के जीवन में एक उल्लेख है। एक सम्राट् आया बुद्ध को मिलने। स्वभावत: सम्राट् था तो उसने एक बहुमूल्य कोहिनूर जैसा हीरा अपने हाथ में ले लिया। चलते वक्त उसकी पत्नी ने कहा कि पत्थर ले जा रहे हो। पत्नी ज्यादा समझदार होगी। स्त्रियाँ अक्सर पुरुषों से ज्यादा भावपूर्ण होती हैं। भाव की एक समझ होती है। पत्नी ले कहा—पत्थर ले जा रहे हो। यह भेंट कुछ जँचती नहीं। अच्छा तो हो कि अपने महल के सरोवर में पहला कमल खिला है मौसम का, तुम वही ले जाओ। वह कम-से-कम जीवित तो है। और बुद्ध कमलवत् हैं। उनके जीवन का फूल खिला है। उसमें कुछ प्रतीक भी है। इस पत्थर में क्या है? यह तो बिलकुल बंद है, जड़ है।

बात तो उसे जँची, तो उसने सोचा कि एक हाथ खाली भी है; पत्थर तो ले ही जाऊँगा, क्योंकि मुझे तो इसी में मूल्य है। तो वही चढ़ाऊँगा, जिसमें मुझे मूल्य है। लेकिन तू कहती है तेरी बात भी हो सकती है कि ठीक हो। और बुद्ध को मैं जानता भी नहीं कि किस तरह के आदमी हैं।

तो फूल भी ले लिया। एक हाथ में कमल है, एक हाथ में हीरा, लेकर वह सम्राट् बुद्ध के चरणों में गया। जैसे ही बुद्ध के पास पहुँचा और हीरे का